월급
받으려다
죽다

제프리 페퍼 지음
홍기빈 옮김
월급 받으려다 죽다
번아웃 없는 조직은 어떻게 가능한가
21세기북스

리더의 실력은 직원의 건강에서 드러난다

우리의 직장은 개인의 건강을 위협하는 독소들로 가득하다. 탄광, 석유 굴착 시설, 화학 공장, 건설 현장만이 위험한 직장은 아니다. 화이트칼라 직장도 블루칼라 직장과 마찬가지로 건강을 해치는 스트레스 요인들이 가득한 경우가 많고, 오히려 더 심할 때도 빈번하다. 이유가 있다. 미국의 경우, 블루칼라 직장에서 신체를 위협하는 요소들은 미국 산업 안전 보건청에 의해, 그리고 다른 나라에서는 그에 해당하는 기관에 의해 거의 제거되었기 때문이다. 여러 나라에서 '감독하면 (그리고 측량하고 보고하도록 하면) 달라진다'는 품질 개선 운동의 교훈을 받아들였고, 이에 신체적 손상이 분명하게 나타나는 추락이라든가 화학 물질 누출 같은 사고, 산재 사망률 등에 주의를 기울이게 된 것이다. 그 결과 1970년에서 2015년 사이 미국에서 산재 사망률은

월급 받으려다 죽다

65퍼센트, 산재 상해율은 약 72퍼센트 감소하였다.

문제는 미국 산업 안전 보건청이 감독하거나 개입하는 대상이 아니며 눈에 띄지도 않지만 오늘날 직장에서 어쩔 수 없는 부분으로 받아들여지며 거의 모든 직종에서 계속 악화되고 있는 직장 스트레스이다. 이는 노동자들의 몸과 마음에 갈수록 심각한 고통을 준다. 예를 들어 건강 관련 웹사이트 WebMD는 일이야말로 제1의 스트레스 원인이라고 보고했으며, 미국 심리학회의 2015년 보고서 〈미국의 스트레스〉는 스트레스의 가장 큰 원인 2가지가 돈 문제와 일 문제이며 성인의 4분의 1이 극심한 스트레스에 시달리고 있다고 했다. 또한 3,000명에 달하는 사람들을 대상으로 한 한 조사에 따르면 직장 노동자의 거의 절반이 일 관련 스트레스로 직장에 결근한 적이 있으며 61퍼센트는 스트레스로 인해 몸이 아픈 적이 있다고 했고, 직장 스트레스와 그에 따른 신체적 증상으로 인해 입원한 적이 있다고 말한 이들도 7퍼센트에 달했다.

이러한 통계를 보면 그저 심란해지는 정도이지만, 막상 개인의 이야기를 직접 들어보면 정말로 소름이 끼친다. 다음은 빠르게 성장 중인 의학 서비스 직종에서 재무 관련 책임 업무를 맡았던 이의 경우이다. 그녀는 일이 너무 많이 밀려들어 걸핏하면 철야 작업을 해야 했고 그에 따른 스트레스 때문에 각성제에 손을 댔다가 곧 코카인으로 넘어가게 되었다. 게다가 지속적인 직장 스트레스와 상관의 감독 및 학대를 견디기 위해 술까지 마셔댔다. 나중에 그녀는 술과 약물 중독에서 벗어나기 위해 치료를 받았고 결국 이를 떨쳐내는 데에 성공했지만, 그 과정에서 그 지독한 직장을 떠나야 했음은 물론 엄청난 금전적·심리적 비용을 치러야만 했다.

또 다른 경우는 조직에 충성했던 TV 뉴스 피디에 관한 이야기이다. 그는 전 세계에서 벌어지는 일을 취재하기 위해 명령이 떨어지는 대로 어디로든 떠날 준비가 되어 있어야 했다. 따라서 운동은 물론 제대로 된 식사를 할 시간도 없었고 결국 순식간에 체중이 30킬로그램이나 불어나고 말았다. 직장에서 받은 무리한 요구들로 인해 그는 신체적·정신적 건강을 잃었을 뿐만 아니라 가족과의 관계까지 위태로워졌다.

또 다른 예로 서던 캘리포니아 에디슨Southern California Edison 전력 회사에서 일하다가 외상 후 스트레스 장애를 진단받아 산재보상을 받고 있는 사람의 경우도 있다. 이 외상 후 스트레스 장애의 원인은 과도한 업무였다. 회사에서 해야 할 일은 무척 많았는데 그 일을 처리할 인원은 너무나 적었고, 그럼에도 불구하고 상부에서는 그에게 불가능한 업무량을 소화하라고 인정사정 없이 압력을 넣었던 것이다.

이런 이야기는 무수히 많다. 그 과정에서 희생되는 노동자들의 수가 엄청날 뿐만 아니라 그들의 고용주와 사회 전체가 치러야 할 비용 또한 어마어마하다. 한 예로 미국 스트레스 연구소는 직장 스트레스로 인해 미국의 고용주들이 매년 치러야 하는 비용이 3,000억 달러 이상이라고 주장한다. 이로 인한 건강 악화는 생산성에 악영향을 미치며, 자발적 퇴사자의 수를 치솟게 만든다. 한 여론 조사에 따르면, 응답자의 거의 50퍼센트가 "스트레스를 피하려고 직장을 바꾼 적이 있다."고 대답하였다. 2장에서 자세히 보겠으나, 건전하지 못한 직장 환경으로 인해 미국의 의료 보건 시스템이 치러야 하는 비용은 1년에 2,000억 달러에 육박하거나 그 이상일 것으로 추정된다.

이러한 문제에 스페인 바르셀로나 경영 대학원IESE 교수인 누리아 친칠라Nuria Chinchila 가 '사회적 오염social pollution'이라는 딱 맞는 용어를 붙이며 지적했지만, 불행히도 이 문제는 개선되기는커녕 더 악화되고 있는 것 같다. 제일 답답한 것은 대부분의 기업 및 조직이 직원들을 글자 그대로 병들고 죽게 만드는 경영 관행을 일상적으로 (장려까지는 몰라도) 허용하지만 그럼에도 불구하고 그것이 기업 및 조직의 수익성을 개선시키지도 못하기 때문에 고용주들 또한 고통을 받게 된다는 점이다. 건강하지 못한 직장은 직원들의 의욕을 꺾고, 직원 교체율을 증가시키며, 작업 성과도 악화시킨다. 그러는 사이에 회사가 지불해야 하는 건강 보험료와 의료 비용은 더욱 치솟아 오르게 된다. 결국 이러한 경영 관행으로 인해 직원과 고용주 그 어느 쪽도 이익을 보지 못하는 상황에서 직장 환경은 계속 악화된다.

역설적이게도 환경 문제에 진심으로 신경 쓰는 회사에서 역시 직원들에게 불필요한 고통을 주는 일이 벌어진다. 이런 회사들은 환경의 지속 가능성에 관해 고민하면서도 막상 자기 회사에 있는 인간의 지속 가능성에 대해서는 거의 생각하지 않는다. 물론 환경의 지속 가능성을 고민하는 것은 반드시 필요한 일이지만 인간의 지속 가능성 또한 마찬가지이다. 회사는 잘못된 경영 관행으로 인해 직원들이 번아웃이나 질병을 겪지 않고 신체적·정신적 건강을 유지하면서 오랫동안 일할 수 있는 직장을 만들어야 한다. 멸종 위기 생물이나 북극곰에만 신경을 쓸 일이 아니다. 회사들은 탄소 발자국 문제에 관심을 갖는 만큼 자기 회사를 위해 일하는 탄소로 구성된 생명체인 인간들에게 자기들이 남기는 발자국 문제 역시 고민해야 한다.

앞으로 더 자세히 보겠으나, 안전한 직장을 만들려면 다음과 같은 문제를 염두에 두어야 한다. 첫째, 오늘날 심리적·사회적 위험 요소는 신체적 상해의 위험 요소보다 만연하며, 직장에서도 심리적·사회적 위험 요소가 직원의 건강에 큰 영향을 미친다. 따라서 사람들은 일을 선택할 때 그 일과 관련된 스트레스가 자신들의 건강에 근본적인 영향을 끼친다는 점을 함께 고려해야만 한다.

둘째, 고용주들은 해로운 경영 관행이 어떤 비용을 초래하는

지를 이해하고 계산해야 한다. 즉 직접적인 의료 비용뿐만 아니라 생산성 저하와 직원 교체율 증가로 나타나는 간접적인 비용도 고려해야 한다는 말이다. 해로운 노동 환경이 초래하는 비용을 이렇게 이해하고 수치화하는 것은 변화로 가는 필수적인 첫 번째 발걸음이 될 것이다.

셋째, 정부는 고용주들이 직장에서 신체적·정신적으로 손상을 입은 직원들이 겪는 문제의 해결을 공중 보건 및 복지 시스템으로 떠넘기면서 생겨나는 문제를 인지하고 이에 대해 조치를 취해야 한다. 이미 영국과 많은 북유럽 나라들은 민간 기업의 해로운 직장 환경과 거기서 발생하는 스트레스가 공공에 초래하는 비용 문제에 관심을 가지고 이에 따른 조치를 취하고 있다. 공공 기관의 입장에서 보았을 때, 직장 스트레스로 인해 생길 수 있는 문제를 방지하고 정부 자금으로 운영되는 보건 시스템이 잠식되는 것을 예방하는 것이 경제적으로 이익이기 때문이다.

넷째, 사회 전체의 입장에서 볼 때, 환경의 지속 가능성만큼 인간의 지속 가능성과 노동 환경 역시 중요하다고 외치는 (아마도 여러 갈래의) 사회 운동이 필요하다. 수십 년 전까지만 해도 기업들은 오염 물질을 대기, 물, 토지에 일상적으로 마구 쏟아버렸다. 그 후 환경 보존의 중요성이 대두되며 환경을 오염시키는 기업들에게 비용을 물리는 것이 중요한 사회적 목표라는 합의가 생겨났다. 꾸준한 환경 운동, 홍보, 정치적 압력 덕분에 전 세계의 정부들은 물리적 환경을 오염시키는 여러 활동들을 줄이기 위한 규범을 확립하고 이를 법으로 제정하였다. 이와 마찬가지로, 인간의 삶과 신체적·정신적 안녕의 중요성 및 신성함을 단호하게 옹호하는 여러 운동이 나타난다면 사회에 큰 변화가 일어날 것이다. 인간이 태어나고 죽는 문제만 중요한 것이 아니다. 그 사이의 긴 시간 동안 펼쳐지는 인간의 삶, 특히 직장에서 엮어내는 삶 또한 소중하게 보호해야 하는 것이다.

또 다른 불편한 진실

내가 직장 환경과 그것이 인간의 건강에 미치는 영향에 관해 깊이 파고드는 계기가 된 몇 가지 사건들이 있었다. 이 책은 그 때문에 뛰어든 연구의 결과다.

이전에 나와 동료들은 수십 년에 걸쳐서 직원들이 더 작업에 몰두할 수 있도록 고몰입 또는 고성과 작업 관행을 채택하면 생산성 등 여러 차원에서 좋은 영향이 나타날 수 있음을 보여주는 연구와 교육을 수행해왔지만 이는 긍정적인 변화를 거의 가져오지 못했다. 이 주제에 관해 내 저서를 포함하여 수많은 책이 출간되었음에도 전반적인 직장 환경은 오히려 더욱 악화되었으며 직원들의 몰입도와 만족도가 떨어지고 기업 리더십에 대한 신뢰는 줄어들어갔다. 직원에 대한 대우와 기업의 이윤에 연관이 있다고 설명하는 무수한 책, 논문, 강연들이 있었지만 결국 경영진의 태도나 조직의 관행을 바꾸지는 못한 것이다. 이를 계기로 나는 변화를 위해서 무엇이 필요한지 고민하게 되었다.

내가 휴잇 인적 자본 리더십 위원회(이는 대기업 인사 담당 고위직들로 구성된 모임이었다)의 회의에 참여한 경험, 스탠퍼드 대학의 교직원 인적 자원 위원회에서 일한 경험 또한 나에게 영향을 주었다. 그때 내가 눈치챈 것은 회사에서 지출하는 각종 의료 비용에 관한 언급이 매우 빈번하다는 것이었다. 고용주들은 이러한 비용을 줄이는 데에 거의 집착에 가까운 관심을 갖고 있었다. 그때 나는 이렇게 생각했다. 직원들의 충성도와 몰입도, 그리고 성과를 높이기 위해 경영 방침을 바꾸어 (고용 안정성을 높이거나 의사 결정 재량권을 주는 등의 방식으로) 더 건전한 직장을 만들어내야 한다고. 그렇다면 직원 건강과 의료비 문제야말로 고용주들이 고몰입 업무 체계―그토록 오랫동안 옹호되어 왔지만 좀처럼 받아들여지지 않았으며, 경제적 어려움이 닥치면 금세 포기되곤 했던 것―의 도입을 확대하는 데 결정적인 역할을 할 수 있지 않을까? 즉 기업과 국가가 '의료비 곡선을 꺾고자' (흔히 쓰이는 표현이다) 한다면, 직장 환경을 바꾸기 위해 노력과 관심을 집중해야 한다고 설득할 수 있을 것이라 생각한 것이다.

한편 나는 앞서 언급한 여러 위원회에서 활동하면서 만사가, 특히 사람을 다루는 일은 더욱 더 '비용'과 '자원'의 문제로만 다루어진다는 사실에 충격을 받았다. 한 가지 예를 들어보자. 2007년에서 2008년 사이에 경기 침체가 시작되자 스탠퍼드 대학교는 쌓아둔 어마어마한 기금이 있음에도 불구하고 400~500명의 직원을 해고했다. 2000년대 초부터는 예산 부족에 직면하여 임금 동결을 시행한 바도 있었다. 그 당시의 어느 날 나는 캠퍼스를 차로 지나가다가 화분에 담겨 땅에 심어질 날을 기다리고 있는 나무들을 보며 과거의 일을 떠올렸다. 그보다 약 10년 전, 캠퍼스 내 스탠퍼드 가문 영묘 근처에 있던 300년 된 거대한 참나무가 죽어간다는 사실이 언론의 큰 관심을 받은 적이 있었다. 그 나무는 '극진한 보살핌과 애정의 대상'이었고, 그 나무를 살리기 위해 실로 영웅적인 노력이 행해지기도 했다. 몇 년 후 팔로 알토의 한 신문사는 결국 이 참나무를 살릴 수가 없어서 베게 되었다는 것을 무슨 대단한 뉴스인 양 보도하였고, 그 대신 새 나무 여섯 그루를 심을 것이라고 전했다. 이 모든 것을 지켜보면서 나는 스탠퍼드 대학에 있는 여러 사람들에게 이렇게 말했다. 스탠퍼드에서는 직원보다 나무가 되는 게 낫다고. 이처럼 나무가 사람보다 더 좋은 대우를 받는 직장이 너무 많다.

사람들은 이 세상을 묘사하기 위해 이런저런 용어를 구사하

월급 받으려다 죽다

는데, 여기에는 많은 의미가 담겨 있다. 우리는 기업 경영의 측면에서 사람들을 가리킬 때 흔히 인적 자원이니 인적 자본이니 하는 용어들을 쓴다. 임금과 건강 수당 등에 관해 이야기할 때면 직원이니 의료니 하는 말 뒤에 비용이라는 말이 따라붙을 때가 많다. 오래전 독립적인 전력 생산 기업인 AES의 공동 창립자인 데니스 바케Dennis Bakke는 내가 쓴 책《휴먼 이쿼이션》의 부제인 '사람을 우선으로 하여 이윤을 얻는다'는 문장에 반대한다고 말한 적이 있다. 사람은 존엄한 존재이며 살아 있는 생명체이므로 이윤에 어떤 영향을 주는지와 무관하게 경영상의 의사 결정을 할 때 우선성을 부여받아야 한다는 것이었다.

경영에 관해 일상적으로 사용되는 언어를 바꿀 필요가 있다. 신체적·정신적 안녕과 건강은 정책에서도 더 핵심적인 위치를 점해야 한다. 25억 달러 가치 제조업체의 CEO인 밥 채프먼Bob Chapman이 즐겨 말하듯이, 기업의 리더들은 자신들에게 의지하는 직원들의 삶을 돌볼 책임이 있다. 직장으로 나오는 사람들은 대부분 사랑하는 남편, 부인, 아들, 딸 등 가족이 있는 이들이다. 즉 리더들에게는 자기 직원들을 퇴근한 후에도 가정에서 건강하고 충만한 삶을 살 수 있는 상태로 돌려보낼 책임이 있다는 것이다.

미국과 일부 나라들에서는 임신 중지를 반대하는 '생명 존중' 정책을 놓고 맹렬한 논쟁이 벌어지는 중이다. 그런데 여기에 따라 나오는 논쟁들을 보면 막상 사람들이 삶의 대부분을 보내는 직장에서 무슨 일이 벌어지는가에 대한 논의는 거의 없다는 것을 알 수 있다. 그러나 나는 우리가 진정으로 인간의 생명과 안녕을 신성하고 중요한 것으로 여긴다면, 직장에서의 건강과 안녕에 대해서도 관심을 두어야 할 도덕적 이유가 있다고 생각했다. 그리고 사람들의 안녕에 관심을 둔다면 그것이 직장 환경에서 어떤 영향을 받는지에 관해 마땅히 이해해야만 한다고도 생각했다.

이러한 생각을 품고 있던 차에 IESE의 누리아 친칠라 교수가 노동과 가족이라는 주제로 학술회의를 조직하면서 나에게도 참여해달라고 했다. 친칠라 교수는 나에게 '사회적 오염'이라는 개념을 알려주면서, 진짜 '불편한 진실'은 사람들을 해치는 문제가 물리적 환경의 파괴만이 아니라 사회적 환경의 저하로 인해 벌어진다는 것이며 이는 부분적으로 고용주들의 행태에 달려 있는 문제라고 말했다. 이 학술회의가 실제로 열리지는 못했지만 이를 계기로 나는 직장과 노동자 건강이라는 문제를 탐구하게 되었고, 이 연구는 인간의 지속 가능성이라는 연구 주제의 토대가 되어 학술지에 실린 논문으로도 발전하게 되었다.

이러한 경험들을 통해 내가 배운 것을 짧게 요약하면 다음과 같다. 직장은 인간의 건강과 수명에 근본적인 영향을 미치며, 건강에 해로운 직장은 너무나도 많다. 결국 사람들은 월급 좀 받아보려고 하다가 글자 그대로 죽음을 당하고 있다. 연령, 교육 수준과 관계없이 생각보다 많은 사람들이 직종, 산업군, 지역을 막론하고 해로운 직장의 영향 아래에 놓여 있다. 이러한 사실을 알게 된 후, 나는 연구를 하면서 내가 모은 데이터와 이야기들을 전부 세상에 내놓아야 한다는 확고한 신념을 갖게 되었다. 지금도 전 세계의 수많은 직장에서 불필요한 신체적·정신적 학살이 자행되고 있다. 나는 이 책이 이를 멈출 수 있는 변화들을 이끌어내는 데 도움이 되기를 바란다.

직장 환경은 중요하다. 이것이 일하는 사람들의 열의, 만족도, 실적 등에 큰 영향을 미친다는 것은 모두가 너무나 잘 아는 사실이다. 이제 우리는 직장 환경이 사람들의 신체적·정신적 건강과 안녕을 위해 매우 중요하다는 점에 주목해야 한다. 비용과 생산성뿐만 아니라 인간의 지속 가능성에 관해 진심으로 염려하며, 더 나은 직장 환경에 관해 고민해야 할 때다.

차례

1장 | 월급 받으려다 죽다   21
직원 스트레스 관리가 경영 어젠다가 되어야 하는 이유

2장 | 스트레스, 보이지 않는 비용   53
구성원의 피로도와 실적 부진의 연결 고리

1장 경영진의 선택이 직원의 생사를 결정한다

월급 받으려다 죽다

직원 스트레스 관리가 경영 어젠다가 되어야 하는 이유

> "마요 클리닉에 따르면,
> 당신의 건강에 더 큰 영향을 주는 사람은
> 당신의 주치의가 아닌 당신의 직장 상사입니다."

밥 채프먼
배리-웨밀러Barry-Wehmiller의 CEO이며
《모든 인간이 소중하다Everybody Matters》의 저자

17만 달러의 연봉을 받던 우버의 소프트웨어 엔지니어 조지프 토머스는 2016년 8월 총을 쏘아 스스로 목숨을 끊었다. 그의 아버지와 아내는 그 원인으로 직장 스트레스를 꼽으며 이렇게 말했다. "정말 하루 종일 일했어요. 일로 엄청난 압박을 받으면서 일자리를 잃을까 봐 겁에 질려 있었어요. 어느새 자신감이라고는 하나도 없는 사람이 되어 있었죠. 자신은 아무것도 제대로 하지 못한다고 늘 말했어요." 이런 문제를 겪는 사람은 토머스 씨뿐만이 아니다. 우버의 직원 중 다수가 공황 장애, 약물 남용, 우울증, 병원 입원 등을 겪는데 대부분은 그 원인으로 직장 스트레스를 꼽았다.

직장 스트레스로 인해 고통받는 사람은 전 세계 어디에나 있다. 2008년부터 2010년 사이에 프랑스 텔레콤 직원 중 최소한 46명이 스스로 목숨을 끊었다. 검사관들은 그 원인으로 기업의 비용 절감과 구조 조정을 지목했다. 애플과 휴렛팩커드를 포함한 여러 기업에 납품하는 대만의 대형 전자 부품 제조업체인 폭스콘에서는 2010년 1월에서 5월 사이의 불과 4개월 동안 9명의 직원이 자살했고, 2명이 자살 시도로 큰 상해를 입었다. 직원들은 그 원인이 근무 조건 때문일 것이라고 했다.

뱅크 오브 아메리카의 자회사인 메릴 린치에서 일하던 21세의 인턴 모리츠 에어하트는 72시간을 연속으로 일한 뒤 쓰러져 런던에서 사망하였다. 검시관들은 에어하트의 사인을 간질 발작이라고 했으며 이는 "스트레스와 피로에 의해 촉발되었을 수 있다."고 했다. 일본의 외식 전문 기업 와타미는 입사한 지 두 달밖에 되지 않는 여성 직원을 자살로 몰아갔다는 비판을 받았는데, 그 여성의 월간 초과 근무량은 140시간이 넘었다고 한다. 인도에서는 2007년에서 2009년 사이에 부채의 증가, 그로 인한 경제적 절망과 삶에 대한 회의감으로 거의 200명의 농부가 스스로 목숨을 끊었다.

직장 스트레스의 영향은 직종, 국가 등을 막론하고 어디에서나 나타난다. 시카고의 한 통근 열차 책임자는 허가 없이 휴가 수당을 나누어주었다는 혐의로 수사를 받다가 스스로 전차 앞에 뛰어들어 목숨을 끊었다. 메릴랜드주의 한 변호사는 자신이 곧 일자리를 잃을 것이라는 사실을 알게 되자 권총 자살로 생을 마감했다. 경기 불황이 심각해진 2008년에는 일자리 불안정과 그로 인한 스트레스로 자살률이 최고 수준에 도달했다.

직장 환경이 스트레스를 유발하는 이유는 여러 가지이지만 그중에서도 가장 심각한 문제는 낮은 임금, 심야 작업, 업무 결정권 결여 등이다. 예를 들어 임금이 낮으면 의료 서비스도 제대로 받을 수 없고 적은 소득으로 살아남아야 하기 때문에 스트레스가 생길 수밖에 없다. 당연하게도 저임금이 곧 비만, 불안, 우울증, 저체중 산아 출산, 고혈압 등으로 이어진다는 연구 결과는 수없이 많다.

문제 많은 일자리는 낮은 직급의 직원들에게 더 큰 영향을 준다. 하지만 전문직 종사자와 최고 경영자들도 해로운 직장 환경으로 인한 스트레스로부터 자유롭지는 않다. 예를 들어 스위스컴의 CEO인 카르스텐 슐로터는 일주일 내내 하루 24시간 통화 대기 상태에 있어야 한다는 사실에 고통을 받았다고 한다. 또한 취리히 보험의 CFO인 피에르 워시어는 그의 CEO와 끔찍할 정도의 갈등을 겪었다고 한다. 2013년 두 사람은 각각 49세, 53세의 나이에 스스로 목숨을 끊었다.

직장에서 어려움을 겪는 사람 중 일부는 병에 걸리거나 죽는다. 어떤 이는 스스로 목숨을 끊기도 한다. 심지어 참을 수 없는 직장 스트레스 때문에 다른 사람을 살해하는 이도 있다. 2017년 6월, 캠핑용 차량의 액세서리 제조업체인 피아마에서 일하다가 해고된 한 직원은 옛 고용주의 집을 찾아가 그를 살해하고 자살했다. 이뿐이 아니다. 1986년, 한 우편배달부는 동료 14명을 살해하고 6명에게 상해를 입혔다. 이 사건으로 '직장에서 분노를 폭발하다going postal'라는 표현이 널리 쓰이게 되었다.

2013년, 미국에서는 직장 관련 살인 사건 피해자의 숫자가 397명에 달했다. 그나마 좋은 소식이라면 2012년의 피해자 수인 475명보다는 줄었다는 점일 것이다. 1992년부터 2010년 사이 직장 관련 살인 사건 피해자는 1,400명에 달한다. 이렇게 목숨을 잃은 사람들의 숫자는 화재, 폭발 사고, 장비와 기계 끼임 사고, 독성 물질 노출 사고 등의 산재로 죽은 사람들의 숫자를 합친 것보다 더 많다. 물론 살인은 가장 극단적인 형태의 직장 폭력이다. 미국 산업 안전 보건청의 추산에 따르면 매년 직장 폭력의 희생자가 되는 직원들의 숫자는 약 200만 명에 달하며, 아예 보고되지 않는 경우도 많다고 한다. 직장 폭력이 심각한 건강 위험 요소라는 점은 분명하다.

스트레스 가득한 직장 환경에서는 교육 수준이 높고 숙련된 이들 역시 당황할 수밖에 없다. 스스로를 '회복 중인 금융인'이라고 묘사한 남아프리카 공화국의 어떤 사람은, 직원들을 악착같이 착취하는 기업으로 인해 치료가 필요한 심각한 우울증에 빠지고 말았다고 고백했다. 그는 경영 대학 학위를 2개나 가지고 있고 무수한 리더십 훈련 프로그램을 거쳤음에도 이러한 상황에서 속수무책일 수밖에 없었다고 말했다.

> 저는 우울증이란 좋은 직장, 교외의 주택, 가족용 스테이션 왜건을 가진 '성공적인' 사람들에게는 절대 벌어지지 않는 일이라고 생각했습니다. 참으로 무식하고 거만했죠. 저는 신경 쇠약으로 나가떨어진 뒤로 다시는 직장으로 돌아가지 않았고, 스스로 회복하기 위해 응용 심리학 석사 과정을 시작했으며 제 경험에 관한 책도 한 권 썼습니다. 2,500명의 화이트칼라 직원들을 대상으로 연구한 결과 저는 모든 기업의 직장 상황이 증상학적으로 볼 때 염려스러운 수준이며, 모든 핵심 사업 영역에 여파를 미친다는 사실을 알 수 있었습니다.

샌프란시스코의 기업인 세일즈포스닷컴의 한 직원 또한 비슷한 이야기를 털어놓았다. 명문 대학에서 경영학 학위를 받은 그녀는 이 기업에 임원으로 고용된 후, 즉시 그곳의 직장 환경을 견디기 위해 항우울제를 먹어야만 했다. 그녀는 여러 상사의 이런저런 요구를 견디며 긴 시간 노동해야 했고, 실적이 조금 떨어지거나 사내 정치에서 약간의 실수만 해도 언제든 해고될 수 있다는 위협에 항상 시달려야 했다.

하이테크 분야에서 일하는 많은 '성공적인' 사람들과 마찬가지로 그녀 또한 자신의 일과 삶을 마음대로 통제할 수 없었다. 어느 목요일, 그녀는 다음 주 월요일에 프랑스 파리에서 열리는 미팅에 참석해야 하므로 토요일에 출국해야 한다는 통보를 받았고 갑작스럽게 친구들과의 약속을 취소해야 했다. 이러한 일은 무수히 많았고 직장에서의 갑작스러운 요구가 빈번한 탓에 그녀는 자신의 환경을 스스로 통제할 수 없다고 느끼게 되었다. 이로 인한 스트레스에 대처하기 위해 그녀는 심리 치료를 받고 개인 트레이너를 만났는데, 이러한 것들에 들어가는 총 비용은 한 달에 2,000달러가 훌쩍 넘었다. 이는 그녀와 그녀의 배우자가 교육을 잘 받아 좋은 직장을 다녔기 때문에 가능한 일이었다. 그렇다면 봉급이 많지도 않은 대다수의 노동자는 이와 비슷한 직장 스트레스를 어떻게 다루어야 한단 말인가?

그녀의 직장인 세일즈포스닷컴이 〈포춘〉이 뽑은 '가장 일하기 좋은 직장' 리스트에 오른 곳임에도 그녀는 이러한 일을 겪을 수밖에 없었다. 이런 경험은 그녀에게만 국한된 것이 아니다. 그녀의 한 직장 동료는 최근 아이를 출산한 후 육아 휴직 상태였지만 출산 후 2주도 되지 않아 세일즈포스닷컴의 큰 행사에서 키노트 연설을 해야 하므로 직장으로 돌아오라는 압력을 받았다. 물론 직장으로 돌아오라는 요청은 찬사로 치장되어 있

월급 받으려다 죽다

었다. "이번 행사는 안팎으로 크게 알려지는 행사이므로 당신의 역할이 아주 중요하답니다. 그러니 우리 회사의 간판이 되어 많은 참석자들 앞에서 빛날 수 있는 자랑스러운 기회를 절대로 놓치지 마세요." 여기 숨겨진 뻔한 메시지는 이런 것이다. "아기를 낳았다고 직장을 등한시해? 너 제정신이야?"

미국 스트레스 연구소American Institute of Stress라는 연구 기관에서는 다음과 같은 연구 결과를 발표하기도 했다.

- 직장 스트레스는 미국 성인들이 겪는 가장 주요한 스트레스이며 이 문제는 지난 몇십 년 동안 점진적으로 악화되어 왔다.
- '미국 직장에서 노동자들의 태도'에 관한 조사에 응답한 노동자들의 80퍼센트는 직장에서 스트레스를 느낀다고 답했다.
- 직장 스트레스로 인해 직장에서 물리적 폭력이나 공격이 발생했다고 말한 직원들이 약 10퍼센트에 달한다.

미국의 국립 산업 안전 보건 연구원National Institute for Occupational Safety and Health의 한 보고서에 실린 데이터는 미국의 노동자 중 4분의 1이 직장을 삶의 주요한 스트레스 요인으로 보고 있으며, 직장에서의 문제를 금전적 문제나 가족 문제보다 건강에 더 큰 악영향을 끼치는 것으로 판단한다고 밝혔다.

노동 환경의 문제는 다른 나라에서도 대부분 비슷하다. 오스트레일리아의 경우, 2014년 조사에서 노동자의 45퍼센트가 '일에서 오는 스트레스로 지쳐버린 상태'라 답했고, 2013년 조사에서는 무려 4분의 3에 해당하는 사람들이 직장 스트레스로 인해 신체적 건강에 일정한 영향을 받았다고 답했다. 2012년 캐나다 통계 조사에서는 노동자의 28.4퍼센트가 직장에서 보내는 대부분의 날에 심한 스트레스를 받는다고 답했다.

긱 이코노미와 경제적 불안

여러 증거가 보여주듯, 노동 환경이 사람들의 건강에 미치는 악영향은 갈수록 심해지고 있다. 그 이유 중 하나는 노동의 성격이 변화하는 상황에 있는데, 특히 긱 이코노미(산업 현장에서 정규직이 아닌, 계약직·임시직·일용직 따위를 필요에 따라 고용하는 경제 형태)의 영향으로 계약직, 프리랜서 등 불안정한 형태의 고용이 갈수록 지배적인 위치를 차지하고 있다. 프리랜서 노동조합Freelancers Union은 2014년에 일하는 미국인들 중 3분의 1이 모종의 프리랜서 노동에 참여했다고 밝히기도 했다.

단기 계약으로 일하는 이들은 정규직보다 더 심한 경제적 불안정성에 직면하게 되며, 유급 휴가나 여타 수당은 물론 직업 훈련을 받을 수도 없다. 이러한 일을 하는 이들은 대부분 소득을 높이려고 그 일을 하지만, 실제로 이러한 형태로 일하는 노동자들은 많은 돈을 벌지 못한다. 〈포춘〉에 실린 차트로 파악한 노동자들의 월 평균 수입은 다음과 같다. 도어대시DoorDash에서 일하는 이들은 229달러, 우버Uber 운전사들은 364달러, 리프트Lyft 운전사들은 377달러, 태스크래빗TaskRabbit에서 일하는 이들은 380달러였으며 피버Fiverr에서 일하는 이들의 월 평균 수입은 103달러, 겟어라운드Getaround의 경우, 98달러에 불과했다.[1]

〈뉴요커〉에 실린 한 기사는 이러한 플랫폼 기업을 통한 노동이 얼마나 어렵고 스트레스가 심한 일인지를 밝히기도 했다. 시카고의 한 리프트 운전사는 임신 9개월 만삭의 몸으로 승객을 태웠고, 분만의 진통이 시작되었는데도 무사히 목적지까지의 운전을 마쳤다고 찬양을 받았다. 리프트 운전사들이 한 번 운행에 받는 순수입이 11달러 정도인데, 아마 그녀는 병원에 간다고 해도 준 고용주인 리프트에게서 병원비를 받을 수 없으니 차라리 11달러라도 버는 편이 낫다고 생각했을 것이다. 이러한 상황은 긱 이코노미에서 일반적인 것이 되어버렸다. 효율적 창업가들을 위한 프리랜서 마켓이라고 스스로를 홍보하는 피버는 아예 점심을 커피 한 잔으로 때울 것을 권하는 광고판을 뉴욕의 지하철에 붙여놓았다. '행동하는 사람'이라면 당연히 '수면 부족에 중독되었을 것'이기 때문이라는 것이다. 심지어 피버는 한 영상을 통해 성행위 도중에도 고객의 전화를 받을 것을 권장하기까지 했다. 이뿐만 아니라 불안정하고 임시적인 고용 계약이 사람들의 건강에 악영향을 미친다는 증거는 너무나 많다.

직장 스트레스와 그것이 초래하는 비용

이렇게 직장 스트레스가 만연해 있으며 그것이 노동자의 신체적·정신적 건강에 악영향을 끼친다는 사실이 잘 알려졌음에도 불구하고 그것이 사회적 지속 가능성에 끼치는 영향에 관해 주목하는 사람은 이상하게도 (그리고 불행하게도) 많지 않다. 2장에서 볼 수 있듯 해로운 직장 환경의 문제가 보건 의료 비용과 인구 전체의 사망률 상승에 지대한 영향을 준다는 사실이 명확하지만, 직장 스트레스 문제에 관해서는 고용주와 정부는 물론 경영 대학에서조차 거의 묵살하고 있다.

이에 관해 뉴질랜드 인적 자원 연구소의 최고 책임자였던 크리스 틸의 사례를 들 수 있다. 그가 뉴질랜드 정부에 직장 환경과 국민 건강이 연결되어 있음을 알렸지만 정부는 '스트레스는 평범하게 일에 따라오는 일부'라 답하며 이에 관해 어떤 대응도 하지 않겠다는 의사를 비쳤다고 한다. 틸은 해로운 경영 관행으로 인해 노동자들이 정신적으로 상해를 입으며 이로 인해 발생하는 문제 때문에 기업은 물론 사회도 큰 비용을 감당해야 한다는 사실을 정부가 제대로 인지하지 못하고 있다고 지적했다.

케임브리지 대학 뉴넘 칼리지의 학장인 캐럴이 2011년에 내게 알려준 조사 결과에 따르면, 100개 이상의 영국 경영 대학 중 직원들의 건강 및 안녕과 업무 집중도의 관계를 다루는 강좌는 거의 없었다. 기업 역시 마찬가지였다. 여러 기업 중 직원의 직장 스트레스를 측정하는 곳은 아주 소수였고 이 문제를 해결하려 노력하는 기업은 더욱 적었다.

이렇게 되어야 할 이유가 없다

물론 예외적인 기업도 있다. 비록 그 숫자가 많지는 않지만 직원들의 신체적·정신적 건강과 전반적 안녕을 돌보는 것이 가능할 뿐만 아니라 이것이 기업의 이윤에도 도움이 된다는 것을 보여주는 기업들이 없지 않다.

건강 보험 회사인 애트나Aetna의 CEO인 마크 베르톨리니Mark Bertolini는 2004년 심한 스키 사고를 당했고, 목숨은 건졌지만 왼쪽 팔에 항상 심각한 고통을 느끼는 상태가 되었다. 여기에 또 희귀종의 암을 앓고 있는 그의 아들의 문제까지 겹치면서 그는 건강 자체에 대해 좀 더 많은 관심을 갖게 되었다. 그리하여 애트나에서는 직원의 (신체적, 정신적, 사회적, 금전적) 건강을 기업의 우선적 목표로 두게 되었다. 2015년 애트나는 최저 임금을 시간당 16달러로 인상하였는데, 이로써 가장 낮은 임금을 받던 직원들은 무려 33퍼센트의 임금 인상을 받게 되었으며 약 5,700명의 직원들의 임금이 상승했다. 또한 애트나는 건강 수당을 개선하여 직원들의 자비 부담을 줄여주고 요가 및 명상 교실을 무료로 제공하였다. 최소 한 번이라도 이 교실에 참여한 직원들은 평균적으로 스트레스 수준이 28퍼센트 감소했으며, 수면의 질이 20퍼센트의 개선되었고, 19퍼센트의 통증 완화 효과를 경험했다고 전해졌다. 게다가 애트나는 직원들에게 체중 감량 프로그램과 건강 검진도 제공하였고, 2016년에부터는 학비 대출 상환 프로그램을 운영하여 연간 2,000달러 한도 내에서 직원들이 내는 학비 대출 상환액에 매칭 보조금을 내주었다. 그럼에도 불구하고, 결과적으로 애트나에서 지출하는 의료 관련 비용은 하락하였으며 일부 기간에 올라가기는 했지만 전국 평균보다는 낮았다. 그 이유는 이 회사가 직원들의 안녕에 초점을 두었기 때문이었을 것이다.

기업 가치가 25억 달러에 달하며 전 세계의 여러 공장에서 약 1만 2,000명을 고용하고 있는 제조업 회사인 배리-웨밀러의 CEO 밥 채프먼은 어느 날 깨달음을 얻은 경험을 이렇게 고백했다. "나는 우리를 위해 일하는 1만 2,000명의 사람들 모두가 누군가의 소중한 자식이라는 것을 깨달았고, 우리가 그들을 어떻게 대우하느냐가 그들의 삶에 실질적인 영향을 끼친다는 것을 알게 되었습니다."

채프먼은 자기 회사의 목표를 모든 직원이 만족스러운 상태에서 퇴근할 수 있도록 하는 것으로 정했다. 기업이 직원들을 사물이 아니라 소중한 인간으로 보기 시작하자 자연스레 직원들끼리 서로를 돌보는 기업 문화가 만들어졌다. 결국 이 회사는 경제적으로도 상당한 성공을 거두었는데, 수익의 연 상승률이 16퍼센트가 될 정도였다. 생존이 아주 어려운 제조업 분야에서 이는 놀라운 성과였다.

그 후 채프먼은 이러한 사고방식을 널리 알리는 전도사가 되었다. 그는 《모든 인간이 소중하다》라는 책을 출간한 뒤 배리-웨밀러 회사의 경영 방침과 직원 안녕에 초점을 두는 문화를 구축한 경험에 대해 강연을 하고 다닌다. 그는 이렇게 말했다. "미국인의 88퍼센트는 자신의 직장이 자신을 전혀 신경 쓰지 않는다고 느낍니다. 4명 중 1명은 자기 업무에 전혀 열의가 없습니다. 사람들이 일하는 곳에서 자신의 가치를 인정받지 못하며 자신의 업무 환경이 나쁘다고 느끼게 되면 그것이 능률에 영향을 끼치는 것은 당연한 일입니다. 저는 만약 사람들이 직장에서 스트레스가 아니라 행복을 느끼게 된다면 의료 관련 문제가 40퍼센트는 줄어들 것이라 생각합니다."

이 책에서 우리는 자기 직원들의 안녕에 대해 신경을 쓰는 일부 기업들을 만나게 될 것이며, 직원들을 돌보는 것이 경제적으로나 사회적으로나 왜 온당한 일인가를 보여주는 무수한 연구 자료들을 검토하게 될 것이다. 선한 일을 하면서 이익을 내는 것은 얼마든지 가능하다.

지속 가능성 운동에 인간의 자리는 있는가

때로 가장 일상적인 행동은 우리 사회가 추구하는 가치와 우선적 목표가 무엇인지 알려주는 지표가 되기도 한다. 경제 개발과 토지 사용에 관한 결정을 할 때는 물리적 환경을 보존하기 위해 수많은 요건이 따라붙지만, 그로 인해 영향을 받게 되는 노동자들의 문제는 항상 묵살된다.

간단한 예를 들어보자. 2010년, 미국 최대의 식료품점 체인인 세이프웨이Safeway 는 캘리포니아주 벌링게임에 매장을 열 목적으로 환경 영향 보고서를 작성하여 공개했다. 환경 영향 보고서는 큰 건물을 짓거나 재개발 프로젝트를 진행할 때 필수적으로 작성해야 하는 것이다. 세이프웨이의 보고서는 매장 건설이 교통에 미치는 영향을 세세히 다루었으며, 경관을 가급적 보존하는 방향의 조경 및 간판 설계 계획을 내놓았고, 환경에 미치는 영향을 최소화하기 위해 옛 건물을 해체하여 나오는 폐기물을 재활용하는 등의 방식으로 노력할 의사를 밝혔다.

이러한 환경 검토를 할 때 깔려 있는 기본 전제는 간명한 것이다. 건물을 세우면 물리적 환경은 항상 훼손되며, 환경을 제대로 지켜내려면 기업들이 그러한 훼손을 최소화하고 자연 환경을 최대한 보존하면서 경제적 진보와 발전을 이룰 수 있도록 노력해야 한다는 것이다. 건설을 시작하기 전에 환경 보고서를 작성해야 한다는 것은 곧 역사적으로 중요한 건물을 파괴하거나 자연에 해를 끼친 후에 그것을 복구하는 것보다 그러한 일을 사전에 예방하는 것이 더 쉽다는 사실을 인식하고 있다는 것이라고 할 수 있다.

지금 우리는 물리적 환경의 지속 가능성과 환경 악화의 문제에 대해 관심을 갖는 것을 당연한 일로 여긴다. 공기와 물을 오염시키는 활동은 사전에 금지하고 그것을 어길 시 처벌하는 여러 법률과 규제가 존재한다. 많은 기업은 탄소 배출을 줄이고 환경 오염을 완화시키려는 자신들의 노력을 강조하며 기업 광고, 연간 보고서, 그 밖의 여러 경로를 통해 자기들의 '녹색' 인증서들을 신나게 뽐낸다. 오늘날에는 이러한 관행이 기업 경영에 일상적인 일이 되어버렸으나 사실 불과 얼마 전까지만 해도 대다수의 기업은 여러 환경 규제에 대해 아주 거세게 반대했으며 브랜드 전략을 내세울 때 환경의 지속 가능성을 강조하던 기업은 극히 소수였다.

얼핏 보면 세이프웨이의 환경 영향 보고서에서는 빠진 것이 없는 것 같다. 그러나 매장의 리모델링으로 인해 발생하는 문제 중 고려되지 못한 것이 분명히 있었다. 그건 재건축하는 과정에서 매장이 1년 정도 폐점하게 될 것인데, 이 매장에 근무하는 직원이 수십 명이나 된다는 사실이었다. 매장 폐쇄가 이루어진 2010년은 미국이 심각한 경기 침체를 겪은 후 느리게 회복하는 중이었기 때문에 일자리 시장이 아주 어려웠다. 따라서 세이프웨이의 재건축 기간 동안 생기는 문제는 일시적인 교통 방해와 주차 불편, 베어지는 나무들뿐만 아니라, 매장에 근무하던 직원들의 경제적 삶과 안녕에도 있었던 것이다. 하지만 이는 환경 영향 보고서 어디에서도 논의되지 않았다. 나중에 세이프웨이가 그 직원들 중 일부에게 근처의 매장으로 이직할 것을 제안했다는 사실을 알게 되었지만, 이는 그 보고서 어디에서도 언급되지 않았으며, 나머지 직원들은 어떻게 되었는지도 알 수 없었다. 요컨대, 이렇게 사람들은 일상적으로 행해지는 개발이 물리적 환경에 어떤 영향을 미치는지에 관해서는 지대한 관심을 가지면서 그것이 사람에게 미치는 영향에 관해서는 아무런 관심이 없다는 것이다.

지속 가능성에 대한 고려에 사람이 빠진 경우는 얼마든지 있다. 미국의 자동차 제조 기업인 제너럴 모터스의 웹사이트에 올라온 지속 가능성 보고서를 살펴보면 그들이 청정 에너지 특허를 받았으며, 태양광 발전 설비에 있어서 세계 5위 안에 들어가고, 11개의 쓰레기 매립 제로 사업장과 야생 동물 서식지 위원회가 인증한 26개의 사업장을 가지고 있음을 알 수 있다. 하지만 이 회사가 지난 10년간 얼마나 많은 이들을 해고했는지, 직원들의 임금과 수당을 깎기 위해 무슨 일을 했는지, 그들의 사무실과 공장의 작업 환경이 일하는 사람들에게 어떤 영향을 미쳤는지 등에 관해서는 아무런 이야기도 없다. 제너럴 모터스 또한 지속 가능성 보고서에서 직원들의 신체적·정신적 건강에 관한 데이터를 다루지 않는 것이다.

100만 명 이상을 고용하고 있는 미국 최대의 고용주인 월마트도 마찬가지로 에너지, 폐기물, 그리고 제품을 포괄하는 3가지 환경적 지속 가능성을 위한 목표를 가지고 있다. 이 회사의 지구적 책임 보고서를 보면 재생 에너지와 재해 대비를 무엇보다도 강조하고 있다는 것을 알 수 있다. 그런데 이 보고서가 사람들에 관해 내놓은 내용을 보면, 승진한 이들의 숫자, 여성 및 유색 인종의 신규 고용 비율, 전역 군인들을 고용한 기록 등이 전부다. 임금 수준이 직원들의 생활을 가능케 하는 정도인지, 건강 보험은 제공하는지, 직원들이 가정생활에 충실할 수 있도록 하는 정책이 있는지 등에 관해서는 전혀 언급이 없다.

다양한 문제에 관한 보고서가 작성되고 있는 것은 상찬할 만한 일이지만, 그중에 인간의 지속 가능성 관한 내용이 없다는 것은 문제다. 지속 가능성 리스크, 그리고 이와 관련된 인권과 노동 문제에 대한 연구 및 보고는 자연 환경 및 가버넌스 문제에 관한 연구 및 보고 실태와 비교해 볼 때 한참 뒤떨어져 있다.

세이프웨이와 월마트의 예를 들기는 했지만, 보고서에 경영 관행과 실천이 인간에게 미치는 영향에 대한 내용이 빠져 있는 것은 어느 회사나 마찬가지이다. 폐기물 감축, 에너지 보존, 재활용 등 물리적 환경 문제를 개선하기 위한 노력들을 보고하는 것을 규범으로 삼는 회사들은 빠르게 늘고 있으며, 특히 큰 회사일수록 종합적인 지속 가능성에 더 많은 관심을 갖고 점점 더 체계적인 보고서를 내놓고 있다. 하지만 직원들의 안녕에 관한 보고는 (설령 그 내용이 있다고 해도) 사고로 인한 노동 시간 손실에 관한 내용이거나 그 밖의 아주 제한적인 지표들로 국한되어 있을 때가 많다.

물론 예외도 있다. 일부 기업들은 직원의 안녕을 살피는 데에 보다 종합적인 관점을 채택하여 그에 따른 보고를 행하고 있다. 한 예로 브리티시 텔레콤은 2012년 자사 직원의 건강 및 안전 관련 정책을 수정하여 직원들의 건강 및 안녕을 회사 인사 전략의 핵심 요소로 포함시켰다. 이 회사의 보고서에는 사고뿐만 아니라 병으로 인한 노동 시간 손실에 관한 내용도 있다. 직원의 건강 증진은 브리티시 텔레콤의 직원 건강 및 안전 전략에 열거된 첫 번째 항목이다. 또한 이 회사는 병이나 장애를 안게 된 직원들이 그것 때문에 노동 시장을 떠나지 않고 다른 일자리로 이직할 수 있도록 지원하기도 한다. 가장 중요한 것은 이 회사가 '어떤 기관에서도 제1의 원칙은 그곳에서 일하는 이들에게 해를 입히지 않는 것이어야 한다'라는 생각을 경영 모토로 삼는다는 것이다.

현재 우리 사회가 물리적 환경에 아주 깊은 관심을 보이면서도 사회적 환경과 거기에서 일하는 인간들에 대해서는 거의 무관심하다는 사실은 오늘날의 노동 환경을 이해하는 데에 중요한 열쇠가 된다. 이를 통해 우리는 어째서 일자리, 특히 좋은 일자리가 갈수록 사라지는지, 많은 노동자가 점점 더 심한 스트레스와 신체적·정신적 고통을 겪게 되는지 그 원인을 짐작할 수 있다. 현재 노동이 일어나는 대부분의 현장은 환경 오염의 경우와 달리 사회적 오염 가능성을 고려하라는 요구를 받지 않고, 그것에 관해 보고할 의무를 지지도 않으며, 따라서 그것을 조사하고 측량하지도 않는다. 이러한 상황이 지속된다면, 기업과 기관들은 자신들이 노동자들에게 무슨 짓을 하고 있는지 이해하지 못한 채 행복한 무지 상태에 머무르며 해로운 의사 결정을 계속 답습하게 될 것이다.

공공 정책에도 사람이 빠져 있다

물리적 환경에만 주목하고 사회적 환경을 무시하는 경향은 기업의 경영 방침에서뿐만 아니라 공공 정책에서도 나타난다. 예를 들어 정부는 환경 규제를 통해 쓰레기 폐기와 이산화탄소 배출 제한, 자동차의 주행 거리 제한 등을 의무화고 있다. 이에 반해 노동자들의 안녕에 초점을 두고 하는 노력은 견줄 바가 못 될 정도로 미흡하다. 물론 신체적 안전에 관해 공공 차원에서 진행하는 모니터링 덕분에 작업장 사망률 및 상해율이 상당히 떨어진 것도 사실이다. 그러나 미국과 그 외 몇몇 나라의 고용주들은 대개 자유롭게 직원들을 해고할 수 있고 유연 근무제와 유연 교대를 강요할 수 있다. 이렇게 공공 정책의 차원에서 역시 인간의 신체적·정신적 건강에 중요한 영향을 끼치는 문제들이 등한시되며 노동자들의 고통은 악화된다.

그럼에도 불구하고 비록 제한적이지만 직장 환경과 노동자의 건강에 집중하는 정책이 일부 존재하며, 이것의 중요성이 갈수록 커지고 있는 것도 사실이다. 세계보건기구는 건강이 인권의 가장 중요한 요소이며 인구 전체의 건강이 증진되면 여러 사회적 이점이 나타나는 것으로 본다. 또한 질병의 여러 원인 중 직장 스트레스가 주요한 원인이 될 수 있다는 점도 인정하고 있다.

미국 국립 산업 안전 보건 연구원 역시 사람들의 신체적·정신적 건강에 있어서 노동 환경이 위협 요인이 될 수 있다는 것을 인식하고 있다. 이 기관은 직장에서의 건강 관련 리스크의 강도를 평가하고 고용주들로 하여금 건강을 해치는 업무 환경을 개선하도록 하여 그것이 초래할 비용을 줄이고자 노력하고 있다. 또한 미국 보건복지부는 노동자들의 스트레스를 완화시킬 여러 프로그램을 포함한 국민 건강 2020 Healthy People 2020 계획을 공표하기도 했다. 그러나 이 계획에서 대부분의 강조점은 여전히 각종 산업 재해와 유해한 물리적 환경에의 노출을 예방하는 것, 일상적인 건강 증진 프로그램 제공 등에 맞추어져 있으며, 노동자의 건강에 심각한 영향을 미치는 직장 환경 문제를 개선하는 차원까지 미치지는 못했다.

한편 영국은 노동 환경과 건강의 관련성에 대해 더 큰 정책적 관심을 보여왔다. 이는 훌륭한 연구와 조사가 더 많이 이루어진 덕일 수 있으며, 또한 유해한 직장 관행으로 생겨나는 의료 비용이 정부 예산에 영향을 미치기 때문일 것이다(영국에서는 정부가 의료 서비스를 제공하고 비용을 부담한다). 발표된 조사 결과에 따르면 영국에서 2007~2008년에 스트레스 관련 결근으로 인해 상실된 노동 시간은 1,350만 일로 추산되며, 2011~2012년에 일한 사람 중 노동 관련 질병을 겪은 이들은 110만 명으로 추산된다. 직장 스트레스로 인해 엄청난 비용이 발생하므로, 영국의 산업 안전 보건청이 노동 관련 건강 문제 발생을 (따라서 비용을) 줄이기 위해 관리 표준을 내건 것이다.

건강과 사회 시스템의 효율성

우리가 인간의 안녕에 관심을 두어야 하는 몇 가지 이유가 있다. 우선 세계 인권 선언과 인권 관련 국제 협약에서 직장에서의 건강 및 안전 문제는 인권의 기본 조건으로 여겨진다. 인간의 건강을 고려해야 한다는 도덕적 기조 그리고 사회적 정의의 기초는 실로 풍부하다.

둘째, 인간의 건강 상태는 한 기관 혹은 사회 시스템의 성적을 보여주는 중요한 지표 중 하나다. 영국의 질병학자이자 보건 정책 전문가인 마이클 마멋Michael Marmot 이 말한 바 있듯이, "보건은 모종의 사회적 회계사로 기능한다. 보건이 악화된다면 이는 곧 인간의 여러 필요 욕구가 충족되지 않고 있다는 것이다."[2] 그는 노벨상을 수상한 경제학자 아마르티아 센Amartya Sen 의 말을 인용해 이렇게도 말했다. "한 경제 그리고 한 사회의 성공은 그 사회의 구성원들이 누릴 수 있는 삶과 분리될 수 없다."[3] 농촌, 도시를 막론하고 모든 사회에서 보건 상태와 안녕은 영아 사망률, 기대 수명 같은 다른 지표들과 함께 그 시스템이 얼마나 잘 작동하고 있는지 보여주는 훌륭한 바로미터이다.

　　월급 받으려다 죽다

그뿐만 아니라 경제적인 측면에서도 직장 환경이 노동자들의 안녕에 미치는 영향에 더 주목해야 하는 확실한 이유가 존재한다. 전 세계적으로 의료 보건 비용이 치솟고 있다는 것은 잘 알려진 사실이다. 그 원인으로는 노령화도 있지만 (출생률 감소는 곧 인구의 평균 연령이 높아졌음을 뜻한다) 고용 상황이 갈수록 악화되는 것 또한 주요한 원인이다.

전 세계 각국의 의료 비용 증가 원인의 많은 부분이 심혈관계 질환과 당뇨병 같은 만성 (그러나 상당히 예방 가능한) 질병들에서 기인한다. 세계 경제 포럼의 보고서에 따르면 미국에서는 연간 2조 달러가 넘는 의료비가 지출되는데 이 중 75퍼센트가 만성 질병에 의한 것이라고 한다. 또한 당뇨병, 순환계 질병과 같은 만성 질병들은 중국, 러시아, 인도, 브라질 등 개발 도상국 전반에서 증가하는 추세라고 한다. 개인의 건강 악화는 기업뿐만 아니라 사회 전체의 생산성에 큰 악영향을 미친다. 세계 경제 포럼의 보고서에 따르면 노동자들이 만성 질병을 얻게 됨에 따라 생겨나는 생산성 손실은 그러한 질병을 치료하는 데 드는 직접 비용보다 무려 4배나 많다고 한다.

건강 프로그램의 한계

갈수록 늘어나는 의료 비용, 노동자들의 질병으로 인한 생산성 손실, 신체적 고통 때문에 노동을 할 수 없게 된 노동자들을 대체하는 데에 들어가는 비용 등의 문제를 해결하기 위해 전 세계의 고용주 및 정부는 노동자들의 건강과 안녕을 증진하기 위한 여러 프로그램을 제도화해 놓았다. 하지만 그러한 프로그램은 전적으로 식단, 운동, 흡연, 음주, 약물 남용 등 개인이 통제해야 할 문제에만 주목하며, 사람들에게 스트레스를 주고 결국 그들의 행동에까지 영향을 미치는 주요한 원인인 직장 환경 문제에 관해서는 관심을 갖지 않는다.

이러한 노동자 건강 개선 프로그램은 미국에서 흔히 볼 수 있다. 일반적으로 미국에서는 고용주들이 직원들의 건강 보험료를 납부해야 하는 데다가 간접적으로 직원들의 의료 비용까지 지불해야 하므로 고용주가 노동자의 건강 문제에 관심을 가지는 것은 자연스러운 일이다. 기업이 직원들에게 제공하는 건강 프로그램을 평가한 랜드 연구소RAND Corporation의 한 보고서에 따르면 2009년의 경우, 50명 이상 고용 기업의 50퍼센트, 그리고 200명 이상 고용 기업의 92퍼센트가 직원들에게 모종의 건강 증진 프로그램을 제공했다고 한다. 이러한 프로그램은 직원 및 그의 가족들에게 운동, 금연, 건강 식단, 절주 등을 장려할 뿐만 아니라 이들이 건강을 유지할 수 있도록 혈압과 콜레스테롤 등 건강 수치를 측정해 준다. 컨설팅 회사인 에이온 휴잇Aon Hewitt이 약 800개의 대기업 및 중소기업들을 조사하여 보고한 바에 따르면, 79퍼센트의 기업이 직원들 스스로 자기 건강을 개선하도록 하기 위해 직원들에게 보험 납부금을 낮추어 주는 등의 보상을 활용한다고 한다. 또한 다양한 생체 인식 측정을 통해 개선이 되지 않는 직원에게는 벌금을 물리는 방식도 활용되고 있다고 한다.

고용주 입장에서 볼 때, 직원 개개인의 건강은 기업이 지불해야 하는 건강 보험 비용과 연관되므로 당연히 관심을 가져야 하는 사항이다. 하지만 문제는 대부분의 건강 프로그램의 초점이 너무 협소하게도 개인에게만 맞춰져 있어 진정으로 직원들의 건강을 증진시키기 어렵다는 데에 있다. 고용주들은 영양 및 스트레스에 관한 상담, 각종 운동 교실을 제공하며 직원들이 건강 검진을 받도록 유도하려고 금전적 인센티브를 제시하는 등의 노력을 기울이지만 이러한 프로그램은 전적으로 개인이 스스로 생활 방식의 변화를 이루도록 하는 데에만 초점을 맞춘다는 점에서 한계가 있다.

이러한 종류의 프로그램에 깔려 있는 전제가 있다. 사람들에게 건강 정보를 더 많이 알려주고, 운동 및 스트레스 감소의 기회를 더 제공하고, 그들의 건강 상태를 측정하고, 거기에다가 이들이 적극적으로 참여하도록 일정한 금전적 보상을 부여한다면 이것만으로도 충분히 사람들의 행동 변화를 끌어낼 수 있을 것이라는 생각이다. 문제는 고용주들이 직장 자체의 문제, 즉 직장에서 벌어지는 일들이야말로 개인의 행동에 영향을 미치는 중대한 요인이라는 점은 거의 고려하지 못한다는 것이다.

이는 대단히 유감스러운 일이다. 음주, 흡연, 약물 남용, 과식 등 개인이 자신의 건강에 영향에 끼치는 행동을 할 때는 일과 관련된 조건에 근본적인 영향을 받는다는 것이 광범위한 연구에 의해 밝혀지고 있기 때문이다. 한 예로 경쟁 문화가 심한 로펌에서의 긴 노동 시간 문제를 들 수 있다. 〈뉴욕타임스〉의 기사에 따르면, 변호사들의 21퍼센트는 음주 문제를 안고 있으며 28퍼센트는 가벼운 혹은 보다 심각한 우울증을, 또 19퍼센트는 불안 문제를 안고 있다.[4] 게다가 이 기사에 따르면 수많은 변호사가 힘겨운 스케줄을 따라잡기 위해 각종 자극제를 사용하다가 점차 심각한 약물 중독에 빠져들게 된다고 한다.

정신과 의사 리처드 프리드먼은 중독에 관해 이렇게 말한다.

스트레스가 심해지면 사람들이 약물이나 음식에서 위안을 찾으려 한다는 것은 전혀 놀라운 이야기가 아니다. … 스트레스와 중독에는 분명한 연관성이 있음을 보여주는 연구가 충분히 축적되어 있다. 이 연구들이 보여주는 놀라운 사실

은, 사람들이 중독으로 빠져드는 경로를 바꾸는 데에 환경을 바꾸는 것이 분명한 효과가 있다는 점이다.[5]

기업들 또한 직장 환경이 직원들에게 미치는 영향을 모르지 않지만, 그것을 개선하기 위한 행동은 못 하고 있다. 한 예로 인적 자원 관련 컨설팅 회사인 왓슨 와이어트Watson Wyatt 가 (지금은 타워스 왓슨Towers Watson 으로 바뀌었다) 2008년 내놓은 한 연구에 따르면, 기업의 인원 절감 조치로 남아 있던 직원들이 더 많은 일을 하게 된 결과 생겨난 스트레스로 인해 기업 실적이 악화되었다고 대답한 기업이 48퍼센트에 달했다고 한다. 하지만 막상 기업 실적을 위해 직원 건강 문제를 해결하려고 무엇이라도 시도해보았다고 대답한 기업은 5퍼센트에 불과했다.[6]

직원들의 건강을 위해 고용주가 제공하는 프로그램은 대부분 직장 환경의 문제에 무관심하며, 결국 당연하게도 별로 효과를 거두지 못할 때가 많다. 무엇이 문제일까? 첫째, 건강 프로그램을 시행한 후 결과에 대한 평가가 조금이라도 이루어진 경우는 극소수에 불과하다는 점이다. 둘째, 직원들의 저조한 참여율이다. 갤럽이 내놓은 한 조사 결과에 따르면, 회사에서 제공하는 건강 프로그램에 적극적으로 참여하는 직원들은 24퍼센트에 불과하다고 한다. 일례로 스탠퍼드 대학에서는 직원들의 건강 프로그램 참여를 유도하기 위한 종합적인 관리 프로그램이 운영되고 있으며, 건강 프로그램에 참여하는 이들에게 금전적 인센티브도 제공하고 있지만, 상당수의 직원들은 (35퍼센트 이상) 이러한 프로그램에 전혀 참여하지 않는다고 한다.

기업 쪽에서 제공하는 직장 건강 프로그램의 실효성에 관한 평가와는 별개로, 프로그램 운영의 방향성에 관해서도 깊이 생각해 볼 필요가 있다. 기업이 이러한 프로그램을 운영하는 주된 목적은 의료비 절감이다. 당연히 비용은 중요한 문제다. 그러나 인간의 안녕보다 경제적 비용을 우선시하는 관행이 지금처럼 아무 생각 없이 계속되어서는 안 된다. 건강 프로그램의 효과를 평가할 때에 비용을 최우선으로 삼아서는 안 되는 것이다.

고용주의 선택과 의료 시스템의 실적

앞서 말했듯이, 의료 비용에 대해 논할 때는 개개인의 선택에 초점을 두는 경우가 많다. 하지만 개인의 선택만이 문제가 아니다. 많은 공공 정책에 관한 논의와 경험적 연구에 따르면 미국의 의료 보건 시스템의 낮은 실적—이는 큰돈을 지출하고도 사람들의 건강을 개선하지 못한 상황을 뜻한다—의 원인으로는 다른 2가지를 꼽을 수 있다. 분명히 해두지만 미국은 의료 산업의 중심지이며 기술과 보건 인프라에 엄청난 액수의 돈을 투자하는 나라이지만 그 실적은 낮은 나라이다. OECD에 따르면 미국이 의료 보건에 지출하는 돈은 1인당 7,662달러에 달하는데, 이는 OECD 평균의 2.6배이며 세계 최고 수준이라고 한다. 그럼에도 불구하고 미국인의 평균 기대 수명은 세계 27위에 불과하며, 유아 사망률은 53위이고, 65세 남성의 기대 잔여 수명은 23위밖에 되지 않는다.

미국 정부는 의료 비용을 줄이고 보건 시스템 실적을 개선하기 위해 여러 행정적인 문제들을 고려했으나, 그 고려 대상에서 직장 환경을 좌우하는 고용주의 결정과 그 영향에 관한 문제는 거의 제외되었다. 이는 놀랄 정도로 어리석은 일이다. 노동자의 안녕, 건강, 의료 비용 등에 관해 고용주의 판단이 결정적인 역할을 하기 때문이다.

그중 한 예로 임금에 대해 고용주가 내리는 결정이 어떤 결과를 낳는지 생각해보라. 임금은 노동 시장 조건에 따라 일정 부분 결정되지만 똑같은 산업이라고 해도 임금을 낮게 주는 고용주도 있고 더 높게 주는 고용주도 있게 마련이다. 코스트코와 월마트가 한 예이다. 여러 증거로 볼 때, 임금이 직원들의 건강에 영향을 미치는 것은 분명한 사실이다. 소득과 생활 방식에 관한 패널 연구의 데이터를 활용하여 1만 7,000명 이상을 대상으로 한 연구는 고혈압 사례와 임금 수준 사이에 통계적으로 매우 유의미한 음의 관계가 있음을 보여준다. 임금 수준이 높을수록 고혈압에 걸릴 확률이 낮아지는 것이다. 연구에 따르면 임금이 2배 상승할 경우 고혈압의 위험은 25~30퍼센트 감소한다.[7]

　내가 전달하려는 기본적 메시지는 단순하다. 고용주들 스스로가 선택해야 한다는 것이다. 직원들의 신체적·정신적 건강을 향상시키는 관행들을 시행한다면 직원들의 결근을 예방할 수 있고, 여러 의료 비용을 아낄 수 있으며, 직원들이 몸은 직장에 있지만 정신은 딴 곳에 있는 상태로 인해 (이러한 상황을 '눈치 출근presentism'이라고 부른다) 생겨나는 생산성 손실도 막을 수 있다. 간단히 말해, 고용주들은 사람들의 삶을 근본적으로 바꿀 결정을 내릴 수 있다. 하지만 의도적으로든 아니면 무지와 무관심에서든 이와 반대되는 결정을 내린다면 직장은 그야말로 사람들을 죽이고 병들게 만드는 곳이 될 것이다.

　더 건강한 사회를 만들고, 사회적 지속 가능성을 담보한 무해한 직장을 일구며, 불필요한 의료 비용 발생을 막고, 질병으로 고통받는 노동자의 수를 줄이기 위해 우리는 각각의 직장에 맞춤형의 조치를 마련해야만 한다.

스트레스 보이지 않는 비용

구성원의 피로도와 실적 부진의 연결 고리

심지어 1차 의료 기관 종사자조차도 직장 환경으로 인해 건강에 심한 해를 입을 수 있다. 이 기관의 직원이었던 어느 여성은 (수잔이라고 하자) 과중한 업무 부담으로 자신과 자신의 동료들뿐만 아니라 CEO까지 패닉에 빠지게 된 상황에 관해 다음과 같이 설명했다.

어느 날 저는 우리 부사장 중 한 사람과 이야기를 하고 있었어요. 그 여성 부사장은 스트레스 때문에 대상 포진에 시달리고 있었죠. 지난여름에 저는 처음으로 공황 장애를 겪었어요. 너무 힘들고 괴로워서 매일매일 눈물을 흘릴 지경이었죠. 내 일이 너무 싫었어요. 저는 사무 관리자였는데, 최소한 두 사람이 해야 할 업무량을 혼자서 감당해야 했어요.

연구 조사 과정에서 나는 직장 스트레스와 그것이 초래하는 결과들에 대해 무수한 일화를 접했으며 또 많은 논문과 다량의 데이터를 확인할 수 있었다. 그럼에도 해로운 경영 관행 때문에 초래되는 경제적·인간적 비용을 정확하게 추산하고 분석하는 것은 쉽지 않은 일이었다. 이 장에서는 이 문제에 관해 다루어 보도록 하겠다.

내가 해로운 직장이 사람들의 신체적·정신적 건강을 해치고 엄청난 경제적·인간적 비용을 초래한다고 믿게 된 지는 거의 10년이 되어간다. 나는 경영진의 결정으로 인해 유해한 업무 환경이 만들어지지만 경영진이 마음만 먹는다면 (실제로 먹는 경우는 너무나 드물다) 얼마든지 그 문제를 해결할 수 있다고 믿는다. 하지만 사람들이 월급 좀 받으려다가 글자 그대로 죽어가고 해로운 경영 관행 때문에 엄청난 비용이 초래되는 심각한 상황에 보다 본격적으로 대처하려면 문제의 범위를 좀 더 명확히 좁힐 필요가 있다. 이를 위해 나는 우리가 최소한 다음의 4가지 질문에 답해야 한다고 생각한다.

- 오늘날 여러 직장 환경에서 공통적으로 나타나는 문제들은 얼마나 해롭고 나쁜 것인가?
- 미국인들이 이러한 직장 환경에 노출되면서 초래되는 비용의 총량은 얼마나 되는가?

 월급 받으려다 죽다

- 건강 문제에 관한 불평등이 계속 늘어가는 오늘날, 해로운 직장 환경에 노출되는 정도가 사람마다 다르다는 것으로 불평등의 문제를 얼마나 설명할 수 있는가?
- 가장 중요한 질문. 경제적 경쟁과 기술 변화를 고려하여 직장 스트레스를 완전히 없애는 것이 사실상 불가능하다면 이러한 상황에서 경제적·인간적 피해를 얼마나 예방할 수 있는가?

그러나 당시 이러한 질문에 답하는 데에 필요한 분석 및 모델링 기술은 내 능력을 훌쩍 넘어서는 것이었다. 다행히도 나는 당시 스탠퍼드 경영 대학원 박사과정 학생이었던 (지금은 싱가포르 국립 대학 교수이다) 조엘 고Joel Goh 와 우리 학과의 운영 및 정보 기술 그룹의 석좌 교수였던 스테파노스 제니오스Stafanos Zenios 의 도움을 얻어 이 4가지 질문에 답할 수 있었다. 우리는 또한 이러한 문제뿐만 아니라 나쁜 직장이 초래하는 다른 차원의 비용도 밝혀주는 여러 다른 연구 결과 및 국가 사례들도 만나볼 수 있었는데, 그 내용 역시 이 장에서 소개하고자 한다. 세세한 사항에 관심이 없는 이들을 위해서 위의 4가지 질문에 관해 우리가 얻어낸 최선의 답을 여기에 간략히 제시한다.

- 우리가 찾아내고 연구한 10가지 직장 환경은 발암 원인

으로 잘 알려져 규제 대상이 된 간접흡연만큼 건강에 해롭다.

- 전체로 보아 미국에서 직장 환경에 의해 발생하는 초과 사망자의 숫자는 연간 12만 명에 달한다(이로써 직장 환경 문제는 다섯 번째로 주요한 사망 원인이 된다). 그리고 이로 인해 추가로 발생하는 의료비 지출은 약 1,800억 달러로 전체 의료비 지출의 대략 8퍼센트에 달한다.
- 각자가 해로운 직장 환경에 노출되는 정도는 대개 교육 수준의 영향을 받는다(인종과 젠더의 영향은 그보다 훨씬 더 적다). 이는 (점차 늘어가는) 수명 불평등의 원인 중 10~38퍼센트를 차지한다.
- 미국과 유럽의 27개국을 비교하여 볼 때, 총 사망자 수의 절반인 약 6만 명의 사망, 그리고 과도하게 발생하는 비용의 3분의 1에 해당하는 약 630억 달러의 지출을 미리 막을 수 있는 것으로 추산된다.

캘리포니아 대학교 데이비스의 한 연구자는 2007년의 경우, 사망에 이르는 상해 5,600건과 사망에 이르는 질병 5만 3,000건이 직장 환경에서 기인한 것이라 볼 수 있다고 했으며, 그에 따른 비용은 암으로 인해 발생하는 비용만큼 크다고 했다.[1] 1997년 데이터를 사용한 또 다른 연구는 직장 환경으로 인해 발생한

사망자를 4만 9,000명으로 추산했고, 이로 인해 발생한 직업병
이 미국에서 여덟 번째의 주요한 사망 원인이 된다고 보았다.[2]

오스트레일리아의 경우, 한 추산에 따르면 직장 스트레스로
인해 초래된 비용이 약 148억 달러이며, 사람들이 심리적 상해
를 입는 원인으로 업무 압박과 직장 내 괴롭힘이 차지하는 비율
은 약 75퍼센트나 된다고 한다.[3]

2006년 한 중국 학술지에 발표된 연구에 따르면 현재 중국
에서 과로로 사망하는 이들의 숫자는 매년 최소한 100만 명으로
추산된다. 상하이 과학기술원Shanghai Academy of Science and Technology
이 발표한 한 보고서는 정도의 차이가 있지만 중국 지식인들
의 (대부분 대학 교수들) 무려 70퍼센트가 과로로 인한 조기 사
망의 위험에 직면해 있다고 밝혔다.[4] 세계보건기구 WHO에서
내놓은 리스크 비교 평가 방법을 사용하여 직장 스트레스로 인
한 위험도를 분석한 연구에 따르면 직장 스트레스로 인해 전 세
계적으로 85만 명이 사망하고 있으며 그로 인해 손실되는 건강
수명은 2,400만 년으로 추산된다.[5] 또한 유럽 산업 안전 보건청
European Agency for Safety and Health at Work 은 전체 작업 손실 일수의 60
퍼센트가 스트레스로 인한 것이라고 밝히기도 했다. 이러한 연
구 결과는 모두 해로운 직장 관행으로 인해 발생하는 인간적·
경제적 손실이 어마어마하다는 것을 말해주고 있다.

건강에 영향을 미치는 다른 요인들

의료 비용과 사망률에 영향을 주는 다른 요인도 있지 않을까 하는 의문이 생길 수 있다. 물론 직장은 사람들에게 중요한 영향을 끼치는 환경이지만 당연히 유일한 환경도 아니며 따라서 개인의 건강 문제를 좌우하는 유일한 요인도 아니다. 예를 들어 가족 또한 개인의 건강에 중대한 영향을 미친다. 누군가 말했듯, 가족은 아마도 질병이 발생하고 치유되는 과정에서 가장 중요한 사회적 맥락이며, 따라서 가족은 건강과 의료에 있어서 1차적인 단위가 된다.

사람들의 건강과 안녕에 그 사람이 속한 공동체가 중요한 영향을 미친다는 점은 다량의 연구 문헌으로 입증되어 있다. 의료 자원에 대한 접근성은 지역과 공동체마다 큰 차이가 있으므로 개인이 속한 곳이 어디냐에 따라 각자의 건강 상태의 차이가 있을 수밖에 없다.

여러 사회적 네트워크와 인간관계 또한 개인의 건강에 영향을 미친다. 몇 가지 예를 들어보자. 한 연구는 비만이 사회적으로 전염된다는 것을 발견하였다. 일정 기간 동안 비만 상태가 된 친구를 둔 개인은 마찬가지로 비만이 될 확률이 약 57퍼센트 증가한다는 것이다.[6] 또한 사회적 관계가 알코올 섭취에 미치는 영향을 다룬 연구 문헌들을 개괄한 한 논문은 동료들이 실제로

술을 권하는 경우, 동료들이 알코올 소비의 모델이 되는 경우 등의 예를 들어 개인의 알코올 섭취에 동료들의 영향이 크게 작용한다는 것을 설명했다.[7] 약물 사용에 대한 연구들 역시 일관되게 한 개인이 약물을 사용하거나 약물 남용 장애를 안게 되는 데에는 사회적 환경이 결정적 역할을 한다고 이야기한다.

이밖에 개인의 건강과 수명에 영향을 주는 다른 요인도 많다. 유전적인 문제도 있고, 고장난 차를 구입하여 교통사고를 당하는 등 무작위적 확률의 문제가 사람들의 건강과 사망률에 영향을 주기도 한다.

즉 개개인이 스스로의 행동을 바꾼다고 모든 질병과 건강 문제를 통제할 수 있는 것은 아니다. 또한 모든 질병과 죽음이 직장에서 벌어진 일들의 결과도 아니다. 하지만 그럼에도 불구하고 직장이 사람들의 건강에 대단히 중요한 영향을 미친다는 사실은 분명하다.

해로운 직장이 건강에 영향을 미치는 정도

일하는 사람들은 많은 시간을 직장에서 보내며 이를 통해 소득을 얻고 사회적 지위와 위신 또한 얻는다(혹은 얻지 못한다). 미국의 직장에서 직원들이 어떤 종류의 보험을 들고 어떤 종류의 서비스를 받게 될지를 결정하는 것은 고용주이다. 최소한 오바마케어가 통과되기 전까지는 그러했고, 그 이후에도 어느 정도는 그러하다. 직장은 고용주의 결정에 따라 스트레스로 가득한 곳이 될 수도 있고 아닐 수도 있다.

직장의 여러 관행이 직원들의 건강 그리고 그에 결부된 여러 비용에 미치는 영향을 추산하는 일은 얼핏 간단해 보이지만, 실은 그렇지 않다. 패널 데이터로는 사람들의 작업 환경은 물론 시간에 따른 건강 상태의 변화를 측량할 수가 없기 때문이다. 따라서 우리는 유해한 경영 관행들로 인해 발생하는 비용들을 계산하기 위해 수많은 곳에서 가져온 데이터를 하나의 모델에 넣어 간접 추산해야만 했다.

먼저 우리는 직원들의 건강에 부정적 혹은 긍정적 영향을 줄 것으로 보이는 경영 관행과 직장 환경이 현실에서 어느 정도 지배적인지를 평가하였다. 또한 사람들이 다양한 직장 환경에 노출되는 정도를 추산하기 위해, 종합 사회 조사GSS: General Social Survey의 조사 데이터를 사용하였다.

다음으로 우리는 어떤 직장 환경을 경험한 이들과 그러한 환경을 경험하지 않은 이들을 비교하여 사망률과 유병률에 어떤 차이를 보이는지 알아보기 위해 여러 다른 연구 결과를 결합하는 절차인 메타 분석을 사용하였다. 마지막으로 우리는 여러 다른 건강 수준에 있는 사람들에게 발생하는 의료 비용을 알아볼 수 있는 전국적 데이터를 사용하여 건강 악화가 초래하는 비용을 추산하였다.

이에 따라, 우리는 인간의 건강과 수명에 영향을 주는 직장 환경의 주요한 10가지 특징을 찾을 수 있었다.

1. (대체로 해고로 인한) 실업 상태

2. 건강 보험이 없는 상태

3. (일반적인 주간 근무와 반대되는) 교대 근무. 또한 일반적인 8시간 근무보다 긴 10시간 혹은 12시간 교대 근무

4. 주간 장시간 노동 (40시간 이상)

5. 일자리 불안정 (예를 들어 동료들이 해고된 경우)

6. 가정생활이 직장 생활을 방해하거나 반대로 직장 생활이 가정생활을 방해하는 상황

7. 일과 직장 환경에 대한 자신의 통제력이 비교적 낮은 경우 (직장에서 자유와 결정 권한이 거의 없는 경우도 포함)

8. 작업 속도를 올리라는 압력을 받는 등 까다로운 직무 요구들에 직면한 상황

9. 사회적 지지가 낮은 환경 (예를 들어 스트레스를 완화해줄 사회적 지지를 제공하는 동료들과의 긴밀한 관계가 없는 상황)

10. 업무 및 고용과 관련된 결정이 부당하게 이루어지는 환경에서 일할 경우

다음으로 우리는 온라인 데이터베이스인 메드라인MEDLINE을 사용하여 이러한 직장 환경과 건강 상태에 조응하는 용어들을 포함한 논문들을 검색하였다. 최초 검색에서는 거의 3,000건의 논문이 나왔다. 메타 분석을 위해 우리는 비교적 큰 규모(1,000명 이상을 다룬)의 표본을 사용한 논문과 가장 선진적이고 적절한 통계 방법을 사용한 논문들만을 골라 모았다. 종국에 우리가 메타 분석을 행하는 데에 사용한 연구는 200개 남짓이었다. 우리는 이 연구들을 사용하여 다양한 직장 환경 노출이 건강에 미치는 효과의 크기에 대한 추산치를 도출하였다.

직장 환경이 건강에 미치는 효과를 다룬 리뷰와 메타 분석들은 이전에도 있었지만, 그중 다수는 직장 스트레스의 요인 중 고용 안정성, 노동 시간, 사회적 지지 부재, 심리적 요구와 재량권의 유무 등 단일한 것에만 초점을 둔 것들이었다. 기존의 연구에 더해 우리가 새로이 기여한 바는, 가장 최근의 연구 결과를 통합하고 일반적인 방법을 사용하여 10가지의 직장 환경 문제가 건강에 미치는 영향과 그에 따른 건강 척도를 4가지로 나누어 고찰했다는 점이다. 그 4가지 건강 척도란 사망률, 의사의 진단을 받은 질병, 정신 건강 상태, 신체적 건강 상태이다.

간접흡연만큼 해로운 직장 관행

의학 문헌에서는 건강에 미치는 효과를 승산비 odds ratio 로 보고하는 것이 보통이며, 우리들 또한 메타 분석을 행하면서 이러한 관행을 따랐다. 예를 들어 승산비가 2라고 한다면 이는 특정한 직장 스트레스 요인에 노출된 사람이 사망하거나 질병에 걸릴 가능성이 그러한 요인에 노출되지 않은 사람보다 2배 높아진다는 뜻이다. 이렇게 승산비는 이렇게 실질적인 효과가 어느 정도인지를 보여주는 중요한 기준이지만, 과학자가 아닌 이들이 이것을 이해하는 것은 쉽지 않다. 따라서 더 이해하기 쉽게 제시하기 위해 우리는 직장 스트레스가 건강에 미치는 영향을 간접흡연이 건강에 미치는 영향과 비교해 보았다. 간접흡연은 잘 알려진 암 유발 요인이다. 중요한 점은 이것이 건강에 나쁜 영향을 미친다는 것이 널리 인정되면서 미국뿐만 아니라 전 세계의 많은 나라가 사람들이 간접흡연에 노출되는 것을 막기 위해 정책적으로 규제를 시행해 나가고 있다는 점이다. 그 결과 흡연은 이제 비행기, 기차, 버스, 사무실, 레스토랑, 극장, 그 밖의 많은 공공장소에서 금지되어 있다.

도표 1은 학술지 게재 논문에 근거하여 여러 직장 스트레스가 건강에 미치는 영향을 메타 분석한 결과를 승산비로 나타내고 의학 문헌에 보고된 간접흡연이 건강에 미치는 영향의 크기

와 비교해놓은 것이다. 그림을 통해 볼 수 있듯, 직장 스트레스가 건강에 미치는 영향의 크기는 간접흡연으로 인한 것과 비슷하거나 더 큰 경우가 많다. 즉 직장 스트레스는 간접흡연만큼이나 해로운 위험 요소인 것이다.

승산비가 1보다 크다는 것은 해당되는 직장 스트레스 요소가 건강을 해칠 가능성을 높인다는 것을 나타낸다. 예를 들어 '건강 보험 없음'은 의사의 진단을 받은 건강 문제가 발생할 가능성을 100퍼센트 이상 증가시킨 것이다. a가 붙어 있는 항목의 승산비는 계산에 사용된 연구가 두 건 이하인 경우이므로 신뢰도가 더 낮을 수 있다. 또한 표준 오차를 보여주기 위해 오차 막대를 삽입하였다. 이 막대는 각 그룹의 데이터들 사이에 얼마나 많은 변산성이 존재하는지를 나타낸다. 만약 오차 막대의 길이가 막대 폭의 절반 이상이라면, 이는 관찰된 차이가 우연히 발생했을 확률이 5퍼센트 미만임을 의미한다(즉, $p < 0.05$에서 통계적으로 유의미하다).

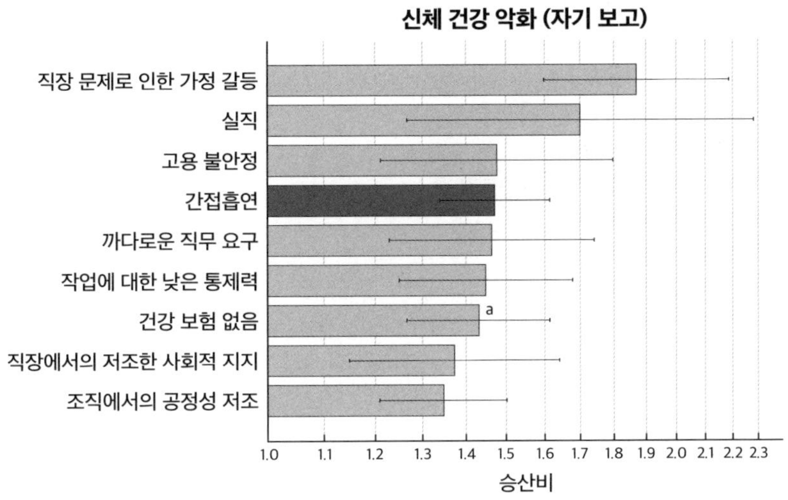

신체 건강 악화 (자기 보고)
직장 문제로 인한 가정 갈등
실직
고용 불안정
간접흡연
까다로운 직무 요구
작업에 대한 낮은 통제력
건강 보험 없음
직장에서의 저조한 사회적 지지
조직에서의 공정성 저조
a
1.0 1.1 1.2 1.3 1.4 1.5 1.6 1.7 1.8 1.9 2.0 2.1 2.2 2.3
승산비

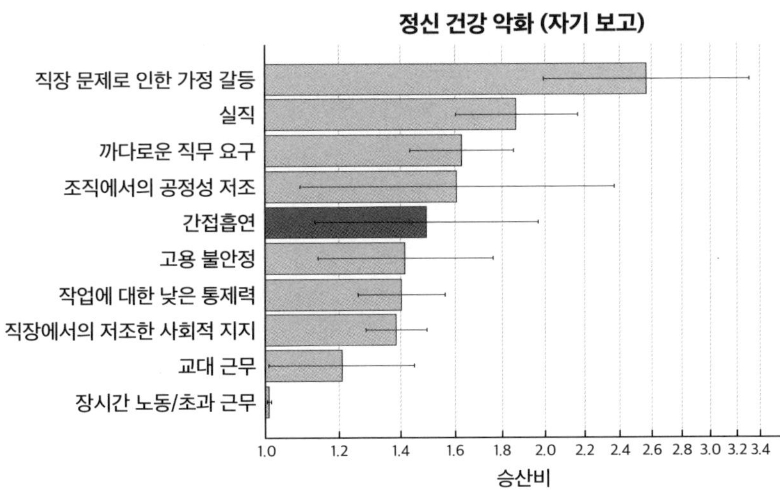

정신 건강 악화 (자기 보고)
직장 문제로 인한 가정 갈등
실직
까다로운 직무 요구
조직에서의 공정성 저조
간접흡연
고용 불안정
작업에 대한 낮은 통제력
직장에서의 저조한 사회적 지지
교대 근무
장시간 노동/초과 근무
1.0 1.2 1.4 1.6 1.8 2.0 2.2 2.4 2.6 2.8 3.0 3.2 3.4
승산비

유병률 (의사 진단을 받은 상태)
건강 보험 없음
조직에서의 공정성 저조
까다로운 직무 요구
교대 근무
실직
간접흡연
작업에 대한 낮은 통제력
직장에서의 저조한 사회적 지지
장시간 노동/초과 근무
고용 불안정
a
1.0 1.2 1.4 1.6 1.8 2.0 2.2 2.4 2.6 2.8 3.0
승산비

사망률
작업에 대한 낮은 통제력
실직
건강 보험 없음
장시간 노동/초과 근무
직장 문제로 인한 가정 갈등
간접흡연
a
a
1.0 1.1 1.2 1.3 1.4 1.5 1.6 1.7
승산비

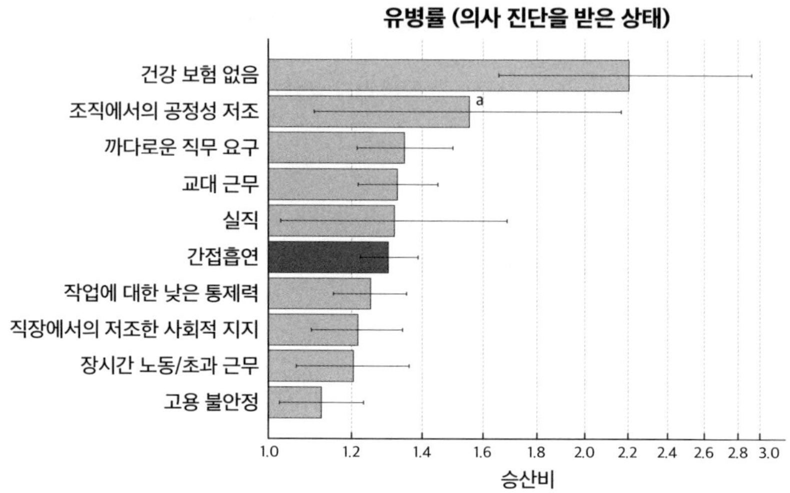

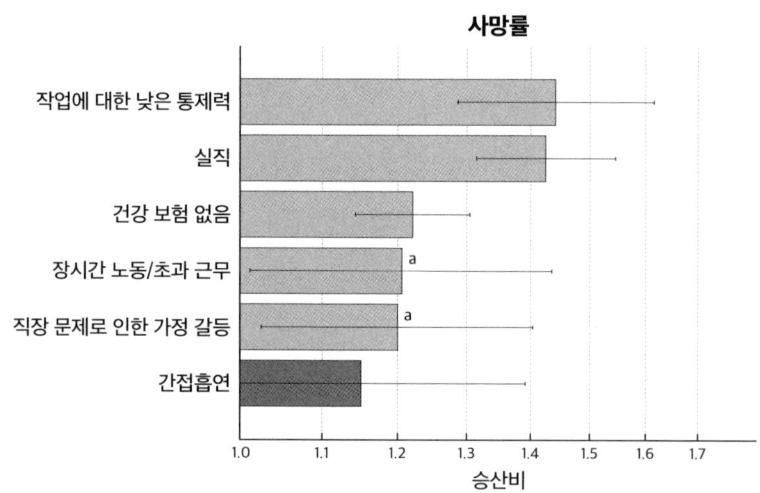

월급 받으려다 죽다

직장 환경이 사망률에 미치는 영향

나와 동료들은 10가지 직장 스트레스 요인 중 우리가 생각하는 가장 중요한 것, 즉 사망률과 의료 비용에 이러한 요인이 어떠한 영향을 주는지 추산해 보았다. 우선 사망률에 미치는 효과부터 살펴보겠다.

우리는 중복 계산의 가능성을 줄이기 위해 고안된 모델을 사용하여 매년 10가지 직장 스트레스 요인으로 인해 발생하는 총 초과 사망자 수가 약 12만 명이라고 추산하였다. 이는 당뇨병, 알츠하이머, 독감 혹은 신장 질환으로 죽은 사람들의 숫자보다 많으며, 2010년에 사고로 죽은 이들과 뇌졸중으로 죽은 이들의 숫자를 합친 것과 같은 정도이다. 이러한 사망 원인의 데이터는 질병 통제 예방 센터에서 가져왔다.

우리는 또한 각각의 직장 환경이 사망률에 미치는 한계 기여도를 추산했으며, 그 결과를 표 1로 제시했다. 다양한 통계적 이유로 인해 표의 수치들을 합해도 추정된 전체 수치와 일치하지 않는다는 점을 참고하라.

가장 많은 초과 사망자 수로 이어지는 직장 환경 조건은 '건강 보험 없음'이며, 다음은 '실직' 그다음은 '고용 불안정'이다. 교대 근무와 연관된 초과 사망자 수는 1만 3,000명이며 작업에 대한 낮은 통제력 또한 초과 사망률을 높이는 중요한 요인으로

|표 1| **직장 환경과 초과 사망자 수**

직장 환경 조건	연간 초과 사망자
실직	35,000명
건강 보험 없음	50,000명
교대 근무	13,000명
장시간 노동	0명
고용 불안정	29,000명
직장 문제로 인한 가정 갈등	0명
작업에 대한 낮은 통제력	17,000명
직장에서의 저조한 사회적 지지	3,000명
조직에서의 공정성 저조	-
까다로운 직무 요구	8,000명

서, 매년 약 1만 7,000명의 초과 사망자를 낳고 있다. 한 연구에 따르면 작업 통제력 부재는 심혈관계 질환과 사망률을 높이는 주요한 요인이라고 한다. 표에서도 확인할 수 있듯이 10가지 직장 스트레스 요인 중 일부는 사망률을 증가시키지는 않는다. 이런 것들은 사람들을 병들게 하지만 죽이지는 않는 셈이다.

그럼에도 우리는 고용 불안정, 저조한 사회적 지지, 작업 환경에 대한 통제력 상실 등과 같은 노동의 심리적·사회적 측면이 초과 사망자 수에 중요한 영향을 미친다는 사실에 주목해야만 한다.

앞서 언급한 연구 결과에 따르면 매년 직장 스트레스로 인해 12만 명의 초과 사망자가 발생하며 이는 미국에서 다섯 번째로 중요한 사망 원인이다. 직장이 정말로 이렇게까지 인간의 건강과 안녕에 중요한 영향을 끼치는 것일까? 나는 이러한 추산치가 오히려 직장 환경으로 인한 사망률 증가를 보수적으로 평가한 것이라고 믿는다. 이에 관해 과도하게 설명하는 대신 내가 이렇게 믿는 몇 가지 이유를 제시하고자 한다.

과연 개인의 책임일까

약 10년 전의 일이다. 듀크 대학교 푸쿠아 경영 대학원의 랠프 키니Ralphe Keeney는 한 논문을 통해 2000년에 사망한 240만 명 가운데 100만 명은 개인의 선택으로 사망한 것이라고 주장했다. 그는 특히 15세에서 64세 사이의 사망자 중 55퍼센트가 개인들의 선택으로 인해 죽음을 맞았다고 강조했다.[8] 키니의 결론은 흡연, 비만으로 이어지는 과식, 운동 부족, 알코올 남용 등 개개인이 선택할 수 있는 행동이 사망의 실질적인 원인이 되었다는 것이었다.

키니는 건강과 관련된 개인의 행동을 바꾼다면 미국의 사망률이 감소할 것이라고 주장했다. 키니가 내린 결론은 많은 기관에서 비용을 들여 하는 노동자 건강 개선 노력의 근저에 있는 전제와 다르지 않다. 즉 개인의 행동에 개입한다면 인구 전체의 건강을 개선할 수 있으며 의료 비용 또한 줄일 수 있다는 것이다. 하지만 이러한 관점이 간과하는 문제가 있으니, 많은 연구가 일관되게 입증했 듯, 직장 환경으로 인한 스트레스를 포함하여 개인이 받는 스트레스와 과식처럼 건강하지 못한 개인의 행동 사이에 연관 관계가 존재한다는 사실이다. 스트레스가 음주, 흡연, 약물 남용 등과 같은 개인의 행동에 영향을 미친다는 것은 이미 많은 연구를 통해 입증되었다. 그런데 음주, 흡연, 약물 남용 같은 문제는 키니가 개인의 행동과 사망률을 연관시켜 분석한 연구에 포함된 결정적인 요인이다.

건강에 해로운 개인 행동의 원인에 직장 스트레스가 다른 스트레스 요인보다 더 중요하게 적용된다고 믿을 이유는 없다. 그러나 이 책에 실린 수많은 사례로 볼 수 있듯, 개인이 유해한 직장으로 인해 받는 심리적 고통을 없애기 위해 마약이나 알코올 등을 스스로에게 처방함으로써 스트레스에 대응한다는 증거는 너무나 많다. 또한 사람들은 스트레스 가득한 직장에서 심리적인 탈진 상태에 빠진 뒤 이를 보상하기 위해 과식에 빠지기도 한다. 키니는 개인적 선택에 따른 초과 사망자 수가 100만 명에 달한다고 시사했는데, 여기서 과식, 운동 부족, 약물, 과음,

월급 받으려다 죽다

흡연 등에 빠지도록 영향을 주는 것이 스트레스라는 것을 우리는 알고 있다. 또한 직장 환경이 스트레스의 모든 원인은 아닐지라도 대단히 중요한 원인이라는 것도 우리는 잘 알고 있다.

스트레스와 건강

스트레스가 건강에 영향을 미친다는 사실을 우리가 경험적 관계만으로 받아들인 것은 아니다. 시간이 지나면서 우리는 스트레스라는 것이 얼마나 해로운 것인지를 정확히 알게 되었고 또 스트레스가 생리학적으로 나쁜 반응을 낳는 방식에 대해서도 이해할 수 있게 되었다. 스트레스가 질병에 미치는 영향은 연구를 통해 점점 더 확연하게 증명되고 있다. 예를 들어 남성의 경우, 업무 관련 스트레스에 장기간 노출되면 폐암, 결장암, 직장암, 위암 및 비호지킨 림프종 발병 가능성이 증가할 수 있다는 사실을 밝힌 연구 결과도 찾아볼 수 있다. 스트레스와 질병을 연결하는 연구 결과는 점점 더 많이 발표되고 있다.

과거 인류 진화 초기의 선조들이 살던 세상은 온갖 위협으로 가득했다. 생명체는 일정한 신체적 위험에 처할 경우 거기에서 도망치거나 싸워 이겨야만 생존할 수 있었다. 따라서 인간은 어떤 위협 즉 스트레스 요인이 나타났을 때 심장 박동수를 올려서 혈액과 산소를 근육에 좀 더 효율적으로 전달하여 도망치거나 싸우는 데에 유용하도록 진화했다. 또한 위협적인 환경에서는 주변 환경을 더 잘 감지하기 위해 의식을 예민하게 만들 수 있으며, 이를 통해 감지된 위협에 좀 더 신속하게 반응할 수 있도록 진화했다. 그러나 스트레스 상황에서 위협에 대응하는 작용(즉 맥박을 올리는 순환계의 반응)은 스트레스가 만성적으로 존재하는 경우에 건강하지 못한 것이 된다.

버클리 대학의 사회 심리학자 데이나 카니Dana Carney와 쓴 논문에서 나는 이렇게 말했다.

어떤 사람이 주어진 상황에서 요구되는 바가 자신의 능력을 넘어서는 것임을 감지한 경우, 이러한 불일치를 모종의 위협으로 받아들이게 되어 있다. 스트레스 반응이 충분히 강하면, 그 결과로 코르티솔 수치가 상승한다. 코르티솔은 세포를 분해하는 호르몬으로, 만성 스트레스, 전신 염증, 세포 사멸의 가속화, 그리고 전반적인 건강 악화에 영향을 미친다.[9]

위협이 당장 눈앞에 닥친 경우라면 코르티솔 수치 상승이 스스로를 보호하는 데 도움이 되지만, 스트레스 때문에 항시적으로 코르티솔 및 다른 호르몬 수치가 높은 상태에 놓이게 된다면 건강에 악영향을 받을 수밖에 없다. 스트레스가 건강 악화로 이어지는 이러한 병리학적 메커니즘은 직장 스트레스가 질병 심지어 죽음으로 이어질 수 있다는 인과 관계의 설명을 제공한다.

직장은 중요한 스트레스 원인이다

많은 증거들이 직장이 스트레스의 중요한 원천이며, 직장 스트레스 요인들이 갈수록 더 악화되고 있음을 일관되게 보여주고 있다. 해고가 벌어지는 빈도수가 올라가고 임시 비정규직 계약으로 일하는 사람들의 숫자가 늘어나면서 경제적 불안정성이 심해지고 있다. 건강 보험을 수당으로 제공하는 기업은 갈수록 줄어들고 있고, 이전에는 기업이 부담했던 의료 비용 항목의 다수가 이제 직원들 부담으로 전가되고 있으며, 공제액과 본인 부담금이 갈수록 늘어나고 있다(이 주제는 4장에서 다룰 것이다). 노동자의 노동 과정을 감시하는 장치가 갈수록 널리 사용되면서 자기 작업에 대한 노동자의 통제력과 자율성은 줄어들었다. 전세계적으로 경쟁이 심화되면서 노동 시간은 늘어났다(이 주제는 5장에서 건강에 미치는 영향과 함께 다룰 것이다). 직원들을 항시적으로 직장과 연결시키는 기술들이 보편화되고 이에 따라 노동 시간이 길어지면서 가정생활에서의 갈등이 늘어났다. 소비자들의 요구가 발생하면 언제든 이를 충족시키기 위해 공항에서 식당에 이르기까지 많은 영업장의 영업시간이 연장되었고, 이에 따라 교대 근무와 불규칙한 노동 시간이 일반화되었다. 일요일에 상점 휴업을 강제하는 나라는 갈수록 줄어들고 있다. 간단한 예를 들어보자. 내가 처음으로 바르셀로나에 갔던 2006년만 해도 일요일에 문을 연 상점은 거의 없었다. 하지만 이제는 많은 가게가 일요일에도 영업을 하고 있으며, 많은 나라에서 온갖 종류의 가게들이 영업시간을 늘리는 추세가 나타나고 있다.

요컨대, 일부 기업이 직원들의 건강과 안녕을 증진하기 위한 여러 노력을 해왔지만 그럼에도 불구하고 대부분의 경우, 직장 스트레스 요인들은 빈도나 심각성에 있어서 점점 더 악화되었다. 따라서 직장 스트레스가 노동자의 건강에 미치는 영향이 클 뿐만 아니라 갈수록 증가하고 있다고 전제하는 것은 완전히 합리적인 일이다.

경영 관행이 의료 비용에 미치는 영향

1장에서 말했듯 의료 비용은 고용주와 정부 모두를 괴롭히는 문제이며 이는 미국뿐만 아니라 전 세계적으로 벌어지고 있는 일이다. 의료 비용의 절감 문제에 초점을 둔다면 이런 질문을 해볼 수 있을 것이다. 앞서 말한 10가지 직장 스트레스 요인

월급 받으려다 죽다

이 의료 비용에 직접 초래하는 불이익은 어느 정도인가?

다행히도 미국 정부는 사람들이 스스로 보고한 신체 및 정신 건강 문제를 확인하고 개개인에게 넓은 범주의 질병 목록을 제시하면서 그중 하나라도 진단을 받은 적이 있는지를 조사하고 있다. '의료비 지출 패널 조사-가구 구성요소'라는 이름의 이 조사는 의료 연구 품질청Agency for Healthcare Research and Quality에서 실시하며, 연중 의료비를 위해 지출한 금액의 총합에 대해서도 질문한다. 여기에는 본인 부담 의료비와 보험, 메디케이드, 메디케어 등 모든 출처에서 지불된 비용이 포함된다. 이러한 데이터를 기반으로 하여 한 개인의 건강 상태에 따라 의료 비용이 어떻게 바뀌는지를 추산할 수 있다.

직장 환경이 건강 상태에 미치는 영향에 대한 정보, 의학적 진단을 받은 질병과 자기 스스로 보고한 건강 악화로 인해 발생하는 평균적인 비용에 대한 정보, 그리고 건강 악화를 초래하는 직장 환경이 얼마나 지배적인지 등을 종합해 보면 특정한 직장 환경에 노출되는 것이 초래하는 추가적인 의료 비용뿐만 아니라 그로 인해 발생하는 총비용까지도 추산할 수 있다.

나와 동료들은 스트레스를 유발하는 직장 환경이 초래하는 추가적 의료 비용이 연간 약 1,900억 달러가 된다고 추산했는데, 이는 미국 의료 지출 예산 총액의 대략 5~8퍼센트에 해당한다. 여기에서 피할 수 없는 결론에 닿게 된다. 직장 환경은 미국에서 의료 비용을 발생시키는 중대한 원인 중 하나라는 것이다.

표 2는 특정한 직장 환경에 따른 추가적인 의료 비용을 추산한 것이다.

초과 의료 지출을 낳는 가장 큰 요인은 건강 보험 없음, 직장 문제로 인한 가정 갈등, 까다로운 직무 요구 등이다. 여기서 의료 비용 증가의 주요한 요인과 초과 사망의 주요한 요인이 완전히 일치하지 않는다는 사실에 주목하라. 그 이유는 부분적으로 직장 문제로 인한 가정 갈등과 까다로운 직무 요구 같은 스트레

| 표 2 | **직장 환경 노출에 따른 추가적 의료 비용**

직장 환경 조건	연간 초과 의료 비용
실직	150억 달러
건강 보험 없음	400억 달러
교대 근무	120억 달러
장시간 노동	130억 달러
조직에서의 공정성 저조	160억 달러
고용 불안정	160억 달러
직장 문제로 인한 가정 갈등	240억 달러
까다로운 직무 요구	460억 달러
작업에 대한 낮은 통제력	110억 달러
직장에서의 저조한 사회적 지지	90억 달러

월급 받으려다 죽다

스 관련 요인들로 생겨나는 만성 질병은 사람들로 하여금 건강 보험 시스템을 더 적극적으로 이용하도록 만들지만, 이러한 문제가 반드시 죽음으로까지 이어지는 것은 아니라는 데에 있다. 사람이 사망하면 의료 비용 지출은 중단된다. 많은 연구에 의해 밝혀졌듯 실직은 심장 마비로 인한 돌연사로 이어지는 경우가 많은데 이러한 경우에는 의료비 지출이 중단되는 반면, 오랜 기간 지속되는 만성 질병에 걸리는 경우에는 지속적으로 더 많은 의료 비용을 지출할 수밖에 없다.

조직에서의 공정성 저조, 직장 문제로 인한 가정 갈등, 까다로운 직무 요구, 작업에 대한 낮은 통제력 등 직장 환경과 관련된 심리 사회적 요인 역시 초과 의료 비용을 발생시키는 주요 원인이 된다. 이러한 비용은 실제로 우리가 추산한 값보다 더 높을 것으로 추측된다. 그 이유는 다음과 같다. 첫째, 앞에서 말했듯이 이 분석은 직접적으로 발생하는 의료 비용만을 고려하고 있으며 노동 시간 손실, 노동자 건강 문제로 인한 생산성 감소 등 간접적으로 발생하는 비용의 문제는 반영하지 못했다. 의욕이 떨어진 상태라든가, 몸은 직장에 있지만 최대의 생산성을 낼 수 있는 상태가 못 된다든가, 스트레스 때문에 집중력이 떨어진다든가 하는 경우에 발생하는 간접 비용들은 보통 직접적으로 발생하는 의료 비용의 대략 5배로 추산된다(이 문제는 이 장의 끝부분에서 다시 다룰 것이다).

둘째, 우리의 분석은 사망률 증가를 다룰 때와 마찬가지로 오직 다양한 직장 환경에 직면한 개인들이 감당하는 추가적 의료 비용만을 추산할 뿐, 그로 인해 가정과 친구들에게 미칠 수 있는 영향까지 고려하지는 못했다. 예를 들어 건강 보험 없음, 직장 문제로 인한 가정 갈등, 고용 불안정 같은 문제는 본인뿐만 아니라 다른 가족 구성원들에게 큰 영향을 미칠 수 있는 요소이다. 건강 보험에 대한 접근성은 노동자 본인과 직계 가족 전체에 해당되는 문제이며, 직장 문제로 인한 가정 갈등은 다른 가족 구성원들에게도 영향을 미칠 수밖에 없고, 해고의 위협이나 임금 및 노동 시간의 격심한 변동에서 비롯되는 경제적 불안정성은 가족 구성원 모두에게 충격을 가져올 가능성이 높다.

결국 의료 비용과 관련하여 내리게 될 결론은 사망률에 관해 내린 결론과 동일하다. 여러 경영 관행이 기업과 사회가 감당해야 할 의료 비용에 큰 영향을 미치며, 그러한 비용을 줄이고자 한다면 직장 환경을 가장 우선하여 개선해야 한다는 것이다.

건강 악화는 예방 가능한가

나와 동료들이 우리의 연구 논문을 학술지에 투고했을 때, 어느 익명의 심사자가 중요한 점을 지적하였다. 우리가 도출한 승산비는 다양한 직장 환경이 건강에 끼치는 영향을 직장 스트레스가 전혀 없는 가정적 상황과 비교하는데, 그러한 세상은 현실에 절대로 존재할 수가 없다는 것이었다. 그는 따지고 보면 모든 기업은 경쟁의 압박을 받고 있으며, 고용주는 이것을 자신이 고용한 노동자에게 전가할 수밖에 없다고 지적하며 기업들이 흥망하며 고용률의 부침이 생겨날 수밖에 없는 역동적인 경제 상황에서 노동자는 당연히 고용 불안정, 장시간 노동 등의 문제를 겪을 수밖에 없다고 말했다. 그래서 우리는 미국에서 발생하는 건강 문제 중 현실적으로 어느 정도를 예방할 수 있는지 합리적으로 추산해보기로 했다.

이에 따라 우리는 미국과 마찬가지로 지구적 시장에서 작동하지만 직장 경영 관행에 있어서 규제 체제와 규범이 전혀 다른 선진 산업 자본주의 나라들과 미국을 비교해 보기로 했다. 이러한 비교를 행하는 가운데 우리는 결정적인 사실을 되었다. 국가가 부유해지면 건강과 관련된 지출의 비중은 늘어나며 이에 따라 전 인구가 더 나은 수준의 건강을 얻게 된다는 것이었다. 그러한 국가들은 건강 관련 지출을 늘리고 첫 번째로 질병, 사망, 초과 의료 비용 등을 유발하는 환경을 개선하는 경향이 있다. 예를 들어 국가가 발전하여 부유해질수록 국가는 수인성 질병을 예방하기 위해 수질 개선과 소독에 더 많은 돈을 투자하며, 다양한 호흡기 질환을 예방하기 위해 대기 오염을 줄여서 공기를 청정하게 한다. 또한 소아마비, 홍역, 유행성 이하선염, 폐렴 등의 질병을 막기 위해 공격적으로 백신 프로그램을 운영한다.

이러한 논리 —즉 국가가 부유해질수록 예방 가능한 질병과 사망의 환경 요인들을 제거하는 데 많은 비용을 투자한다—가 사실이라면 우리는 국가의 1인당 소득과 특정한 환경 요인들로 인한 인구 대비 사망률 사이에 음의 상관관계가 나타날 것으로 기대할 수 있다. 이에 따라 우리는 몇몇 서유럽 국가들과 미국 의 1인당 소득과 대기 오염 및 폐결핵 전염병으로 인한 사망률 사이의 상관관계를 보여주는 데이터를 수집하였다. 이 2개의 환경 요인들만 고른 이유는, 선진국에서 수인성 질병이나 소아 마비 등과 같은 요인이 질병 및 사망의 요인이 되는 경우는 매 우 드물기 때문에 그것들이 사망률에 미치는 결과의 데이터를 얻을 수가 없기 때문이었다.

예상했던 대로 1인당 소득과 대기 오염으로 인한 인구 대비 사망률 사이에는 음의 상관관계가 나타났으며 그 상관 계수는 -0.62였다. 마찬가지로 1인당 소득과 폐결핵으로 인한 인구 대 비 사망률 사이에서도 음의 상관관계가 나타났으며 상관 계수 는 -0.75였다.

이렇게 환경 요인들로 인한 사망과 소득 사이에 상관관계가 있을 수 있다는 것을 입증한 뒤, 우리는 이 논리를 연장하여 직 장 환경으로 인해 생겨나는 사망률 및 의료 비용과 1인당 소득 사이의 관계를 검토하였다. 직장으로 인한 손상의 최소는 예방 가능한 것들이며 실제로 선진 산업국에서는 예방되고 있을 것이라고 가정했는데, 여기에서도 우리는 예상했던 대로 미국을 제외하고 음의 상관관계를 발견했다. 직장 환경과 결부된 의료 비용의 경우 1인당 소득과의 상관 계수는 -0.75였으며 직장과 연관된 사망의 경우 1인당 소득과의 상관 계수는 -0.80이었다. 도표 2와 3은 사망률과 의료 비용을 1인당 소득과 비교한 그래 프이다. 여기에서 확연히 보이는 대로 미국은 예외적인 외톨이이다. 미국의 높은 1인당 소득 수준을 생각한다면, 의료 비용과 사망률은 이것보다 낮게 나타나는 것이 자연스럽다.

다음으로 우리는 사망률과 의료 비용 모두를 1인당 소득과 연관시키는 방정식을 추정해 계산해보았다. 그 결과, 만약 미국에서 직장 관행으로 인해 발생하는 건강 문제와 1인당 소득의 관계가 우리가 연구한 다른 OECD 국가들의 경우와 같다면 사망률과 의료 비용이 어떻게 달라질지 예측할 수 있었다. 이렇게 예측된 값과 실제로 관측된 값을 비교해 우리는 미국이 그저 서유럽 나라들과 비슷하게만 해도 사망률이나 의료 비용 측면에서의 손실을 얼마나 예방할 수 있을지에 관한 합리적인 추산치를 얻었고, 이에 따라 미국은 1인당 소득 수준에서 예측할 수 있는 정도에 비해 매년 약 5만 9,000명의 초과 사망자와 약 630억 달러의 추가적 비용을 감내하고 있다는 것을 알 수 있었다.

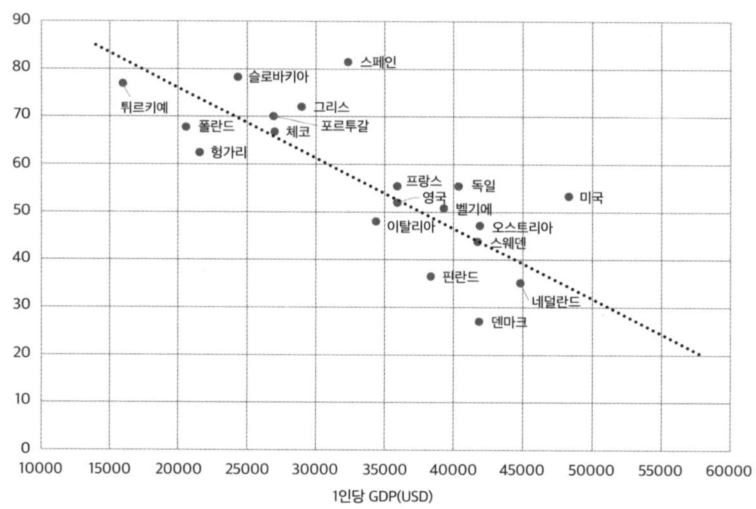

출처: OECD 통계 데이터 베이스, 제5차 유럽 근로 환경 조사(EWCS), 저자 분석
*회귀선은 미국을 제외한 결과임

우리가 이전에 추산했던 수치를 (약 12만 명의 초과 사망자 그리고 1,900억 달러의 비용) 생각해 볼 때, 미국의 직장 환경이 다른 선진 산업국과 비슷하게만 변화한다면 직장 환경으로 인한 사망자 숫자의 약 절반, 그리고 추가적 비용의 약 3분의 1 정도를 잠재적으로 예방 가능하다는 것을 알 수 있다.

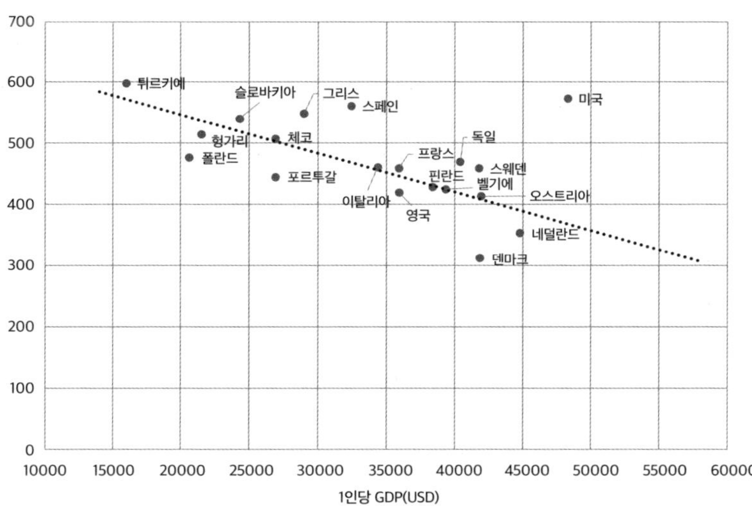

출처: OECD 통계 데이터 베이스, 제5차 유럽 근로 환경 조사(EWCS), 저자 분석
*회귀선은 미국을 제외한 결과임

수명 불평등 문제

불평등은 어디서나 뜨거운 주제이다. 미국에서뿐만 아니라 전 세계의 여러 국가에서도 소득 불평등이 커지고 있기 때문이다. 소득 불평등뿐만 아니라 건강 불평등 또한 큰 문제인데, 건강 불평등 문제는 지난 몇십 년간 다른 여러 국가들과 마찬가지로 미국 및 영국에서도 계속 커져왔다. 한 연구는 2008년 기준으로 미국에서 교육을 12년 이상 받지 못한 성인 남녀의 기대 수명이 1950~1960년대 성인들의 기대 수명과 거의 비슷하

다고 지적하며, 인종에 따른, 그리고 교육 정도에 따른 기대 수명의 차이는 시간이 지나면서 점점 더 크게 벌어져왔다고 말했다.[10] 또 다른 연구는 미국에서 가장 처지가 좋은 이들과 나쁜 이들 사이에 기대 수명 격차가 20년이나 된다고 보았고[11] 영국의 역학자 마이클 마멋은 워싱턴에서 지하철역 인근에 살고 있는 사람들의 기대 수명이 그렇지 않은 사람들보다 1년 더 길다는 연구 결과에 주목하기도 했다.[12]

일반적으로 사람들은 건강 불평등을 소득과 같은 다른 것들에 관한 불평등보다 더 용납할 수 없는 것으로 느낀다. 많은 이유가 있지만 특히 사람의 목숨 문제이므로 도덕적 요소가 결부되기 때문일 것이다. 옥스퍼드 대학의 발전 미시 경제학자인 수디르 아난드Sudhir Anand가 한 학술회의에서 평등과 건강 문제에 대해 논평[13]한 것처럼 우리는 소득의 불평등보다 건강의 불평등을 더욱 경계해야 한다. 인간의 건강은 도구적 가치뿐만 아니라 내재적 가치 또한 가지고 있는 특수한 재화이기 때문이다. 건강은 개인의 안녕에 직접 영향을 주므로 결정적인 것으로 간주해야 한다. 10년도 더 된 과거에 세계 건강 기구는 건강 불평등이 '보건 시스템의 실적을 평가할 때 각별히 살펴야 할 측면'이라고 언급했다. 건강 불평등 문제가 인구 전체의 건강 상태를 확인할 때 필요한 핵심적인 요소이기 때문이다.[14]

사회 경제적인 상태가 공중 보건 상태와 관련되어 있다는 것

그리고 건강 문제에 있어서 사회적 불평등이 존재한다는 것은 잘 알려진 사실이다. 각자의 배경에 따라 건강 상태가 달라지는 데에는 많은 이유가 있지만, 최근에 특히 주목받는 것은 직장 환경이 건강 불평등에 미치는 영향이다. 한 논문에서 말하듯, "더 좋은 직업을 가진 사람들이 사회적 평판이 좋지 않고 보수도 적은 일자리를 가진 이들보다 더 건강하다는 것은 오래전부터 인정되어 온 바이다."[15]

그럼에도 불구하고 직장 환경이 해로운 정도에 따라 어느 정도의 건강 불평등이 생겨나는지를 확인하는 작업은 거의 이루어지지 않았다. 나는 나와 동료들의 연구, 즉 직장 환경이 전체 사망률과 의료 비용에 미치는 영향을 추산한 작업이 직장 환경이 건강 불평등에 미치는 영향을 추산하는 작업을 위한 필수적인 모델 및 데이터를 제공해줄 수 있을 것이라 생각하고 이에 관해 고민하기 시작했다. 먼저 우리는 서로 다른 사회 인구학적 집단의 평균 수명 차이를 설명하는 요인 중 하나가 인종별, 그리고 특히 교육 수준이 다른 사람들이 가지는 직업의 차이라는 점에 주목했다. 우리는 교육 수준이 낮은 사람들은 건강 보험이 없는 직업을 가질 가능성이 높고, 교대 근무를 해야 하는 상황에 놓이게 되고, 경제적으로 더 불안정하며, 직무 통제 권한이 적고 업무 요구를 많이 받는 위치에 있을 것이라고 추정했다. 그리고 이러한 조건은 모두 사망률에 영향을 미치기 때문에, 직장 환경의 차이가 점점 심화되는 수명 격차를 설명하는 데 도움을 줄 수 있을 것이라고 보았다.

이러한 가정은 우리가 결국 발견해낸 바와 정확히 일치했다. 교육 수준과 인종이 다른 집단들은 매우 상이한 직업 환경을 경험하고 있었으며, 이러한 차이는 인구 집단 간의 기대 수명의 차이를 적게는 10퍼센트에서 많게는 39퍼센트까지 설명할 수 있었다. 비록 우리의 추산치는 단일 시점 자료에 기반한 것이지만, 교육적 성취가 갈수록 소득에 큰 영향을 미친다는 연구 결과들을 볼 때 교육 수준은 사람들의 직업을 결정하는 데에 중요한 요인이 되어 왔음을 알 수 있다. 이에 따라 유해한 직장 환경에 노출되는 정도의 차이는 시간 흐름에 따라 커지는 수명 불평등을 설명하는 데 도움이 된다고 볼 수 있다.

게이츠 재단Gates Foundation의 말을 조금 바꾸어 말해 보겠다. 모든 인간의 생명은 동일한 가치를 가지므로 모두가 정상적인 수명을 누려야 한다고 믿는다면, 우리는 사람들이 직장 환경으로 인해 경험하는 건강 불평등의 문제를 줄이는 데에 더 집중해야 할 것이다.

고용주들이 치르는 비용

해로운 직장 환경을 만드는 경영 관행으로 인해 영향을 받는 것은 노동자들뿐만이 아니다. 고용주들 또한 대가를 치르게 된다. 미시간 대학 명예 교수인 디 에딩턴Dee Edington은 30년 이상의 연구를 통해 2가지 중요한 사실을 입증하였다. 첫째, 좋은 건강 상태에서 나쁜 건강 상태로 떨어질 위험에 처한 이들을 미리 찾아내는 일은 가능하다. 건강 리스크가 높은 사람들은 의료 보험 비용을 훨씬 더 많이 지출하기 때문이다.[16] 따라서 그는 노동자가 좋은 건강 상태에서 나쁜 건강 상태로 떨어지기 전에 고용주들이 이를 미리 예방하도록 노력하는 것이 현명한 전략이라고 말한다. 에딩턴에 따르면, 건강을 증진하거나 유지하는 일은 건강한 환경과 문화에서만 가능하다. 이는 곧 고용주들이 노동자들로 하여금 건강한 생활 방식을 선택하도록 장려하는 직장 환경과 문화를 창출해야 한다는 의미이다. 즉, 앞에서 언급한 10가지 직장 스트레스 요인이 없거나, 최소한 적은 직장을 만든다면 직원들은 더 건강해지고 따라서 의료 보험 비용 지출 또한 줄어들게 될 것이다.

둘째, 일단 사람들이 건강 고위험군 범주로 들어가고 심장병이나 당뇨병과 같은 만성 질환을 얻게 되면 그들이 다시 저위험군 범주로 돌아오는 것은 매우 어려운 일이다. 고용주들은 고위험군 사람들의 비용을 관리하는 데에만 초점을 두는 경향이 있지만 그보다 먼저 저위험군 사람들이 고위험군으로 옮겨가는 것을 예방하는 것이 훨씬 중요하다. 예방은 비용도 덜 들 뿐만 아니라 치료보다 더 효과적이다.

해로운 직장 환경에서 노동자들이 병들면 고용주들은 건강 보험 비용뿐만 아니라 최소한 3가지의 또 다른 악조건에 직면하게 된다. 첫째, 많이 아픈 사람은 결국 직장을 그만둔다. 직업이 건강에 미친 영향에 대해 조사하기 위해 내가 만났던 모든 이들은 결국 자기들을 힘들게 했던 직장을 떠났다. 이것은 우연이 아니다. 유럽에서 이루어진 한 연구에 따르면 일자리 불안정성이 증가할수록 노동자들이 정신 건강 문제를 호소하는 일이 빈번해지며, 그들의 이직 의사도 높아진다고 한다.[17] 기업의 입장에서 이직은 많은 비용을 초래하는 사건이다. 직원들의 건강을 해치는 직장 환경은 이직률을 높이고 그에 연관된 비용들도 치솟게 만든다.

둘째, 직원들이 아프면 산업 재해 보상 보험료도 더 올라가게 된다. 제록스의 장기 근속 직원 3,338명을 대상으로 4년간 진행된 연구는 건강 고위험군 직원들로 인해 산재 보상 보험료가 더 올라갔다는 사실을 밝혔다. 또한 이 연구는 산업 재해 보상 비용이 심하게 편중되어 있음을 보여주었는데, 상위 10퍼센트에 해당하는 직원들이 전체 산업 재해 보상 비용의 54.4퍼센트

를 차지한 것으로 나타났다.[18]

셋째, 건강이 안 좋은 직원들은 생산성이 떨어진다. 이는 전혀 놀라운 일이 아니다. 사람들이 아프면 정신이 없고 집중력도 떨어진다. 피로감을 심하게 느끼며, 신체적으로나 정신적으로나 일을 할 능력이 떨어지는 것이 보통이다. 건강이 나빠지면 생산성이 저하된다는 것을 입증한 연구는 무수히 많으며, 그중 다수는 그러한 생산성 손실로 발생하는 비용이 아픈 노동자들로 인해 발생하는 직접적인 의료 비용보다 더 크다는 것을 보여준다.

이 장에서 제시된 우리의 분석과 그 밖의 연구 결과들을 볼 때, 미국에서 발생하는 유해한 직장 관행으로 인한 초과 사망률과 의료 비용이 매우 높다는 점을 알 수 있다. 건강하지 못한 직원들로 인해 고용주는 더 많은 산재 보험 비용, 건강 보험 비용을 부담하게 되며, 그리고 무엇보다 직장에서의 생산성 저하로 인해 발생하는 비용을 떠안게 된다. 현재 미국의 많은 (혹은 대부분의) 고용주들이 직장을 관리하는 방식은 직원과 고용주 모두에게 큰 손실을 안기고 있다. 이는 시급하게 개선이 필요한 문제다.

해고의 두 얼굴

불안을 신뢰로 바꾸는 고용 안정의 경제학

2008년 12월, 파산한 베들레헴 철강Bethlehem Steel 으로부터 뉴욕주 라카와나에 있는 제철소를 인수한 아르셀로미탈ArcelorMittal은 마침내 260명의 직원이 일하는 이 공장을 폐쇄한다고 발표했다. 그 뒤에 벌어진 일은 너무나 예측 가능한 것들이었다. 3주 후, 이 공장의 직원이었던 56세의 조지 컬이 심장 마비로 사망했다. 다음으로 동료 노동자였던 42세인 밥 스미스가 가슴 통증으로 병원에 갔고 수술을 받은 후 겨우 목숨을 건질 수 있었다. 그 후 이 공장에서 수십 년간 일해온 55세의 돈 터너가 또 심장 마비로 사망했다.

화이트칼라 노동자들 또한 해고 및 그로 인한 경제적 불안정성으로 건강 악화를 경험한다. A&P 슈퍼마켓 체인에서 유제품과 냉동식품을 관리하던 57세의 존 퍼거지는 2012년 10월에 해고를 당했다. 그 후 그는 새로운 일자리를 구하지 못했고 A&P 에서 해고된 지 10개월도 되지 않아 심장 마비를 경험했다.

이 장에서는 주로 해고가 노동자들의 건강에 미치는 영향을 다룬다. 해고는 직원들의 건강에 심각한 악영향을 줄 뿐만 아니라 고용주들에게도 이렇다 할 이득을 가져다주지 못하며, 이 점에서 실로 양쪽 모두 손해를 보는 거래라고 할 수밖에 없다. 하지만 노동자에게 경제적 불안정성을 가져오는 원인은 해고뿐만이 아니다. 그 밖의 다른 경제적 스트레스 요인 역시 논의할 필요가 있다.

첫째, 계약직과 비정규직 같은 형태의 노동에서 비롯되는 문제가 있다. 이른바 긱 이코노미에서 일하는 노동자들은 물론 숙련된 프리랜서와 계약직 노동자들 또한 자신의 다음 일거리가 언제 어디에서 올지 알 수 없는 불확실성에 시달리게 되며 이에 따른 소득 변동성도 커진다. 하지만 식비와 주거비 같은 항목들은 꾸준히 지출할 수밖에 없다. 따라서 '온 디맨드' 경제에서 살아가는 사람들은 일거리가 끊기지 않고 유지되도록 자신들의 평판과 존재감을 각인시키기 위해 항상 시장에 나와 있어야 한다. 실리콘 밸리에서 비교적 높은 보수를 받는 계약직들에 대한 연구에 따르면, '프리'랜서들은 다음 일거리를 항상 탐색해야 하므로 정규직 직원들에 비해 여가 시간이 적을 때가 많다는 점에서 별로 '프리'하지 못하다고 한다.[1]

게다가 프리랜서, 시간제 노동자, 계약직 노동자들은 보통 건강 수당이나 퇴직 수당을 받지 못한다. 그 결과 불안정성에 직면하게 되며 스스로 안전망을 구축해야 한다는 스트레스에 시달리게 된다. 노동 시장에서 이러한 경우가 얼마나 크게 증가했는지를 알아보는 것이 중요하다. 경제학자 로렌스 카츠Lawrence Katz와 앨런 크루거Allan Krueger는 이 변종의 노동자들이 노동 시장에서 차지하는 비중이 2005년에서 2015년의 10년 사이에 약 50퍼센트 증가했음을 지적했다. 또, 미국 경제에서 2005년부터 2015년까지 이루어진 순고용 증가의 94퍼센트가 이런 변종 노동 계약에서 발생한 것으로 보인다고 밝혔다.[2]

둘째, 좀 더 정규적이며 장기적인 일자리를 가지고 있는 사람들도 (이 경우, 보통 고용주는 하나 혹은 둘이다) 다음의 2가지 이유에서 점차 심한 불안정성을 느끼게 된다. 그 첫 번째 원인은 '필요시 즉석 고용just-in-time' 근무 일정의 확산이다. 주로 소매업종에서 사용되던 이 방식은 이제는 병원에서 사무실에 이르기까지 다양한 환경에서 사용되는데, 고용주가 자신이 필요할 때만 노동자들을 호출하기 때문에 노동자 개인은 급격하게 바뀌는 근무 시간과 일정에 시달릴 수밖에 없다.

한 조사에 따르면 소매업종 노동자들의 거의 40퍼센트는 주당 최소 노동 시간도 보장받지 못할 뿐만 아니라 25퍼센트는 항상 비상 대기 상태로 있으며 근무가 시작되기 단 2시간 전에 통지를 받기도 한다고 한다. 다른 데이터에 따르면 전체 단기 계약 노동자의 거의 절반, 그리고 정규직 노동자의 40퍼센트 가까이가 최대 일주일 전에야 확정된 근무 일정을 받을 수 있다는 사실을 알 수 있다.[3]

근무 일정, 노동 시간, 그리고 그에 따른 임금 또한 변동이 심하고 불확실할 경우 일하는 사람들의 삶은 초토화된다. 한 국제공항에서 시간제로 일하는 어떤 이는 이렇게 말했다. "회사에서 근무 시간표를 미리 나누어주기는 하지만, 그러고 나서 자기들 멋대로 바꾸어버려요. 거기에 영향을 받는 노동자들에게는 물어볼 생각도 않고 그냥 이틀 전에 일방적으로 통지하는 식일 때가 많죠. 곧 우리의 생활은 엉망이 되어버렸어요. 근무 시간을 예측할 수 없다는 것도 문제이지만, 우리가 마치 기계 부품처럼 취급당하고 있다는 느낌 때문에 더 사기가 떨어집니다."

근무 일정 때문에 문제가 생겨난다는 점은 기업들도 잘 알고 있다. 카지노 운영 회사인 시저스Caesars 의 CEO였던 개리 러브맨Gary Loveman 은 이렇게 말했다.

근무 시간을 예측할 수 없다는 것은 사람들에게 큰 스트레스를 줍니다. 우리 직원 중에는 홀몸으로 아이를 키우거나 아픈 부모를 돌보는 사람이 많아요. 그러니 이들이 일을 할 수 없을 때 대체할 수 있는 직원들이 있어야 해요. 하지만 회사는 서비스 수요에 딱 맞춘 숫자로만 사람들을 고용하기를 원하죠. 이 문제는 최근 들어 기업들이 고용을 최소한으로 줄이려 들면서 더욱 심각해졌습니다.

근무 시간 변동으로 인한 비용 발생을 막기 위해 일부 주 정부는 사람들에게 언제 일하게 될지를 합리적으로 미리 알리도록 하는 법률 및 규제를 제안하기도 했다. 그리고 일부 기업은 근무 시간 문제 때문에 생겨나는 이직과 직원 불만으로 인해 발생하는 비용 때문에 직원 중심의 관행을 자발적으로 시행하기도 했다. 한 예로 홀 푸드 마켓에서는 근무 시간표를 2주 앞서 게시하고 매니저들이 이를 마지막 순간에 바꾸지 못하도록 하였고, 월마트는 노동자들이 스스로 일할 시간을 선택하도록 하는 시스템을 도입하였다. 시저스의 러브맨은 이렇게 말했다. "우리는 근무 시간이 실시간으로 조정되지 못하도록 관행을 바꾸었습니다. 매니저들에게는 단호히 이렇게 말했죠. '이런 일은 하면 안 됩니다.' 일하는 직원에게도 각자의 삶이 있다는 것을 매니저들에게 인식시킨 겁니다."

일하기 좋은 곳으로 정평이 난 업체들은 이미 근무 시간 변동 이슈를 이해하고 직원들에게 안정적이며 규칙적인 노동 시간을 제시하고 있었다. 직장과 노동자의 건강 문제를 연구한 여러 사례에서 볼 수 있듯, 노동자들에게 좋은 것은 고용주들에게도 좋다. 좋은 노동 조건으로 인해 이직률이 낮아지고 노동자들이 자신의 일에 열의를 가지고 더 잘하게 되면 자연스레 실적이 높아지고 그를 통해 이익을 볼 수 있기 때문이다.

한편 정식으로 고용된 직원들이 불안정성과 스트레스에 시달리게 되는 또 다른 이유는 그들이 항상 해고의 위협을 느끼며 살아간다는 데에 있다. 노동자들은 자신들이 항상 점수가 매겨져 평가당하고 있다고 느끼며, 잠시라도 실적이 기대에 미치지 못하게 되면 해고당할 것이라는 걱정 속에 살아간다. 한 개인의 직무 실적이 오르락내리락하는 것은 자연스러운 일이지만, 현재의 직장 문화에서는 용납되지 않으며 이를 참고 기다려주는 기업도 없다. 한때는 직무 실적이 각 개인의 고정된 특성처럼 여겨졌지만(즉 '실적이 좋은 이들'과 '실적이 나쁜 이들'이 따로 있다는 식), 최근 연구들을 개괄한 한 논문은 똑같은 개인이라도 단기적으로 직무 실적이 상당히 유의미한 폭으로 오르내릴 수 있음을 밝혔다. 또한 직무 실적이 변동할 때 개인이 실적 변동에 기인하는 몫은 변동 폭의 절반 정도로 추산된다.[4] 이렇게 노동자 개인의 실적 변동은 자연스러운 일이지만 현재의 직장 문화는 이를 엄격하고 무자비하게 평가하며 이에 따른 불이익을 준다는 점에서 문제가 있다.

내가 아는 사람 중 고위 경영진 전담 코치로 일하며 주로 하이테크 및 벤처 캐피털 산업 쪽 사람들과 오래 작업해온 이가

월급 받으려다 죽다

있다. 그녀의 말에 따르면 그녀의 고객 중 많은 이들이 엄청난 성공을 거두었으며 대부분 아주 높은 연봉을 받는 입장임에도 불구하고 항상 해고 위협을 느끼며 직무 실적에 대한 엄청난 압박을 받는다고 했다. 이는 특히 업무 압박이 높은 직장 문화로 유명한 오라클, 세일즈포스, 아마존 등에 적용되는 이야기였다. 이러한 업무 압박은 긴 노동 시간, 그리고 그에 따르는 건강 악화로 이어지는데 이에 관해서는 5장에서 살펴볼 것이다. 또한 업무 압박을 느끼는 이들은 퇴근한 후에도 일을 내려놓지 못하게 되는데, 이러한 행태는 가정 갈등과 스트레스를 불러올 수밖에 없다. 이러한 상황에서 노동자는 고용 관계를 항상 불안정하고 깨지기 쉬운 것으로 느끼게 된다.

2장에서 보았듯 나는 스테파노스 제니오스, 조엘 고와 함께 진행한 연구를 바탕으로, 고용 불안정으로 인한 미국의 연간 초과 사망자 수를 약 2만 9,000명으로, 실직과 그 영향으로 인한 초과 사망자 수를 3만 5,000명으로 추정했다. 이를 바탕으로 생각하면, 미국에서 실직 때문에 혹은 경제적 스트레스와 일자리 불안정성으로 인해 발생하는 사망자 수는 연간 6만 4,000명이 넘는다고 할 수 있다.

더욱 불안정해지는 일자리들

비정규직, 시간제 혹은 계약제 노동과 같이 불안정한 형태의 노동은 오늘날의 노동 시장에 있어서 흔한 이야기가 되어가고 있다. 미국의 노동 시장 상태를 종합적으로 살펴본 사회학자 아니 캘러버그Arne Kalleberg의 연구는 고용 관계가 갈수록 더 불안정해지고 있다는 사실에 주목한다. 이러한 주장을 뒷받침하는 지표들은 무수히 많지만 몇 가지만 살펴보자. 경제적 불안정성에 대한 인식은 당연히 실업률 및 전반적 노동 시장 상황과 연관되어 있지만 실업률의 요인을 통계학적으로 통제했음에도 불구하고 '실직 위험을 인식할 확률'은 1977년에서 2006년 사이에 연간 1.5퍼센트씩 증가했다.[5] 2008년 경제 위기가 닥치기 이전에도 〈뉴욕타임스〉의 필자인 루이스 우치텔Louis Uchitelle은 해고의 빈도수와 남용이 갈수록 증가하고 그로 인해 파괴적인 결과가 나타나고 있다는 것을 문서로 입증한 바 있다. 정리 해고를 다룬 문헌들을 리뷰한 논문에 따르면, 2007년 12월에 시작된 불황 기간 동안 650만 개 이상의 일자리가 사라졌으며, 정리 해고가 전 세계 여러 나라에서 일반적으로 이루어졌다고 한다.[6] 과거에는 좀 더 고용 안정성이 높았던 일본 등의 나라에서도 노동 시장이 갈수록 '유연'해짐에 (이 말은 실상 직원들의 처지가 더욱 위험해졌음을 뜻한다) 따라서 해고와 여타 형태의 경제적 불안정성이 갈수록 심해졌다는 것이다.

좋은 직장 연구소Great Place to Work Institute에서 제시한 좋은 직장의 목록을 보면, 정리 해고 없는 직장이라는 가치를 내걸면서 장기 고용을 명시적으로 (심지어 암묵적으로라도) 약속하는 회사가 과거보다 훨씬 줄어들었음을 알 수 있다. 와튼 스쿨의 교수 피터 카펠리Peter Cappelli는 꽤 오래전부터 다음과 같은 사실에 주목한 바 있다. 그는 특히 남성 직원들의 근속 연수가 눈에 띄게 줄어들고 있다고 지적하며 이제는 '직장에서의 뉴딜'이 존재한다고 말했다. '직장에서의 뉴딜'이란 대부분의 직장에서 직원들 간의 관계에 인간적 교류의 성격이 사라지고 직장 환경이 불안정해지면서 거래의 성격이 두드러지게 된 것을 뜻한다.[7]

세계 고용 연맹WEC: World Employment Confederation은 스스로를 '50개국의 노동 시장 활성화 기관과 세계 5대 인력 서비스 기업들을 대표하는 전 세계 고용 산업의 대변자'로 내세우는 곳으로서, 이러한 새로운 노동 환경을 훌륭하게 설명한 문건을 2016년 9월에 내놓은 바 있다.[8] 그 주요 사항은 다음과 같다.

- 1987년에서 2015년 사이에 인도와 중국이 세계 시장 경제에 진입하면서 전 세계 노동 인구는 2배가 되었다.
- 근무 환경의 유연화를 촉진하는 새로운 기술들이 도입되면서 사람들은 표준적인 일과 시간 이외에 직장이라는

물리적 장소 바깥 어디에서든 업무를 하게 되었다.

- 임금 노동자와 월급제 노동자는 전 세계 고용의 절반 정도만을 차지하며, 남아시아나 사하라 이남 아프리카 같은 지역에서는 전체 노동자의 약 20퍼센트 밖에 되지 않는다.

WEC는 이러한 추세를 기업의 성장에 도움이 되고 노동 시장 중개 업체들의 활동 영역을 넓혀준다는 점에서 긍정적인 것으로 보지만, 이는 곧 비정규직, 계약직, 그 밖의 여러 신종 고용 계약 형태들이 (이 중 다수는 고용 안정성과 수당에 있어서 훨씬 불리하다) 분명하게 증가하고 있다는 것을 보여준다는 점에서 문제라고 할 수 있다.

건강을 해치는 경제적 불안정성

경제적 불안정성은 스트레스를 낳으며, 스트레스는 신체적·정신적 건강에 악영향을 미친다. 불안한 고용 계약으로 일하게 되면 신체적·정신적 건강이 나빠진다는 사실이 여러 증거로 입증되고 있음은 놀라운 일이 아니다. 하지만 이러한 문제는 경제적 불안정성을 직접 직면하는 사람들만 겪는 것이 아니다. 그 이유는 사회적 전염social contagion 효과에 있는데, 어떤 이가 경제적 불안정성에 직면하면 당사자뿐 아니라 그와 함께 일하는 이들까지도 불안함을 느끼게 되기 때문이다. 이에 관해 한 연구는 "일자리 불안정성이 건강에 미치는 영향은 그것에 노출된 집단과 노출되지 않은 집단에서 동일하게 나타났다."[9]는 사실을 발표하기도 했다. 이는 곧 일자리 불안정성이 임시직 직원들뿐만 아니라 정규직 직원들에게도 나쁜 영향을 미칠 수 있음을 시사한다.

스웨덴에서 약 900명의 직원들을 대상으로 이루어진 한 연구에 따르면, 파견 계약을 맺고 임시직으로 일하는 사람들은 남들보다 더 건강이 나쁘며 더 많은 스트레스를 경험하는 것으로 나타났다.[10] 한국에서 진행된 한 연구는 고용 불안정성에 직면한 사람들이 흡연을 한 것만큼이나 큰 건강상의 악영향을 입었다고 밝혔다.[11] 한 메타 연구는 일자리 불안정성이 신체적·정신적으로 모두 악영향을 미치는데 특히 정신 건강에 더 큰 영향을 미친다고 말했다.[12] 한편 일자리 불안정성이 건강에 미치는 영향에 관한 연구를 리뷰한 한 논문은 다음과 같은 결론을 내렸다. 그것은 정부가 사람들의 건강을 개선하고 건강 불평등 문제를 해소하고자 한다면 먼저 일자리 불안정성 문제를 바로잡아야 한다는 것이었다.[13] 물론 현실은 이 주장과 정확히 반대이며, 일자리 불안정성은 계속 심해지고 있다.

경제적 불안정성에 노출된 사람은 스스로 자신의 삶을 통제할 수 없다고 느끼게 된다. 최근의 한 연구는 경제적 불안정성이 진통제 소비 증가와 연관되어 있다고 밝혔다. 경제적 불안정성은 개인에게 실질적인 신체적 고통을 야기하며 고통에 대한 참을성도 감소시키는데, 이러한 문제는 개인이 자기 삶에 대한 통제력이 없다고 느낌으로서 발생한다는 것이다.[14]

해고가 건강에 해롭다는 증거

해고는 사람들의 신체적·정신적 건강에 악영향을 미친다. 개인을 경제적으로 불안정하게 만들며 이 사실이 스트레스를 낳기 때문이다. 오바마케어가 시행되기 전까지 미국에서는 건강 보험 유무가 취업 상태로 결정될 때가 많았다. 다음 장에서 보겠지만 건강 보험에 대한 접근 가능성이 낮아지면 자연스레 건강에도 부정적인 결과가 나타나게 된다. 해고는 당사자가 자기 자신과 가족을 경제적으로 부양할 능력을 잃게 하고 개인의 사회적 위치에도 손상을 일으켜 자존감을 떨어트린다.

해고는 해고를 당한 당사자를 무너뜨릴 뿐만 아니라 해고되지 않은 이들에게까지 중대한 영향을 미친다. 정리 해고에서 살아남았다고 해도, 남은 직원들은 최소한 다음 2가지의 나쁜 영

  월급 받으려다 죽다

향을 받게 된다. 첫째, 많은 사람이 해고된 곳에서 일하는 사람들은 자신들도 다음번에 잘릴 수 있다는 불안감에 시달리면서 경제적 불안정성을 느낀다. 둘째, 의료 분야 노동자들을 대상으로 한 연구가 입증하듯이, 정리 해고가 이루어지면 보통은 실제로 줄여야 인원보다 더 많은 숫자의 사람들이 해고된다. 따라서 정리 해고에서 살아남은 이들에게 업무가 과중되며 이로 인해 노동자들은 더 큰 스트레스를 받게 된다.

어떤 이들은 해고가 건강에 미치는 악영향에 반대하는 주장을 내세우기도 한다. 일자리를 잃으면 오히려 건강에 일정 부분 긍정적 효과가 나타날 수 있다는 것이다. 이들은 일상에서 얻게 되는 스트레스의 많은 부분이 일에서 오기 때문에 직장에서 보내는 시간이 줄어들면 스트레스로 유발되는 질병을 줄일 수가 있다고 말한다. 또한 직장을 잃게 되면 취미 활동과 운동 등 건강에 도움이 되는 활동들을 할 시간이 더 늘어난다고도 말한다. 하지만 경제적 불안정성의 영향에 관한 연구를 개괄한 한 리뷰 논문은 실직의 긍정적 효과의 가능성을 일축하면서 다음과 같이 결론을 내렸다. "수많은 연구로 볼 때 일자리와 재정 상태의 위기를 겪으면 심리학적·행태학적 장애의 위험성이 올라간다. 그러한 장애에는 약물 및 알코올 남용과 자살 등이 포함된다."[15]

해고로 인한 건강 악화로 발생하는 비용을 부담하는 것은 대개 해고된 이들과 사회 전체이지 그 해고를 행한 기업들이 아니다. 고용주들은 해고를 당한 직원들을 위해 더 이상 건강 보험이나 여타 직원 지원 프로그램 등으로 인한 비용을 지출하지 않기 때문이다.

해고는 이렇게 질병, 사망 같은 엄청난 결과를 초래하지만 해고가 정말로 기업 실적 향상에 도움이 되는지는 불분명하다. 앞으로 보겠지만, 경제적 문제의 조짐이 보일 때 모든 기업이 반드시 직원을 해고하는 선택을 하는 것은 아니다. 고용을 유지하려고 노력하는 기업들 중 더 좋은 실적을 내는 기업도 많다. 기업들은 고용을 유지하려는 노력을 통해 사회적으로 직원들에게 미칠 악영향을 미연에 방지하여 직원 개인뿐만 아니라 나라 전체에 혜택을 가져다준다.

해고의 영향과 그로 인한 결과를 연구하는 작업은 얼핏 보면 단순할 것 같지만 실제로는 그렇지가 않다. 해고와 나쁜 건강 사이에는 분명한 인과 관계가 있는 것처럼 보이지만, 사실 일자리를 잃은 것이 나쁜 건강의 원인이 아니라 그 결과일 가능성도 있기 때문이다. 건강 문제로 직원을 해고하는 것을 방지하는 다양한 법이 있기는 하지만, 그러한 법에는 빈틈이 많다.

그럼에도 불구하고 해고가 건강에 미치는 악영향에 대한 증거는 대단히 많다. 나는 이에 관해 연구한 다양한 논문과 자료들을 살펴보았는데, 그중에는 핀란드, 덴마크, 뉴질랜드처럼 사회 안전망이 잘 구축되어 있어 노동자 보호 장치가 더 많은 나라를 대상으로 한 것도 있었다. 이 모든 연구들은 일관되게 해고가 건강에 미치는 영향의 대부분이 정부가 제공하는 각종 사회 서비스나 지원 수준과 거의 무관하다는 것을 보여주었다. 여러 증거로 볼 때 해고는 그것이 벌어지는 장소와 시점에 무관하게 건강에 해를 미치며, 일부 연구가 보여주듯 심지어 사람들이 새 일자리를 찾은 뒤에도 그 악영향이 지속되기도 한다.

해고와 사망률 증가

많은 연구는 해고를 당한 사람들의 사망 위험률이 그렇지 않은 사람들보다 높아진다는 것을 입증한다. 해고를 당하게 되면 실직 상태에 머물게 될 가능성이 높아지는데, 새로운 일자리를 찾기 어려운 경우가 많기 때문이다. 무수한 연구들이 실직 상태가 건강과 안녕에 악영향을 미친다는 사실을 명백하게 증명하고 있다.

뉴질랜드의 연구자들은 한 육류 공장이 문을 닫으면서 일자리를 잃은 1,945명을 8년에 걸쳐 추적하였고, 이를 문을 닫지 않은 인근의 한 육류 공장에서 일하는 1,767명의 사람들과 비교해 연구했다. 이 연구를 통해 그들은 연령, 성별, 민족 등의 요소를 보정하고 난 뒤에도 해고를 당한 사람이 자해 행위를 할 위험이 그렇지 않은 사람보다 2.5배나 높으며, 정신 질환 진단을 받고 병원에 입원하게 될 가능성은 17퍼센트나 높다고 밝혔다.[16]

스웨덴의 한 연구는 1987년에서 1988년 사이에 문을 닫은 기관 중 10명 이상을 고용했던 모든 기관의 직원들을 추적하였다. 그 결과, 일자리를 잃은 후 4년 동안 남성들의 사망률은 44퍼센트 증가했고, 남성과 여성 모두의 자살과 알코올 관련 사망률이 대략 2배 높아졌음을 알 수 있었다.[17]

또 다른 한 연구는 1953년에 태어난 거의 9,800명의 덴마크 남성들을 추적하여 40세에서 51세 사이에 이 개인들에게 벌어진 중요한 사건들의 결과를 살펴보았다. 이에 따라 실직을 경험한 사람은 그렇지 않은 사람에 비해 죽음을 맞을 가능성이 44퍼센트나 높아진다는 사실을 알 수 있었다.[18]

미국의 한 연구는 펜실베이니아주의 행정 데이터를 결합하여 1974년에서 1991년까지의 남성 노동자들의 고용 역사와 1974년에서 2002년까지의 사망률을 조사하였다. 이 연구에 따르면 실직 직후 처음 몇 년 동안은 사망률이 28퍼센트까지 치솟았다가 그다음 20년 동안은 15퍼센트에서 20퍼센트 범위로 내려왔다. 실직이 사망률 증가에 영향을 미치는 가장 큰 원인은 소득이었는데, 해고당한 노동자들은 그 이후 지속적인 소득 감소를 겪게 되었다. 이는 최근의 불황기에 일자리 시장에서 일어난 일과도 완전히 일치하는 것으로서, 이때 일자리를 잃은 사람들은 새 직장을 찾는 데에 어려움을 겪었을 뿐만 아니라 설령 새로운 직장을 찾는다고 해도 대체로 노동 시간과 시간당 임금의 감소를 경험한 바 있었다. 이 연구 논문의 저자들은 해고로 인해 사망률이 증가하는 비율을 추산해 보았을 때 40세에 실직한 이의 기대 수명이 평균 1년 반 줄어드는 것으로 보인다고 밝혔다.[19]

여기서 우리는 해고와 실직이 자살률과 사망률에 미치는 영향에 관한 추산치들에 일관성이 보인다는 사실에 주목할 필요가 있다. 실업이 건강에 미치는 영향에 관한 연구, 소득 수준이 사망률 및 나쁜 건강과 맺는 역관계를 다룬 다량의 문헌뿐만 아니라 해고와 사망률 증가를 다룬 연구들 또한 대량의 증거를 통해 일관된 그림을 그려내고 있으니, 한마디로 해고는 살인이라 할 수 있다.

해고와 건강 악화

뉴욕 주립대의 사회학자 케이트 스트룰리Kate Strully는 미국의 소득 동학 패널 조사 데이터를 사용하여 실직이 건강에 미치는 영향을 조사하였다. 그녀는 직장 폐쇄로 인한 실직(즉 노동자의 '잘못이 없는' 실직), 해고, 자발적 퇴사를 구별했고 연령, 인종,

성별, 가족 소득, 교육 수준 등 건강에 영향을 미칠 수 있는 모든 요인을 통제하여 연구를 진행했다. 이 연구는 노동자 스스로가 보고한 건강 상태를 살피고 거기에 더하여 의사로부터 진단을 받았는지, 그 시점은 언제인지, 그 상태가 어떤 것이었는지도 조사했다. 스트룰리가 발견한 바에 따르면 직장 폐쇄로 인한 실직은 노동자 스스로가 느끼는 건강 악화의 확률을 대략 54퍼센트 증가시키며 새로운 질환에 걸릴 확률을 83퍼센트 증가시킨다. 새로운 일자리를 찾은 이들 역시 일정 정도 건강에 나쁜 결과를 얻었다. 또한 실직 후 새 일자리를 찾은 노동자들조차 새로운 질환을 얻게 될 가능성이 97퍼센트 증가하는 것으로 나타났다.[20]

급성 심근경색, 즉 심장 마비에 관한 한 연구는 1992년에서 2010년까지 1만 3,000명 이상의 성인을 대상으로 진행되었는데, 이 연구에 따르면 표본의 거의 70퍼센트가 이 기간 동안 한 번 이상의 실직을 경험한 것으로 드러났다. 심장 마비를 겪을 위험은 실직 횟수가 올라갈수록 증가했는데, 실직을 경험하지 않은 이들과 비교해 볼 때 한 번의 실직을 경험한 이들이 심장 마비에 걸릴 가능성은 22퍼센트 증가했으며, 네 번 이상의 실직을 경험한 이들이 심장 마비에 걸릴 가능성은 63퍼센트 증가했다. 이러한 결과는 심지어 흡연, 음주, 비만과 같은 개인적 요인들을 통계적으로 통제한 후 도출된 것이었다.[21]

해고가 벌어진 후 직장에 살아남은 직원들도 건강에 나쁜 영향을 받게 된다. 이런 이들은 살아남았지만 경제적 불안감을 느끼며 스트레스를 받는데, 다음번에는 자기 차례가 올지도 모른다는 두려움에 시달리게 되기 때문이다. 그리고 많은 연구가 입증했듯, 대부분의 기업은 필요한 숫자보다 더 많은 수의 노동자를 해고한다. 그 결과 직장에 남은 직원들은 줄어든 노동력으로 업무를 처리하기 위해 더 많은 일을 해야만 한다. 정리 해고 뒤에 남은 직원들이 번아웃과 직장 스트레스에 시달리는 것은 일반적인 일이며, 자연스레 남은 직원들 역시 건강 악화를 경험하게 된다.

이러한 흐름에 관해 더 분석적으로 접근한 연구가 1990년대 초 핀란드의 라이시오 지방에서 행해졌다. 핀란드는 1990년대 초 심각한 경기 침체를 겪었었는데, 1990년에서 1993년 사이에 전반적인 실업률이 3퍼센트에서 16퍼센트로 치솟았고, 핀란드의 지자체 직원들의 숫자도 12퍼센트 감소했다. 이에 따라 1990년부터 발생한 실업 후 추이를 추적하는 연구가 시작되었고, 이를 통해 상당한 인력 감축이 벌어졌던 곳의 직원들과 인력 감축이 덜 심했던 곳의 직원들 사이에 큰 차이가 있다는 것을 발견했다. 전자의 집단은 후자의 집단보다 병으로 인한 결근이 2배 이상 높았으며, 흡연자의 숫자도 더 늘어난 것으로 나타났다.[22]

해고로 인한 사망률과 건강 변화를 다룬 대부분의 연구는 당연히 해고당한 당사자에게 초점을 맞추는데, 소수지만 어떤 연구는 직장에 남은 동료 노동자, 혹은 해고를 시행하는 관리자에게 초점을 두기도 한다. 직원을 해고하는 일은 그 자체로 스트레스의 원천이 될 수 있기에, 해고의 책임을 맡은 관리자들 또한 해고 스트레스로 인해 건강이 악화될 수 있다. 410명의 경영자들을 대상으로 했던 한 연구가 이를 보여준다. 정리 해고에 관해 통보했던 관리자들은 그렇지 않은 관리자에 비해 더 많은 건강 문제를 경험했고, 이러한 문제 때문에 더 병원에 다녀야 했으며, 수면 장애에 시달렸다. 또한 그런 경험이 없는 관리자들에 비해 일을 그만두고자 하는 의사가 더 컸다. 이 연구는 해고를 통보하는 일이 관리자를 감정적인 탈진 상태에 빠지게 하며 이에 따라 건강 악화를 경험하게 한다고 밝혔다.[23]

직장 폭력의 증가

해고로 인해 증가하는 것은 해고된 이들의 사망률뿐만이 아니다. 해고는 직장 폭력에도 영향을 미쳐서 해고를 행하는 이들뿐만 아니라 아무 죄가 없는 사람들까지 사망에 이르게 한다. 수많은 사례 중 하나를 들어보겠다. 2008년 11월 14일, 캘리포니아주 마운틴 뷰에 있는 반도체 스타트업에서 일하던 징 우Jing Wu

는 해고를 당한 후 중역들에게 면담을 요청했다. 그리고 회의실에서 총을 꺼내어 CEO, 운영 담당 부사장, 그리고 또 다른 중역 한 사람을 사살했다.

직장 폭력은 소수의 사람만이 겪는 드문 사건이 아니다. 1992년 미국 질병 통제 본부는 직장 살인이 심각한 공중 보건 문제이며, 매년 800건 이상의 직장 살인이 벌어진다고 했다. 경제 불황이 시작되던 2007에서 2008년 사이에 직장 살인 사건은 28퍼센트 증가했다. 1,000명 이상을 고용한 기업에서 지난 12개월 동안 최소 한 번 이상의 직장 폭력을 겪었다고 말한 응답자들이 50퍼센트가 넘었다는 조사 결과도 있다.

버클리 대학의 공공 보건 대학 교수인 랠프 카탈라노Ralph Catalano는 경제적 불안정성이 직장 폭력을 비롯한 해로운 결과들을 낳는 문제에 관해 광범위한 연구를 수행한 바 있다. 그중 한 연구의 결과를 보면, 첫 번째 인터뷰를 할 때는 폭력적 행동 이력이 없었지만 두 번째 인터뷰를 할 때 그 사이에 해고를 당한 사람은 일자리를 계속 유지한 사람에 비해 폭력적인 행동을 할 가능성이 6배나 높아졌음을 알 수 있다.[24]

인터넷에는 실직 이후 벌어진 폭력적인 사건에 관한 이야기뿐만 아니라 폭력의 위험을 최소화하는 방식으로 노동자를 해고할 방법에 관한 조언도 많다. 금요일에는 해고하지 말 것, 주변에 보안 요원을 둔 상태에서 해고할 것, 해고된 이들이 건물

밖으로 나갈 때까지 호송할 것, 해고된 이들이 다시 사무실로 돌아오지 못하도록 열쇠 회수 등의 조치를 행할 것 같은 조언이 바로 그것이다. 해고는 노동자의 감정을 크게 동요시킨다. 이 때문에 노동자는 스스로 목숨을 끊기도 하고 다른 사람, 특히 해고의 책임자로 보이는 이에게 폭력을 가하거나 그의 목숨을 빼앗기도 하는 것이다.

불건전한 행동을 유발하는 해고

우울과 불안에 관한 여러 연구에 따르면 안정적인 고용 상태를 유지한 이들에 비해 일자리를 잃은 이들이 우울과 불안을 겪을 확률은 15퍼센트에서 30퍼센트 정도 높다.[25] 실직 스트레스와 더불어 우울과 불안은 해로운 개인 행동들을 증가시키는 것으로 여겨진다. 많은 연구는 실직 상태가 알코올, 대마초 및 여타 약물들의 사용을 증가시킨다는 것을 명확히 보여준다. 한 연구에 따르면, 20주 이상 실직 상태가 이어질 경우, 알코올 섭취량이 2배 늘어나는데, 특히 스웨덴 남성의 경우에는 폭음이 400퍼센트 늘어났다고 한다.[26] 충분히 예상할 수 있는 일이지만, 실직 후의 약물 남용은 그 이전에 알코올이나 약물을 남용한 경험이 있었던 이들에게서 특히 두드러진다. 이런 이들에게 실업 스

월급 받으려다 죽다

트레스가 겹쳐지는 경우, 이전에 했던 건전하지 못한 행동을 되풀이하기 쉽다는 것이다.

이러한 연구는 알코올과 약물 남용 그리고 과식과 같이 스스로를 해치는 행동을 하는 것이 상황에 따라 영향을 받은 결과라는 사실을 시사한다. 상황이 개인 행동에 영향을 끼친다는 것은 사회 심리학의 기본 원칙이다. 따라서 실직은 스트레스를 통해 건강에 직접적으로 악영향을 미칠 뿐만 아니라 개인이 스트레스에 대처하기 위해 약물, 알코올에 의존하게 만들며 간접적으로도 건강에 악영향을 준다.

해고는 기업의 실적을 향상시키는가

해고로 인해 사람들의 정신 건강이 악화되고 이 때문에 증가하는 의료 비용과 해고로 인해 기업이 얻게 되는 경제적 이익을 비교하여 가늠해볼 필요가 있다. 또한 해고로 기업이 경제적으로 얻는 이익이 더 크다고 해도 이를 사회적인 측면에서도 다시 보아야 한다. 왜냐하면 인건비 감축을 통해 얻는 이익은 대부분 해고를 행하는 기업들에게 돌아가는 반면 그로 인해 발생하는 비용은 대개 노동자 개개인과 사회 전체가 부담해야 하기 때문이다. 따라서 비용과 이익이 서로 일치하지 않는 불균형이 발생한다. 기업으로서는 직원들을 해고하는 과정에서 발생하는 비용을 전부 부담하지 않기 때문에 해고를 남용할 가능성이 높다. 반면, 해고로 인해 어떤 이익도 얻지 못하는 노동자들은, 결과적으로 해고를 제한하고 노동 시장의 유연성을 감소시키는 정책들을 선호하게 된다.

그렇다고 해도, 문제는 생각보다 심각하다. 해고가 기업의 성과에 미치는 영향에 관한 증거가 상당히 많은데 그것들이 대체로 같은 이야기를 하고 있기 때문이다. 이러한 연구들은 해고가 이익을 가져온다는 증거가 거의 없고, 오히려 해고를 단행한 기업에게 해가 될 수 있다는 증거는 많다고 말한다.

우선 해고는 기업에게 무수히 많은 종류의 비용을 초래한다. 콜로라도 대학 교수 웨인 카시오Wayne Cascio는 그렇게 발생하는 비용을 여러 가지로 나열한다. 이는 해고 수당, 병가 및 유급 휴가 비용, 재취업 지원 비용, 고용 보험료의 증가, 사업이 호전되었을 때 직원을 새로 뽑는 비용, 직원들이 리스크를 회피하게 되며 사기가 저하되는 문제, 법정 소송의 가능성, 태업, 분개한 직원이나 예전에 잘린 직원에 의해 발생하는 직장 폭력, 기업의 지적 자원 손실, 경영진에 대한 신뢰 저하, 노동 생산성 저하 등이다.[27] 해고는 종종 성과와 충성심을 보인 직원은 보상받아야 한다는 암묵적 심리적 계약과 상호 호혜성이라는 심리적 규범을 어기는 행위처럼 보인다. 그 결과, 직원들의 자발적인 노력

　　　　　　　　　　월급 받으려다 죽다

과 업무 몰입도가 떨어지게 된다.

해고는 영리적인 혜택을 가져오지 못할 때가 많다. 왜냐하면 해고 자체로는 품질, 생산성, 시장 수용성 같은 근본적인 비즈니스 문제를 거의 (혹은 전혀) 해결하지 못하기 때문이다. 어려움을 겪는 대부분의 기업이 직면하는 문제는 과도한 비용이 아니라 불충분한 판매 수입이다. 비용 삭감 노력은 오히려 시장에 내놓는 제품의 가치의 떨어트려 고객들을 떠나가게 만들고 이로 인해 수익 문제는 더욱 악화된다. 기업들이 제공하는 제품의 가치가 떨어지고, 그 결과 고객들이 떠나고, 기업들은 이로 인한 수익 감소에 대처하기 위해 더욱 심한 비용 삭감을 행하면서 악순환의 고리가 형성되는 것이다.

미국 항공업의 경우는 이러한 역학 관계의 예시를 훌륭하게 보여준다. 2000년부터 2007년 사이에 미국 항공사들이 제공한 프리미엄 여행, 즉 이코노미석, 비즈니스석, 또는 일등석 여행을 이용한 이용자 수가 47퍼센트 감소했다. 반면 전용기 이용자 수는 증가했는데, 2000년에는 프리미엄 여행 이용자 수의 15퍼센트에 불과했던 전용기 여행자 수가 2007년에는 40퍼센트까지 올라갔다. 이러한 변화의 원인에는 2001년 9월 11일 참사 이후 강화된 보안 조치와 그에 따른 번거로움이 있을 수 있다. 하지만 항공업이 미국 고객 만족도 지수 조사에서 지속적으로 혹평을 받았다는 사실에 주목할 필요가 있다. 항공업은 여러 수수료를 올리면서 각종 서비스들을 축소해왔다. 가장 많은 요금을 지불하는 최고 고객을 거의 50퍼센트나 잃어버린 산업의 번영을 기대할 수는 없는 노릇이다.

항공업의 문제는 높은 비용이 아니라 고객을 멀어지게 만들어 수익이 줄어드는 데 있다는 견해를 뒷받침하는 다른 자료들도 있다. 국제 항공 운송 협회IATA 가 2008년에 실시한 설문 조사에 따르면, 비행이 너무 불쾌한 경험이 되어버린 탓에 사람들이 비행기를 덜 타게 되었고, 그 결과 업계는 그해 약 100억 달러의 수익을 잃은 것으로 추정된다. 만약 그 수익을 잃지 않았더라면 항공업계는 심지어 2008년 경기 침체 상황에서도 이윤을 낼 수 있었을 것이다.

해고가 기업 실적에 긍정적인 효과를 가져오지 않는다면, 우리는 해고를 야기하는 요인을 다른 곳에서 찾아봐야 한다. 아트 버드로스Art Budros 는 1979년에서 1994년 사이에 〈포춘〉이 선정한 100대 기업에서 실행된 해고 프로그램들을 조사했다.[28] 그는 기업의 해고 결정이 채택 혹은 모방 효과에 따라 이미 해고 프로그램을 시행한 다른 기업들의 영향을 받는다고 결론지었다. 또한 규제 완화와 산업 문화도 해고 결정에 영향을 미치는 요인이라고 밝혔다. 그가 이후에 내놓은 저작들 역시 경제적 상황과 해고 사이에 유의미한 관계가 존재하지 않는다는 것을 일관되게 설명한다. 즉, 어떤 기업이 해고를 시행하는 요인은 실적 악

월급 받으려다 죽다

화나 효율성의 압박 같은 문제보다 제도적 맥락 혹은 다른 기업
들의 영향에 있다는 것이다.

해고와 주가

대부분의 연구는 해고가 주가에 미치는 영향을 분석할 때,
'사건 연구event study' 방법론을 사용한다. 이 방법으로 해고를 발
표한 기업이, 해고 발표 직후 일정 기간 동안 주식 시장에서 수
익을 얻는지 여부를 평가할 수 있다. 연구 결과는 대체로 해고
발표가 주가와 주주 수익에 긍정적인 영향보다는 중립적이거나
오히려 부정적인 영향을 미친다는 점을 강하게 시사한다. 1979
년에서 1997년 사이에 벌어졌던 141건의 정리 해고를 다룬 한
연구는 해고를 공표한 기업들이 수익에 부정적인 영향을 입었
으며, 해고 규모가 클수록(전체 인력 대비 해고 비율이 높을수록),
그리고 일시적 해고보다 영구적 해고일수록 주가 하락 폭이 더
컸다고 보고했다.[29] 1990년에서 1998년 사이에 공표된 1,445건
의 해고 발표를 살펴본 또 다른 연구 또한 해고가 주가 수익에
부정적인 영향을 미치며 인력 감축 규모가 클수록 부정적인 효
과도 더 크게 나타났음을 보여준다.[30]

미국과 일본에서 벌어진 정리 해고 발표 사례들을 비교한 한

논문은 해고 발표 직후 비정상적으로 주가 수익이 악화되는 일이 두 나라 모두에서 발견되었다는 것을 보여주었다.[31] 1980년대에 토론토 주식 시장에 상장된 주요 캐나다 기업들이 시행한 214건의 정리 해고를 다룬 연구에 따르면, 정리 해고가 발표된 직후 3일 동안 그 회사들의 주가는 평균 약 0.5퍼센트 포인트 떨어졌다고 한다.[32]

해고가 주식 시장 수익률에 미치는 영향을 분석한 12개의 연구를 종합 검토한 논문은, 12개 중 9개 연구에서 주식 가치에 부정적인 효과가 발견되었다고 말하며, 해고 발표가 평균적으로 주가에 부정적인 영향을 미친다는 결론을 내렸다.[33]

해고 발표 이후 주가가 하락하는 것은 놀라운 일이 아니다. 해고 행위 자체가 그 기업의 실적이 좋지 못하다는 것을 뜻할 때가 많기 때문이다. 한편 해고가 주가에 미치는 영향을 조사한 한 연구는, 해고 사유에 따라 주가 반응이 달라지는지를 분석했다. 연구에 따르면 수요 감소를 해고 이유로 제시한 기업들은 주가가 하락하는 부정적인 수익률을 경험한 반면, 효율성 재고를 이유로 해고를 단행한 기업들은 주가에 별다른 영향을 받지 않았다.[34]

해고와 수익성

웨인 카시오는 1982년에서 2000년 사이 S&P 500 기업들의 수익성을 연구하였고, 해고를 행한 기업들이 그렇지 않은 기업들에 비해 계속 수익성이 낮은 상태에 머무른다는 것을 발견하였다. 122개 기업들을 대상으로 각 기업의 해고 이전 수익성을 통계적으로 통제하여 진행한 다른 연구도 있다. 이 연구에 따르면, 해고 이후 기업의 수익성은 줄어들었으며, 특히 연구 개발이 많이 필요한 산업에서 해고의 부정적 영향이 두드러졌다.[35] 미국 경영 협회American Management Association 는 해고의 효과를 기업들이 어떻게 인식하는지를 조사하였다. 기업들은 자신들이 행한 해고가 실수였다는 것을 인정하고 싶어하지 않을 것이므로 해고에 우호적인 편향을 보일 가능성이 높았음에도 불구하고 조사 결과, 해고 이후 영업 이익이 늘어났다고 보고한 기업은 약 절반밖에 되지 않았다.[36]

해고와 생산성

또한 미국 경영 협회의 조사에서 해고가 직원 생산성에 긍정적인 효과를 가져왔다고 보고한 회사는 3분의 1에 불과했다. 미

국 인구조사국 제조업 통계에 포함된 14만 개 이상의 사업체 데
이터를 활용하여 1977년부터 1987년까지의 생산성 변화를 분
석한 한 연구에 따르면, 생산성이 가장 크게 향상된 기업 중에
는 직원 수를 줄인 기업뿐만 아니라 직원 수를 늘린 기업도 있
었다. 따라서 연구는 1980년대에 관찰된 생산성 향상의 원인을
기업들이 해고를 통해 '군더더기 없이 효율적'으로 변한 데에서
찾을 수는 없다는 것으로 결론지었다.[37]

직원들을 해고한다고 해서 생산성이 향상되지 않는 이유 중
하나는, 정리 해고 계획이 발표되면 가장 능력 있는 직원들이
제일 먼저 회사를 떠나고 보다 능력이 부족한 이들만 그곳에 남
게 되기 때문이다. 또 다른 문제가 있다. 인력 감축 뒤에 해야 할
업무는 이전과 비슷한 양이므로 남은 인원만으로는 감당할 수
없고, 이 때문에 결국 할 수 없이 해고당한 직원들을 계약직으
로 다시 고용하는 것으로 끝나는 경우가 많다. 이는 비용 측면
에서 아주 비효율적인 일이다. 해직 수당까지 주고 해고한 사람
들에게 또 임금을 지급할 뿐만 아니라 인력 공급 업체의 수수
료까지 지불하게 되었으니 말이다. 미국 경영 협회의 한 조사에
따르면 정리 해고를 행한 기업 중 해고 이후 잘린 노동자들의
기술이 필요해지는 바람에 결국 그들 중 일부를 계약직으로 다
시 고용하는 기업이 무려 3분의 1이나 된다고 한다.[38]

해고와 혁신

해고는 기업의 혁신 역량에 여러 가지 부정적인 영향을 미칠 수 있다. 첫째, 회사가 정리 해고를 행하면 남은 직원들은 혁신 활동에 필수적인 위험 감수를 꺼리게 된다. 둘째, 직원들이 떠나면 회사 조직 내의 기존 관계망이 부서지게 된다. 혁신을 실현하려면 지식을 탐색해야 하고, 제품 설계, 제조, 영업, 마케팅 등 여러 부서 간의 긴밀한 협업이 이루어져야 하며, 회사 내의 전문성을 활발히 교류하면서 프로젝트를 성사시킬 수 있어야 한다. 그러나 해고로 인해 기존의 관계망이 무너지면 이러한 과정을 신속하고 효율적으로 이루기 어렵다.

따라서 해고가 혁신을 지체시킨다는 사실이 여러 연구를 통해 밝혀지는 것은 당연한 일이다. 한 대형 하이테크 기업에서 대규모 인력 감축 이전, 감축 도중, 감축 이후에 창의적 작업 환경이 어떻게 바뀌었는지 조사한 한 연구에 따르면, 해고가 진행되는 동안에 창의성 및 창의성을 촉진하는 대부분의 근무 환경 요소들이 감소했다. 구조 조정이 끝난 이후에는 이러한 요소들이 어느 정도 회복되긴 했으나, 해고 기간 동안에는 전반적으로 창의성이 저하되는 현상이 뚜렷하게 관찰되었다.[39]

해고가 기업에게 이익이 되지 않는 이유

기업의 해고 결정은 다른 의사 결정과 마찬가지로 어떤 결과를 가져오는데, 연구에 따르면 이러한 결과—즉, 직원들의 두려움 증가, 몰입 저하, 노력 감소 등—는 인건비 절감을 통해 얻는 긍정적 효과를 종종 압도하는 것으로 보인다. 무수히 많은 연구 논문들을 요약한 한 논문은 해고가 살아남은 직원들의 근로 의욕 저하와 회사에 대한 충성심 하락을 낳는다는 사실에 대부분이 동의하는 것으로 보았다. 또한 해고가 창의성 감소를 불러오고, 제품 품질 개선 등 여러 측면에서 부정적 결과를 가져오며, 근로 실적의 등의 문제에도 중대한 악화를 낳는다는 결론을 내렸다.[40] 경영 저술가인 개리 하멜Gary Hamel 이 자주 말하듯이, 사람을 해고하는 것으로는 기업이 성공하기 어렵다. 사람을 줄이는 것은 회사를 단지 '작게' 만들 뿐이며, 그것이 회사를 '더 낫게' 만들거나 고객의 요구를 더 잘 충족시키지 못하고 앞서 보았듯 생산성, 효율성, 혁신성을 전혀 높이지 못한다.

기업이 직원들을 해고하기 시작하면 직원들 중 다른 선택지가 있는 이들은 회사를 떠나버리며, 더 좋은 직장으로 옮기지 못한 이들은 탕비실에서 뒷담화나 하면서 서로 마음을 달래주게 된다. 꽤 오래 전 당시 에어프로덕츠Air Products 의 CEO였던 햅 바그너Hap Wagner 는 이렇게 말한 적이 있다. "정리 해고를 하기로 결정하는 데에는 2개월이 걸리고, 실행에 옮기는 데에는 2주가 걸리며, 거기에서 회복하는 데에는 2년이 걸립니다.”

허니웰Honeywell의 CEO인 데이비드 코트David Cote는 2008년에 시작된 불황 기간 동안 정리 해고를 피해보려고 노력하는 가운데 이런 말을 남겼다. “대부분의 경영자들은 정리 해고가 얼마나 심각한 교란을 일으키는지 잘 모릅니다. 정리 해고가 벌어질 경우 회사 조직 내의 모든 사람들은 최소한 1년 동안 기진맥진한 상태에 빠집니다. 또한 경영자들은 보통 정리 해고를 통해 아낄 수 있는 돈의 액수는 과대평가합니다.”[41]

이렇게 해고가 그저 사회적으로 받아들여지는 유행일 뿐, 기업에 도움이 되지 않는다면 왜 기업들은 이를 행하는 것일까? 아마도 그 답의 일부는 해고와 최고 경영자가 받는 보수 사이에 어떤 관계가 있는지를 조사한 한 연구에서 찾을 수 있을 것이다. 연구에 따르면, 정리 해고를 발표한 회사들은 그다음 해에 CEO들에게 더 많은 보수를 지급하며, 이런 회사의 CEO들은 인력 감축을 하지 않았던 회사의 CEO보다 더 큰 폭의 임금 상승을 경험했다고 한다.[42]

여러 증거로 볼 때, 해고는 기업의 이익에 거의 도움이 되지 않는다. 또 분명한 것은 직장 폐쇄와 해고는 사람들에게 손상을 입히며, 심리적 스트레스와 질병 심지어 죽음까지 가져온다는 사실이다.

기업들은 해고에 의존할 필요가 없다

2001년 9월 12일 수요일, 미국의 하늘에는 한 대의 비행기도 없었다. 두 대의 비행기가 세계 무역 센터를 공격하고 한 대가 펜실베이니아에서 추락한 직후였기 때문이다. 항공 운항이 언제 재개될 수 있을지 확실하지 않았고, 재개되더라도 어떤 운영 및 물류 조건에서 이루어질지, 새로운 보안 조치가 어떤 방식으로 시행될지도 전혀 알 수 없었다. 이미 미국 경제가 경기 침체의 영향을 받기 시작한 시기였기 때문에, 항공 여행에 대한 지속적인 수요가 어떨지도 분명하지 않았다. 그리하여 9.11 사태 직후 아메리칸, 델타, 유나이티드 등의 미국 항공사들은 전에도 아주 여러 번 했던 일을 또다시 벌였다. 그렇게 총 8만 명의 직원이 해고를 당했다. 모든 대형 항공사들은 9.11 사태가 터지자 거의 즉각적으로 정리 해고 계획을 발표하였다. 그런데 예외가 한 군데 있었다. 사우스웨스트 항공Southwest Airlines 이었다.

사우스웨스트 항공은 직원들에게 이메일을 보내어 이 회사가 역사상 단 한 번도 정리 해고나 휴직 조치를 취한 적이 없었음을 강조하였다. 또한 비록 앞으로도 사람들을 해고할 일은 결코 없을 것이라고 약속할 수는 없지만 그래도 직원들을 지키기 위해 책임을 다하겠다는 점만큼은 분명히 했다. 회사는 이렇게 직원과 고객 모두의 안녕을 보장하기 위해 최선을 다할 것이

  월급 받으려다 죽다

니, 직원들은 항공 운항이 재개되면 그저 다시 업무로 돌아와서 고객들에게 훌륭한 서비스를 제공하라고 말했다. 사우스웨스트 항공은 고객들이 원할 경우 묻지도 따지지도 않고 환불을 해 줄 것을 보장했고 9.11의 여파에도 아랑곳하지 않고 비행 일정을 그대로 유지했을 뿐만 아니라 예정대로 직원들에게 지급되는 이익 분배금으로 1억 7,900만 달러를 지출했다. 2001년 한 해 동안 사우스웨스트 항공은 수익을 냈을 뿐만 아니라, 4분기에는 흑자를 기록하고, 미국 내 경쟁 항공사들에 비해 높은 시장 점유율을 차지했다. 2002년을 맞이할 즈음, 회사의 시가 총액은 미국 항공업계 전체를 합친 것보다 더 커졌다.

모든 기업, 특히 경기 변동이 심한 산업에 종사하는 기업들이 반드시 해고를 시행해야 한다는 생각은 잘못되었다. 반도체 제조업에서는 정리 해고와 재고용을 반복하는 것이 일반적이지만 자일링스Xilinx 는 오랫동안 이러한 관행을 무시했다. 2001년과 2002년, 하이테크 산업에 불황이 닥쳐 인텔과 AMD가 9,000명을 해고하는 동안에도 자일링스는 2,600명의 직원 중 한 사람도 해고하지 않았다. 토요타 또한 자동차 시장의 경기가 좋지 않을 때에도 정리 해고만큼은 피하려 했으며, 일본뿐만 아니라 미국에 있는 자사 공장의 직원 고용을 유지하고자 노력해왔다.

오하이오주의 클리블랜드에 본부를 둔 아크 용접기 제조업체 링컨 일렉트릭Lincoln Electric 은 두 번의 세계 대전과 무수히 많은 경기 불황을 겪으면서도 직원들을 희생시키지 않았다. 이 회사는 직원 이익 공유 인센티브 제도로 유명한데, 이는 직원들에게 성과 연동 보상을 가져다줄 뿐만 아니라 기업 차원에서 정리 해고를 피하는 데에도 도움이 되었다. 불황으로 회사의 이윤이 줄면 직원들의 보수도 줄어들게 되므로 임금 비용이 낮아져서 정리 해고를 피할 수 있게 된 것이다. 이 회사의 전 CEO들은 인력 감축을 '멍청한 짓dumbsizing'이라고 불렀다. 이 회사에서 오랫동안 근무하다 최근에 CEO가 된 이는 이렇게 말하기도 했다. "저와 저의 전임자들이 공유하는 철학은, 우리는 경제적으로 어려운 환경에서도 성과를 낼 수 있으며, 그 과정에서 직원들을 희생시키지 않으면서도 장기적으로 주주들의 이익을 더 잘 대변할 수 있도록 고통을 분산시켜야 한다는 것입니다."[43]

SAS 인스티튜트는 세계 최대의 비상장 소프트웨어 회사로서 2016년에 32억 달러에 달하는 매출을 올린 곳이다. 이 회사는 2000년대 초에 닥친 하이테크 산업 불황기에 오히려 수백 명을 신규 채용했으며 이를 통해 재능 있는 직원들을 얻었을 뿐만 아니라 시장에서의 입지까지 굳혔다. 2007년에서 2008년 사이, 또다시 경제 불황이 닥쳤을 때 많은 직원들이 회사의 CEO인 짐 굿나이트Jim Goodnight에게 정리 해고가 시행될 것인지 물었다고 한다. 그는 메일을 보내 비용 절감에 신경을 써야 할 상황이지만 이 때문에 해고를 행하는 일은 없을 것이라고 전하

  월급 받으려다 죽다

며 직원들을 안심시켰다. 그가 내게 해준 이야기에 따르면, 비록 불황 기간에 매출이 그 전처럼 빠르게 늘지 않았지만 회사의 수익성은 나쁘지 않았음을 알 수 있었다. 직원들은 일자리 불안에서 해방되어 일에 집중할 수 있었고 더 생산적이 되었으며, 또한 자신들을 지지하는 고용주와 일하게 된 것을 감사하게 생각하여 성실과 창의성으로 보답하였다. 그 덕분에 비용 절감 효과가 나타나게 된 것이었다.

해고는 기업의 가치를 반영한다. 대형 식료품점 체인인 홀푸드 마켓은 2000년대 말 경제 위기를 겪으면서도 100명이 채 되지 않는 인원만을 해고했다. 미국 최대의 부티크 호텔 체인 중 하나인 주아 드 비브르 호스피탈리티Joie de Vivre Hospiality의 창립자인 칩 콘리Chip Conley는 2000년대 후반 불황기에 매출이 30퍼센트 이상 감소했음에도 불구하고 해고를 최소화하려고 노력했다. 콘리는 이 고통스러운 경험을 한 후, 경제가 회복되자 더는 그렇게 많은 사람을 해고하는 일을 겪고 싶지 않다는 이유로 호텔 체인 지분을 일부 매각했다고 밝혔다.

일부 선진국들은 고용주가 직원을 계속 고용하도록 장려하는 공공 정책을 도입했다. 많은 유럽 국가는 상시직 직원을 해고할 경우 고액의 퇴직금을 지급하도록 하는데, 이는 직원 해고로 인한 비용 절감 효과와 퇴직금 비용을 저울질하게 만든다. 또 해고에 앞서 사전 통보나 노조 혹은 노동자 대표와의 협의를 의무화하는 정책도 있다. 이러한 정책들은 노동 시장을 경직시켜서 높은 실업률과 낮은 고용 증가를 초래할 것으로 여겨지지만, 실제로 여러 증거를 살펴보면 이와는 상반된 결과가 나타난다는 것을 알 수 있다. 게다가 설령 노동 시장에 그런 불이익이 나타난다고 해도 이것을 노동자들의 건강과 안녕을 해침으로 인해 나타나는 경제적 불안정성과 그에 따른 비용과 대비하여 따져보는 연구는 사실상 존재하지 않는다.

비용의 외부화

과거에 비해 오늘날 '정리 해고 없음' 정책을 유지하려고 노력하는 기업의 숫자가 줄어들었음은 분명하다. 이러한 변화는 구조 조정이 이제는 일반적으로 받아들여지는 경영 수단이 되었으며, 직원들도 더 이상 한 회사에서 평생 경력을 쌓을 것이라고 기대하지 않게 된 사회적 가치의 변화를 반영한다. 오늘날 대부분의 회사는 공동체가 아니라, 임시적인 노동 시장 계약의 결합체에 불과하다. 해고 빈도의 증가는 또한 인간의 안녕보다 경제적 효율성과 수익률을 소중하게 여기는 사회적 가치를 반영하는 것이다.

하지만 노동 시장의 유연성은 직원들이 신체적·정신적으

월급 받으려다 죽다

로 일정한 대가를 치르도록 만든다. 대부분의 경우, 정리 해고를 행하는 기업들은 그로 인해 발생하는 각종 비용과 맞닥뜨리는 일이 없다. 일단 직원들을 해고하고 나면 고용주들은 이들의 의료 비용에 대해서 책임지지 않아도 될 뿐만 아니라 그 직원들의 심리적 우울감과 해로운 행동에서 비롯되는 생산성 감소로 고생하지 않아도 된다. 고용주들이 내린 결정으로 인해 여러 비용들이 발생함에도 불구하고 그들은 그 비용을 낼 필요가 없기에 그것은 아예 그들 눈에는 보이지도 않는 것이 된다. 이로 인해 해고는 실제보다 적은 비용이 드는 것으로 여겨지며 결국 마구 남용되기에 이른다.

해고를 행하는 기업들이 자기들이 내린 결정에 따르는 비용 전체와 맞닥뜨리게 되지 않는 한, 기업들은 해고 결정을 계속해서 남용할 것이며 이에 따른 비용 부담은 사회 전체와 노동자 개인들이 계속 짊어지게 될 것이다.

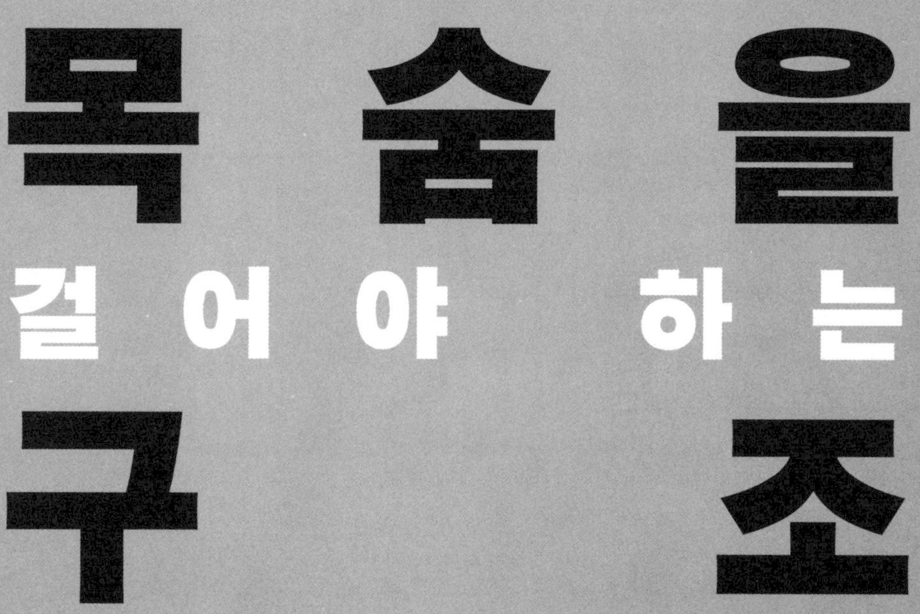

목숨을 걸어야 하는 구조

직원의 건강이야말로 기업 자산이다

댄은 뉴욕주 북부에 살고 있는 벽돌공이다. 벽돌공 일은 무척 힘들다. 허리도 많이 구부려야 하고, 무거운 것들을 들어 올리고 운반해야 한다. 45세인 댄은 등, 어깨, 다리, 팔 등에 통증이 있지만 다행히 심각한 건강 문제는 없다고 한다. 한 가지 더 기억해야 할 사실이 있다. 뉴욕주 북부의 겨울은 무척 험하다. 따라서 아주 운이 좋아 실내 벽돌 작업이 들어오지 않는 한 댄은 1년에 4개월 동안 소득을 얻을 수가 없다.

약 2년 전, 댄은 독립하여 일하기로 결정했고, 지금은 1명의 계약직 직원을 고용해 함께 일하고 있다. 독립해 일하는 것은 힘들지만 다른 사람 아래에서 일할 때보다 더 좋아진 면도 있다. 그는 일감을 받는 양과 자신이 감당해야 할 작업량의 균형을 맞추며 일의 양을 적당히 조절하는 법을 배워가고 있다. 일이 너무 많아 작업의 질이 떨어지거나 마감일을 맞추지 못하는 일은 없도록 하면서 생활하는 데에 충분한 소득을 올릴 수 있을 만큼의 일을 확보하는 법을 익히는 것이다. 임금 노동자로 일하던 시절에도 댄은 항상 어느 정도 경제적 불안정성에 시달렸다. 독립된 사업체를 운영하는 현재는 작업량과 일해서 버는 소득이 더욱 심하게 변하는 상황에 놓였지만, 그럼에도 그는 이전보다 불안함을 덜 느끼고 있다. 이제 누구 밑에서 일하는 게 아니므로 자기 일에 대해 스스로 통제권을 쥐게 되었고, 거기에서 오는 여러 긍정적 효과들을 즐기고 있는 것이다.

내가 댄에게 건강 보험이 있느냐고 물었을 때 그는 "아니요." 라고 답했다. "오바마케어도 없나요?" 하고 묻자, 그는 싱긋 웃으며 말했다. "부담 적정 보호법Affordable Care Act 말인가요? 그건 그렇게 적정하지 않아요."

오바마케어의 부담 적정 보호법으로 건강 보험 시장에 저렴한 보험 정책들이 나왔지만 그 보장 범위는 별로 넓지 않다. 댄은 자신이 벌어들이는 수입이 계절에 따라 변동이 심하고 불확실하기 때문에 매달 고정적으로 나가는 돈이 늘어나는 것을 반길 수가 없다고 했다. 소득이 너무 낮을 경우, 건강 보험 구입을 돕는 여러 보조금이 있는데 이를 알고 있느냐고 그에게 물을까 하다가 그만두었다. 자신이 그런 보조금을 받을 수 있는지 확인하고 또 그것을 신청하는 등의 일은 가뜩이나 일에 지친 댄에게

(종종 그는 12시간의 고된 육체 노동을 하고 집에 와서 저녁 먹을 힘조
차 없는 상황에 놓이기도 한다) 부담이 될 뿐이기 때문이다. 건강
보험에 관해 알아보려면 정부의 웹사이트에 접속해야 하는데
이 웹사이트는 제대로 작동하지 않고 매우 복잡하며, 그것을 통
해 정보를 얻었다 하더라도 혜택을 받으려면 이후 무수히 많은
서류를 작성하여 여러 기관에 가져다 내야만 한다.

댄은 그저 낙관적으로 생각하려 한다고 말한다. 계속 건강이
유지되어 의료 시스템에 의존할 필요가 없을 것이라고 말이다.
그러면서 또 한편으로는 자기가 아는 벽돌공 중에 60대가 되어
서도 일할 수 있는 이는 거의 없으며 당연히 미국의 노인들에게
제공되는 건강 보험인 메디케어가 적용되는 나이까지 일하는
이도 없다고 했다. 벽돌공들은 등, 어깨, 목, 다리에 여러 문제들
을 겪게 되는데 이 증상들을 치료하기 위해서는 건강 보험이 필
요하다. 댄의 계획은 사업체를 연 다음, 젊은 벽돌공을 고용하
여 힘든 일을 시키고 자기는 감독 및 사업 개발 일을 하겠다는
것이었다. 댄과 대화를 하면서 나는 혹독한 경제 상황에서도 미
국에 아직 자기 일에 최선을 다하고자 애쓰는 친절하고 진실한
이가 남아 있다는 느낌을 받고 안도했다. 나는 그에게 아플 일
도 없고 건강 보험도 필요 없게 되기를 바란다고 말해주었다.

댄은 드문 경우가 아니다. 예전이나 지금이나 미국의 건강
보험 제도는 다른 산업 선진국과 비교했을 때 근본적으로 다른

데, 그에 따라 국민들의 건강 상태도 (좋지 못한 쪽으로) 다르다. 16개의 부유한 나라들과 비교해 보았을 때 미국은 전염병으로 인한 사망률이 네 번째로 높고, 산모 및 영아 사망률은 가장 높으며, 당뇨병과 심장 질환 같은 비전염성 질병으로 인한 사망률은 두 번째로 높다. 또한 2000년에 이루어진 21개국 비교 연구에서 미국은 의사 서비스 접근성이 가장 불평등한 나라로 나타났다.[1]

건강 보험에 대해서는 꼭 알아야 할 3가지 중요한 사실이 있다. 첫째, 건강 보험이 전혀 없거나 있다 해도 충분한 지원을 받을 수 있는 건강 보험이 아닐 경우, 사람들의 건강, 사망률, 재정 상태는 악화된다. 이 장 뒷부분에서 더 자세히 보겠지만 미국에서는 건강 보험이 없고 따라서 건강 검진이나 양질의 의료 서비스를 받지 못해 죽는 사람이 매년 약 5만 명에 이른다. 건강 보험이 없는 이들은 치료비를 댈 여력이 없기 때문에 금전적인 이유 등으로 스트레스에 직면하게 된다. 2장에서 보았듯이 '건강 보험 없음'은 미국에서 매년 직장 환경으로 인해 12만 명의 초과 사망자가 발생하는 데에 가장 큰 원인으로 작용하고 있다.

둘째, 건강 보험이 없어서 문제를 겪는 것은 미등록 이민자, 실업자, 구직 활동을 하지 않는 사람, 65세(메디케어 자격이 주어지는 나이) 미만인 사람 등 전체 인구의 주변적 일부만이 아니다. 미국에서 건강 보험이 없어 의료 서비스에 접근할 수 없는

월급 받으려다 죽다

상황에 놓인 사람들은 갈수록 늘어나는데 심지어 전일제로 일하는 이들까지도 이러한 일을 겪을 만큼 문제가 심각하다.

셋째, 고용주들이 노동자에게 건강 보험을 제공하고 있는 경우를 보자. 좋은 소식은 이들에게 건강 보험이 주어진다는 것이지만, 소수의 기업을 제외하면 대부분의 기업에서 노동자의 건강 보험 보장 조건은 고용주가 일방적으로 결정한다. 즉, 한 사람의 보험료, 이용할 수 있는 의사와 병원의 범위, 약값과 치료비 중 본인이 부담해야 하는 금액, 특정 질병이나 상태 치료에 보험 적용 여부 등 모든 것이 고용주의 재량에 달려 있는 것이다. 고용주들은 이런 보험 보장의 조건을 언제든지 바꾸어버릴 수 있으며, 실제로 그런 일이 자주 벌어진다. 따라서 직원들은 자신이 받을 수 있는 혜택이 무엇인지 이해하는 데에 애를 먹게 되며, 고용주가 정한 보험 회사와 병원 치료비를 놓고서 계속 싸워야 하는 상황에 처하게 된다.

심지어 좋은 의도를 가진 고용주들조차도 자신들이 선택한 건강 보험이 어떻게 작동하는지 충분히 이해하지 못할 수 있다. 건강 보험은 회사의 인사과가 아닌 보험 회사가 운영하기 때문이다. 따라서 고용주들은 직원들이 직면한 상황을 제대로 보기 어렵다. 그 결과는 참담하다. 미국 노동자 중 깜짝 놀랄 정도로 많은 사람들이 병원비 때문에 진료를 늦추거나 받지 않으며 필요한 약품도 구하지 못하고 있다. 심지어 건강 보험이 있는 사람들조차도 이런 상황에 처해 있다. 2015년 갤럽 조사에 따르면 미국인 중 이전 1년 동안 병원비 때문에 병원 치료를 미루어야 했던 사람은 거의 3명 중 1명인데, 이러한 비율은 오바마케어 즉 부담 적정 보험법이 통과된 뒤에도 변하지 않았다. 게다가 비용 때문에 진료를 미룬 이들이 안고 있었던 건강 문제는 가벼운 것이 아닌 꽤 심각한 것으로 추측되는 경우도 많다고 한다.[2] 혹은 운이 좋아 진료를 받았다고 해도 병원비를 돌려받기 위해 보험 회사와 다투느라 시간과 에너지를 쏟으면서 스트레스를 받는 경우가 많으며, 이 때문에 노동자들은 자신들의 주 업무를 소홀히 하게 되기도 한다.

잘못된 선택

대부분의 기업은 직원들에게 도움이 되는 건강 보험 혜택을 제공하는 것과 비용을 절감하고 낮게 유지하여 수익을 늘리는 것 사이에 필연적인 상충 관계가 있다고 생각하는 것 같다. 하지만 직원의 안녕과 기업의 실적을 놓고 저울질하는 것은 잘못된 일이다. 충분한 건강 보험을 제공하여 직원들이 건강을 유지할 수 있도록 하는 것은 기업의 경제적 실적과 전혀 모순되는 바가 없다. 특히 보험 회사와 싸우느라고 사람들이 낭비하는 시

월급 받으려다 죽다

간, 치솟는 이직률, 의욕 저하와 불만 등을 고려해보면 더욱 그러하다.

아웃도어 의류 제조업체인 파타고니아의 인사 부서 책임자였던 딘 카터Dean Carter에 따르면, 파타고니아는 임시직 노동자가 아니라면 전일제이든 시간제이든 모든 직원에게 고용 첫날부터 건강 보험을 제공한다고 한다. 게다가 보험에 가입하는 대상이 직원 본인뿐일 경우에는 보험료를 한 푼도 내지 않아도 된다. 파타고니아가 속한 산업은 경쟁이 심한 분야이지만 그래도 이 회사는 직원들에게 건강 보험을 제공하는 것이 회사가 추구하는 가치와 일맥상통할 뿐만 아니라 사업에도 이롭다는 믿음을 가지고 있다. 카터의 말이다.

우리는 모든 사람에게 건강 보험이 있어야 한다고 믿습니다. 처음에는 사람들이 건강 보험에 가입하지 않는 쪽을 택할까 봐 우려했습니다. 그러면 회사 곳곳에 모금함이 나타나겠죠. '빌이 입원했으니 그를 도와줄 돈을 모읍시다' 하면서 말이죠. 우리는 이런 식이어서는 안 된다고 생각합니다. 그냥 직원들 모두가 다 건강 보험의 혜택을 받게 해야 합니다. 우리는 연간 본인 부담 상한액을 매우 낮게 유지하고 있으며 본인 부담금도 낮게 유지하고자 합니다.

이러한 시스템이 있다면 직원들이 회사를 떠나지 않으려 할 뿐만 아니라 그들의 스트레스를 줄여줄 수 있고, 또 직원들이 병원 진료를 받을 수 있을지 비용은 얼마나 될지를 걱정하는 대신 업무에 집중하도록 할 수 있다.

보험 행정의 악몽

컬렉티브 헬스Collective Health 는 기업들에게 건강 보험 솔루션을 제공하는 회사로, 각 기업의 직원들이 혜택을 볼 수 있도록 건강 보험을 설계한다. 이 회사는 알리 디아브Ali Diab 의 경험에서 시작되었다. 2013년 디아브는 심한 복부 통증을 겪었고, 응급실로 향했다. 검사를 받은 후 그는 뱃속에서 소장이 스스로 꼬여 혈액을 공급받지 못하고 있는 상태라는 것을 알게 되었고 응급 수술을 받았다.

수술 후 심한 통증에 시달리며 오랜 회복 기간을 견뎌낸 다음, 그는 보험 회사와 한판 싸움을 벌여야 했다. 보험 회사에서는 그가 받은 치료 중 일부가 실험적인 것이라 보험 처리를 해줄 수 없으며 그가 받은 치료와 사용한 약품 중에 불필요한 것들도 있었다고 주장했다. 또 디아브의 청구 내역 중 필요한 사전 승인을 얻지 못한 것은 인정할 수 없다고 했다. 긴 이야기가 있지만 결론만 말하면, 결국 디아브는 보험 회사로부터 수십만 달러를 받을 수 있었다. 디아브는 구글의 고위 임원이었다. 그리고 구글의 공동 창업자인 래리 페이지Larry Page와도 잘 아는 사이였다. 페이지가 보험 회사에 전화를 걸었고 그 덕에 상황이 정리된 것이었다. 알리 디아브는 당시의 심정을 이렇게 회상했다. 그때는 건강 문제만으로도 충분히 힘든 상황이었는데, 거기에다가 보험 회사와 전쟁까지 벌이려니 너무나 힘이 들었다고. 자신이 그 전쟁에서 이길 수 있었던 것은 순전히 훌륭한 인맥과 고위 임원이라는 지위 덕분이었다고.

알리 디아브는 수많은 노동자들이 보험 행정을 둘러싸고 직면하게 되는 끔찍한 고통을 덜어주기 위하여 컬렉티브 헬스를 창업하기로 결정했다. 컬렉티브 헬스는 보험을 청구하는 노동자들에게 대변인을 붙여주고 노동자들이 보험 청구서를 놓고 싸우느라 허비하는 시간을 줄여줄 것을 약속했다. 이렇게 되면 직원들은 건강 보험이 짐이 아니라 혜택이 된다는 것을 경험하게 되므로 애사심이 커지고 고용주와 관계도 깊어지게 될 것이라 생각했기 때문이다. 또한 컬렉티브 헬스는 사내의 인사 및 복지 부서의 부담을 크게 덜어주는 역할을 함으로써 고용주에게 이익을 가져다줄 수 있다고 말했다.

이를 통해 알 수 있는 것은 건강 보험이 고용주와 직원 모두에게 스트레스 요인이라는 사실이다. 고용주들은 건강 보험 때문에 큰 액수의 돈을 지불하지만 직원들은 복잡한 보험 행정 때문에 고통을 받을 수밖에 없으며 이 문제로 다시 고용주는 부담을 떠안게 된다. 결국 고용주와 노동자 양쪽 모두가 이익을 보지 못하게 되는 셈이다.

미국처럼 건강 보험 (결국 병원 진료에 관한) 접근 환경에 대해 고용주가 거의 절대적인 재량권을 갖는 경우는 그 어떤 선진국에서도 찾아볼 수 없다. 다른 선진국에서는 연령, 고용 상태와 무관하게 모든 시민에게 건강 보험이 제공된다. 고용주 중심의 건강 보험 시스템은 직원들에게 약과 독이 섞인 선물일 뿐만 아니라 고용주들에게도 큰 짐이다. 고용주들이 너무 큰 비용이 들지 않고 직원들이 감당할 수 있으면서도 합리적인 혜택을 받을 수 있는 보험을 구매하려면 엄청난 노력을 들여야만 한다. 그래서 고용주들은 건강 보험 설계를 놓고서 부닥치게 되는 무수한 결정들을 짐으로 여기지 않을 수 없다. 여러 보험 회사들 및 여타 판매자들의 상품을 모두 살펴보아야 할 뿐만 아니라 결정을 내리도록 도와주는 보험 컨설턴트까지 고용해야만 한다. 돈이 한없이 들어간다.

더욱 중요한 문제가 있다. 건강 보험과 관련한 고용주의 결정이 자칫하면 본의 아니게 직원들을 분노하게 만들 수 있다. 이 때문에 화가 난 직원들이 인사 부서에 몰려가거나 직장을 떠나거나 노동 조합을 조직하는 등 다양한 문제 상황이 발생할 수 있는 것이다. 따라서 현재 고용주 중심의 건강 보험 시스템은 결코 고용주들에게 이익이 되는 것이라 할 수 없다. 이러한 상황 때문에 컬렉티브 헬스와 같은 회사들이 생겨난 것이다.

더 적은 것이 더 나은 것은 아니다

몇 년 전 내가 당시 휴잇Hewitt 이라고 불리던 (지금은 합병을 거쳐 에이온-휴잇Aon-Hewitt 이 되었다) 회사의 인적 자본 리더십 위원회에서 할 발표를 준비할 때였다. 나는 기업의 여러 결정 사항이 임직원들의 건강에 어떻게 영향을 주는지에 관한 발표를 준비하고 있었다. 이 위원회는 휴잇의 최고 고객사들—휴렛팩커드, 아메리칸 익스프레스, 메리어트, 카길, 구글 등—의 인사 부서 책임자들로 구성되어 있었다. 내 발표에는 건강 보험이 없을 경우 직원들의 건강에 어떤 영향이 오는지에 대한 논의가 들어 있었는데, 휴잇사 내부의 내 '파트너'는 나에게 이 부분을 발표에서 빼라고 했다. "여기 오는 회사들은 모두 대기업이에요. 다 건강 보험이 있어요. 그러니까 이건 그들과 관련이 없는 문제예요." 그의 말이었다. 그러나 전혀 그렇지 않았다. 그 이유는 곧 설명하겠다.

이 책을 준비하는 동안 개요를 살펴봐준 한 친구가 내게 이렇게 물었다. "건강 보험에 대해서 한 장을 할애하는 이유가 뭐지? 부담 적정 보험법이 통과되었으니 이제 이건 문제가 안 되잖아?"

그러나 현행의 부담 적정 보험법을 아예 철폐하고자 하는 시도가 계속된다는 사실은 잠시 제쳐둔다고 해도, 문제는 벽돌공 댄의 사례에서도 분명하게 드러나듯 오바마케어조차 보편적인 건강 보험을 제공하는 데에는 거의 실패하였다는 점이다.

잠시 애틀랜틱시티의 카지노 노동자들이 당면한 딜레마에 관해서 생각해보자. 애틀랜틱시티에서는 지난 7년 동안 카지노 산업의 일자리 약 절반이 없어졌다. 일자리가 없어지면서 건강 보험도 사라져버렸다. 남아 있는 카지노들은 재정난에 시달리고 있거나 이미 사모펀드로 소유권이 넘어가버리면서 소속 직원들의 건강 보험을 축소하거나 아예 없애버렸다. 나는 내 동료이자 보건 정책 전문가인 아놀드 밀스타인Arnold Milstein과 함께 애틀랜틱시티의 호텔 노동자를 대상으로 건강 보험에 관한 설문 조사를 진행했다. 이에 응답자의 72퍼센트는 매달 내는 건강 보험 납부금 때문에 생활비 압박을 느낀다고 답했다. 또한 지금 자신들이 안고 있는 건강 문제를 해결할 능력이 안 된다고 답한 이들도 72퍼센트였다. 63퍼센트는 건강 보험이 없어서 자신들의 건강이 악화되고 있다고 믿었고, 75퍼센트는 신규 보험 옵션을 선택할 여력이 되지 않는다고 답했으며 응답자 절반 이상은 우울증 증상이 있다고 답했다.

오바마케어 이후 건강 보험과 의료 서비스에 대한 접근성 문제가 사라졌다고 생각한다면 이는 완전한 오산이다. 이 문제는 오히려 점점 악화되어가고 있다.

건강 보험 비용은 개인뿐만 아니라 기업에게도 경제적으로 상당한 부담을 지운다. 예를 들어 제너럴 모터스도 강철 구입에 지출한 돈보다 건강 보험에 지출한 돈이 더 많은 적이 있었다. 고용주들은 보통 직원과 직원 배우자의 건강 보험 비용으로 연간 직원 1명당 약 1만 2,000달러 정도를 지출한다. 1,000명의 직원을 고용하는 기업이라면 그 비용이 연간 1,200만 달러에 달하게 되므로 경영진으로서는 이 문제에 주의를 기울이지 않을 수 없다. 또한 고용주들이 직원들에게 건강 보험을 제공하기로 결정할 경우 그렇게 하지 않는 경쟁 기업들에 비해 더 큰 비용 부담을 안을 수밖에 없다.

이렇게 건강 보험 문제를 기업들에게 맡겨둘 경우 보험 내용에서 '최저 수준 경쟁'을 하게 되므로, 많은 나라는 건강 보험에 관련한 사항들을 고용주들이 결정하지 않도록 한다. 다른 대부분의 선진국에서 의료 서비스에 접근할 권리는 기본적인 인권에 해당되는 것이므로 고용주들의 비용 계산에 좌우되어서는 안 된다는 믿음이 사회 전반에 공유된다. 반면 미국에서는 건강 보험에 관한 결정이 경영진의 재량에 달려 있는데, 2000년대

두 번의 불황을 겪으면서 기업들은 비용 절감을 위한 여러 조치를 취했고, 이 때문에 직원들의 건강 보험 상황이 더 나빠지게 되었다. 이로 인해 이미 건강 보험이 없는 이들이 많던 미국에서 보험 없는 사람들의 숫자가 더욱 늘어났다.

카이저 가족 재단Kaiser Family Foundation 이 발표한 바 있듯이, 부담 적정 보험법이 시행되기 직전인 2010년 당시 미국에서 건강 보험이 없는 비노인 인구는 4,900만 명 이상이었다. 보험이 없는 사람의 숫자가 늘어난 것은 2000년부터 2010년 사이에 고용주 제공 건강 보험 가입률이 69.3퍼센트에서 58.8퍼센트로 하락했기 때문이다.[3] 2011년에는 고용주들 가운데 어떤 직원에게도 건강 보험을 제공하지 않는 곳의 비율이 약 40퍼센트가 되었다. 게다가 건강 보험을 제공하는 나머지 60퍼센트의 기업에서도 평균적으로 직원들 5명 중 1명 이상은 보험을 제공받지 못했다. 시간제로 일하거나, 총 노동 시간이 부족하거나, 그 회사에서 근무한 기간이 너무 짧거나 하는 등의 이유로 자격 요건을 충족하지 못했기 때문이었다.[4] 더욱이 저임금 노동자들의 경우에는 건강 보험을 제공받는다고 해도 자기가 내야 하는 보험료를 감당할 수 없는 경우가 많았는데, 특히 가족 전체를 대상으로 할 때 더욱 그러했다.[5]

노동자들이 건강 보험을 얻기가 갈수록 힘들어지는 가운데, 보험이 있는 노동자들이 부담하는 보험료 또한 점점 높아졌다.

2001년에서 2011년까지 불과 10년 사이에 직원들의 개인 보험 납입금 평균은 연간 355달러에서 921달러로 증가하였으며, 가족 전체가 가입된 경우 평균 보험 납입금은 연간 1,787달러에서 4,129달러로 증가했다. 그 후 2015년에 개인 보험 납입금은 1,071달러로, 가족 보험 납입금은 4,955달러로 더욱 늘어났다.[6] 이렇듯 노동자가 부담하는 개인 및 가족 보험 비용이 빠르게 증가한 이유는, 고용주들이 보험 보장 범위를 줄이고 자격 요건을 강화했을 뿐만 아니라, 비용 부담을 직원들에게 이전했기 때문이다.

미국 연방 정부의 데이터를 보면 놀라운 사실들이 드러난다. 이에 따르면, 2014년 부담 적정 보험법이 시행된 이후 비용 부담으로 인해 진료와 처방 중 하나를 포기했다고 응답한 사람들의 비율은 1997년에 비해 오히려 늘어났다. 물론 비용 때문에 진료나 처방을 포기했다고 한 이들 중에는 당연히 보험이 없는 사람들이 많았지만, 심지어 보험이 있는 사람 중에서도 비용 때문에 진료를 포기하거나 지연했다고 보고한 경우가 거의 6퍼센트에 달했다.[7] 고용주 중심의 미국식 건강 보험 시스템을 분석한 한 논문은 건강 보험이 충분치 못한 이들이 다수가 되어가는 현 추세는 아주 심각한 문제이며, 개인이 보험료를 과잉 부담해야 하는 상황이 늘어나는 것은 보험이 없는 것보다 건강에 더 악영향을 초래할 수 있다고 밝혔다.[8]

이러한 상황에서 미국의 노동자들은 직장이 있다고 해도 고용주가 제공하는 보험을 얻을 수 있을 것이라는 확신을 가질 수 없다. 위 논문에 따르면 사실 보험이 없는 이들 중 약 3,800만 명은 (전체의 77퍼센트) 가족 구성원 중 최소한 1명 이상이 노동자이며, 보험이 없는 이들 중 61퍼센트는 가족 구성원 중 1명 이상이 전일제로 일하는 상황임을 알 수 있다. 조사에 따르면 보험이 없는 이들은 소수자 집단에 속하고, 고졸 학력이며, 저소득 혹은 중간 소득 가정 출신이고, 젊은 사람일 가능성이 크다. 한편 보험 없는 사람들의 80퍼센트 이상은 미국에서 태어났거나 귀화한 시민권자다. 이는 곧 건강 보험이 없는 문제가 미등록 이주 노동자들과 관련된 것이 아님을 뜻한다.

이러한 사실들은 사람들의 건강 문제에 인종과 소득에 따른 근본적인 불평등이 존재한다는 것을 부분적으로 설명한다. 예를 들어 한 분석에 따르면 미국 인구에서 유색인들이 차지하는 비율은 34퍼센트이지만 건강 보험이 없는 사람 중에서 유색인들이 차지하는 비율은 52퍼센트에 달한다.[9]

앞에서 말했듯이, 고용주들이 직원들의 건강 보험에 관한 결정권을 가지는 현 상황은 이른바 집단 행동 문제의 전형적인 예에 해당한다. 만약 모든 기업이 보험을 제공한다면, 보험 제공 자체가 비용적으로 불리한 요인이 되지 않는다. 게다가 보험이 없는 이들을 치료하는 비용이 건강 보험을 제공하지 않는 기업에서 제공하는 기업 쪽으로 전가되는 일도 없을 것이다. 이런 식의 비용 전가는 병원들이 보험 없는 사람들을 치료하면서 발생한 미수금을 만회하기 위해 보험이 있는 이들에게 더 높은 요금을 물리기 때문에 발생한다. 이런 구조 때문에 개별 고용주 입장에서는 직원에게 보험을 제공하지 않음으로써 비용을 줄이고, 직원 건강 관리 부담을 타사나 공공에 넘기는 것을 이득이라고 생각할 수밖에 없다.

보험을 전혀 제공하지 않거나 부당하게 비싸게 만들어서 보험을 이용할 수 있는 직원의 숫자를 줄이는 기업의 수는 계속 증가한다. 이에 따라 직원들이 감당할 수 있을 정도의 건강 보험을 제공하는 다른 기업들은 갈수록 비용 경쟁에서 불리한 위치에 처하게 된다. 이러한 상황에서 보험을 제공하는 고용주는 이중 부담을 겪게 되는데, 직접적으로 보험료를 지불할 뿐만 아니라, 간접적으로 공공 의료 프로그램에 들어가는 세금을 납부함으로써 보험이 없는 사람들의 의료 비용까지 부담하게 되기 때문이다. 즉, 직원에게 보험을 제공하는 기업일수록 직접·간접 부담이 늘어나 경쟁력이 약화되며, 전체 의료 비용의 불균형한 분담이 지속되는 것이다.

이 때문에 보험 전문가들은 조만간 전환점이 올 것이라고 예측한다. 이들은 향후 보험을 제공하는 것이 더 이상 기업의 표준 행동이 아니게 되고, 경쟁력 측면에서도 심한 부담으로 받아들여지기 시작하면, 점점 더 많은 고용주들이 건강 보험 제공을 포기하게 될 것이라고 말한다. 이러한 변화는 부담 적정 보험법이 시행되는 상황임에도 불구하고 일어날 수밖에 없는 것으로 예측되는데, 보험을 제공하지 않는 대기업에 부과되는 벌금이 실제 보험 제공 비용보다 훨씬 낮기 때문이다.

정상적이라고 여겨지던 규범이 바뀌면 사람들의 행태도 달라지게 되어 있다. 물론 그러한 변곡점이 정확히 언제 나타날지는 아무도 모른다. 하지만 징조는 좋지 않다. 언젠가 나는 규모도 크고 경제적으로도 성공한 회사들의 인사 담당 고위직 임원들이 앞으로 직원들에게 건강 보험을 제공하는 사업을 그만둘 가능성에 대해 논의하는 것을 실제로 목격한 적이 있다. 이는 국가 정책의 방향과 무관하게, 이제는 고용주 중심의 건강 보험 제공이 기업의 기본적이며 당연한 의무로 여겨지지 않을 수 있음을 시사한다. 예전에는 논외였던 이 주제가 이제 진지하게 논의되고 있다는 점이 변화의 조짐을 보여준다.

2016년 기준으로, 부담 적정 보험법으로 인해 보험 미가입자 4,100만 명 중 약 1,300만 명이 건강 보험에 새로 가입했다고 한다. 하지만 아동 및 빈민들에게도 보험을 제공하도록 기존의 메디케이드 프로그램을 확대할 것인지는 주 정부에서 결정하는 사안이며, 아직 확대 시행하지 않은 주 정부들이 많다. 최근 데이터에 따르면 무보험자의 대다수는 단순한 빈곤층이 아니라,

벽돌공 댄처럼 실제 직업을 가진 노동자들이다. 이는 건강 보험의 유무가 개인의 안녕, 건강 관리, 불가피한 의료비 부담과 직접적으로 연결되는 중요한 문제라는 사실을 보여준다.

건강 보험과 건강

건강 보험에 대한 고용주의 결정이 중요한 이유는 단순하다. 건강 보험의 존재 여부가 개인의 건강과 사망률에 큰 영향을 미치기 때문이다. 미국 국립의학원에서 발표한 한 연구[10]는 25세에서 74세 사이 개인들의 1971년부터 1987년까지의 자료와 25세에서 64세 사이 개인들의 1982년부터 1986년까지의 인구 조사 자료를 분석했고, 그 결과 노동자에게 보험이 없을 경우, 사망률은 25퍼센트 증가한다고 추산했다. 이러한 결과는 사망률에 영향을 줄 수 있는 다른 요인들을 통계학적으로 통제한 뒤에도 여전히 유효했다. 또한 이 증가한 사망률 추정치와 당시 무보험자의 수를 바탕으로, 미국에서 매년 약 1만 8,000명의 초과 사망자가 발생했음을 밝혔다. 이후 무보험자의 수가 증가함에 따라, 도시 연구소Urban Institute는 국립의학원 방법론을 사용해 추가 추정을 진행했다. 그 결과, 2000년부터 2006년 사이 무보험으로 인해 발생한 초과 사망자는 약 13만 7,000명이며, 2006

년 한 해에만 2만 2,000명의 초과 사망이 있었다고 보고했다.[11]

국립의학원의 연구는 무보험 상태로 인한 사망률 증가가 모든 연령 집단에서 동일하게 발생할 것이라고 가정하여 진행되었다. 하지만 이러한 가정엔 분명 문제가 있다. 나이가 들면 어떤 원인으로든 병들 위험이 높아지기 때문이다. 예를 들어 모두가 알다시피 암이나 심장 질환에 걸릴 가능성은 연령과 관계되어 있다. 국립의학원의 분석에는 또 다른 문제가 있다. 건강 보험이 없다는 것은 그 자체로 건강 상태에 영향을 미친다. 오바마케어가 도입되기 이전에는, 사람들이 아플 때 건강 보험을 잃는 경우가 흔했고, 기존 질환에 대한 보험 가입 제외 조항이 일상적으로 적용되었다. 이 점을 고려한 한 연구는 사람들의 건강 상태가 건강 보험 가입 가능성에 미치는 영향을 고려했을 때 건강 보험이 있는 경우와 없는 경우의 사망률 차이가 42퍼센트에 달하며, 이는 국립의학원 연구에서 추정된 사망 위험 증가율의 거의 2배에 해당한다고 밝혔다.[12]

이 문제를 과학적으로 다룬 문헌들을 개괄한 최근의 리뷰 논문은 국립의학원이 최초에 내놓았던 결론을 전반적으로 지지하며 건강 보험이 있으면 사망률이 줄어들고, 건강 보험이 없으면 수명이 줄어든다고 말했다. 이 논문은 그동안 보고된 증거들을 개괄하면서 미국에서의 기대 수명이 다른 선진 산업국들보다 낮은 이유로 '양질의 의료 서비스에 대한 접근이 좋지 못함'

  월급 받으려다 죽다

을 꼽았으며 이로 인해 미국에서는 의학적으로 예방 가능한 원인으로 인한 사망률이 다른 나라보다 높게 나타난다고 했다.[13]

건강 보험 부재로 인한 사망자 숫자가 이보다 훨씬 많다는 것을 보여주는 다른 연구도 있다. 1988년부터 2000년까지 17세에서 64세 사이의 약 9,000명을 대상으로 한 종단 패널 연구에 따르면, 나이, 성별, 체질량 지수, 흡연, 규칙적인 음주, 여가 운동, 그리고 의사가 평가한 건강 상태를 통계적으로 통제한 후에도 보험이 없는 사람들은 보험을 가진 사람들보다 사망할 가능성이 40퍼센트 더 높았다. 이 분석은 건강 보험이 없어서 생겨나는 연간 초과 사망자 숫자가 거의 4만 5,000명에 달하는 것으로 추산하였다. 비교하자면 건강 보험이 없어서 죽는 사람들이 신장 질환으로 죽는 이들보다 많은 것이다.[14]

초과 사망자에 관한 연구뿐만 아니라 특정 질병의 사망률을 분석한 연구들 또한 건강 보험이 없는 사람들의 사망률이 보험이 있는 사람들보다 일관되게 높다는 사실을 보여준다. 낭포성 섬유증을 갖고 태어나 대학 병원에 최소 한 번 이상 입원한 적이 있는 189명의 환자를 대상으로 한 한 연구에 따르면, 건강 보험이 없는 환자들의 평균 생존 기간은 6.1년이었던 반면 개인 건강 보험을 가진 환자들의 평균 생존 기간은 20.5년으로 나타났다. 이는 3배 이상의 차이이다.[15]

또한 건강 보험이 건강에 영향을 미치는 인과적 경로와 과정을 일부 밝혀낸 연구[16]도 있다. 이 연구에 따르면 건강 보험 유무는 예방적 건강 검진(예를 들어 콜레스테롤 검사, 자궁경부암 검사 등) 이용 빈도와 연결된다. 이러한 예방적 건강 검진은 질병 발생률과 사망률을 낮추는 데 효과가 있는데, 보험이 없는 성인은 보험이 있는 성인보다 예방적 검진을 덜 받는 경향이 뚜렷하게 나타난다. 또한 많은 사람들이 이직 또는 실직 후 구직 등으로 인해 보험 가입과 미가입 상태를 반복적으로 경험하는데, 보험 미가입 기간이 간헐적으로라도 존재하면 예방 검진 이용률이 크게 감소하며, 보험을 새로 가입한 이후에도 보험이 없는 기간의 영향이 한동안 지속된다고 한다.

수천 명을 대상으로, 보험 가입 여부에 따라 사고를 당하거나 만성 질환이 발생한 이후 어떤 일이 생기는지 비교한 연구도 있다. 연구에 따르면 건강 상태가 악화된 후, 건강 보험이 없는 사람들은 의료 서비스를 받을 가능성이 더 낮았고, 병원 방문 횟수와 실제로 처방 약을 구입한 횟수가 더 적었다. 게다가 보험이 없는 사람은 후속 진료를 전혀 받지 않은 비율이 보험 가입자에 비해 약 2배 가까이 높았다. 따라서 당연하게도, 건강상의 충격을 받은 후 7개월이 지난 시점에 보험이 없는 사람들은 보험 가입자보다 나쁜 건강 상태를 호소할 가능성이 50퍼센트 더 높았다.[17]

건강 보험 유무는 또한 어떤 질병에 걸린 후 받을 수 있는 치료의 질에도 영향을 미치는 것으로 보인다. 건강 보험이 있는 경우에는 금전적 압박이 적기 때문에 더 나은 의사와 병원에 접근할 수 있고, 후속 치료를 포함한 더 포괄적인 진료를 제공받을 수 있기 때문이다. 한 연구는 메디케어 보험 자격을 얻게 되는 나이인 65세가 되는 시점에 있는 사람들을 대상으로 건강 보험이 치료와 건강 결과에 미치는 영향을 조사했다. 이 연구는 심한 천식, 심장 마비, 뇌졸중으로 인한 급작스런 응급실 내원 등으로 항목을 분류하여 65세 생일 직전에 입원한 환자와 직후에 입원한 환자들 간의 차이를 살펴보았다. 그 결과 메디케어 보험을 받을 수 있는 65세 이상의 사람들은 그렇지 않은 사람들보다 더 많은 의료 서비스를 받았고, 심각한 질병을 앓고 있는 경우에 사망률이 20퍼센트 감소했으며, 이러한 사망률의 차이가 입원 후 9개월 이상 지속되었음을 알 수 있었다.[18] 또한 메디케이드 적용 범위를 확대한 주와 그렇지 않은 주를 비교한 연구에 따르면 메디케이드 확대를 통한 의료 서비스 접근성 향상이 전체 사망률을 약 6퍼센트 감소시켰는데, 이러한 결과의 주 원인은 비용 때문에 치료를 받지 못해서 사망하는 일이 줄었기 때문이라고 밝혔다.[19] 이러한 연구들은 건강 보험을 가진 사람이 그렇지 않은 사람보다 더 나은 치료를 더 많이 받을 뿐 아니라 더 시기적절한 치료를 받게 된다는 사실을 보여준다.

금전적 문제들

건강 보험의 유무와 파산 및 여타 재정적 어려움 사이에 관계가 있음을 보여주는 연구도 무수히 많다. 한 보고서는 '보험이 없는 성인의 거의 40퍼센트가 의료비를 체납한 상태'라고 했으며 또 다른 연구는 '건강 보험이 없는 사람들은 의료비로 인한 재정적 부담을 경험할 가능성이 더 높다'고 보고하기도 했다. 보험이 없는 이들에 관해 카이저 가족 재단 보고서는 다음과 같이 말한다. "보험이 없는 사람은 스스로가 가족들의 의료비를 낼 능력이 없을 수 있다는 사실을 인지하고 살아가며, 이는 불안을 야기하고 잠재적으로 치료를 늦추거나 포기하게 만들 수 있다."[20] 재정적 스트레스는 다른 형태의 스트레스와 마찬가지로 신체적·정신적 건강뿐만 아니라 사망률에도 부정적인 영향을 미친다. 흡연, 알코올 및 약물 남용 등 건강에 해로운 행동을 유발하여 이로 인해 건강을 더욱 악화시키고 조기 사망 위험을 증가시키기 때문이다.

보험이 있는 사람도 마찬가지이지만 특히 보험이 없는 사람은 의료비로 인해 파산을 비롯한 여러 금전적 문제를 겪을 가능성이 더 높을 수밖에 없다. 개인 파산을 신청한 1,771명을 대상으로 한 한 연구는 그들 중 절반이 재정적 어려움의 원인으로 의료 비용을 언급했다고 밝혔다. 또한 연구는 파산 신청 2년 전 보험 공백이 있었던 사람은 의료적 원인에 의해 파산했을 가능성이 높다는 결론을 도출했다.[21] 또 다른 연구는 최근 질병 진단을 받은 55~65세의 사람들 중 보험 가입자와 무보험자를 비교해 주택 가치를 제외한 가계 자산 변화 폭을 분석했고, 최근 질병 진단을 받은 무보험 가구의 자산 감소폭이 보험 가입자 가구에 비해 30~50퍼센트 더 크다는 사실을 밝혔다.[22] 이런 결과를 통해 우리는 의료비로 인해 경제적 피해가 발생하는 사례가 흔하며, 특히 무보험자는 보험이 있는 사람보다 훨씬 큰 피해를 입는다는 사실을 알 수 있다.

건강 보험과 노동 시장

이렇게 고용주의 의사에 따라 건강 보험 제공 여부가 달라지면 무수히 많은 문제가 생겨난다. 오바마 대통령의 의료 개혁법이 통과되기 이전에 그랬듯 보험 회사들이 보험 가입 이전에 있었던 기존 질병에 대해 보험금 지급을 거부할 경우에는 문제가 더욱 심각해진다. 이 문제는 직원들의 안녕뿐만 아니라 기업의 실적에도 악영향을 미친다.

첫 번째 문제는 노동자들의 이동성 제한으로 나타나는데, 이를 흔히 '일자리 묶임job-lock'이라고 부른다. 고용주가 노동자를 자유롭게 선택할 수 있고, 노동자가 단순히 금전적 조건뿐만 아니라 자신에게 가장 적합한 환경을 제공하는 직장으로 자유롭게 이동할 수 있을 때에 비로소 노동 시장은 최상으로 작동하게 된다. 많은 학자와 정책 전문가들이 인정하듯, 일자리 묶임 현상으로 인해 직원-고용주 간 직무 매칭이 제한된다면 그 결과로 노동 시장 효율성과 생산성이 낮아질 수 있다. 고용주에 따라 건강 보험 보장 범위나 접근성의 차이가 생기면 이로 인해 일자리 묶임 현상이 발생하고 생산성 및 소득 하락으로 이어질 수 있는 것이다.

건강 보험이 고용주에 묶여 있고, 이미 질병이 있는 사람이 새로운 보험에 가입하기 어렵게 되어 있는 상황은 노동 이동성을 제한하여 최적의 인력 배치를 방해한다. 이런 상황에서 직원들은 업무에 더 이상 관심이 없거나 심지어 자신의 일을 처리할 능력이 떨어지는 경우에도 직장을 떠나지 못하게 된다. 새 일자리를 바로 구하지 못하거나 충분한 보험 혜택을 제공하는 고용주를 찾지 못할 수 있다는 두려움 때문이다.

건강 보험에 대한 걱정 때문에 나타나는 일자리 묶임 현상이 어느 정도인지는 일반적으로 얻을 수 있는 직업 이동성에 대한 패널 데이터로 추산하기 어렵다. 그럼에도 불구하고, 이동성에 영향을 미칠 수 있는 다른 요인을 통제하기 위해 정교한 방법론을 적용한 여러 실증 연구들은, 전반적으로 일관된 결과를 제시

월급 받으려다 죽다

하며 상당한 수준의 이동성 감소가 나타난다는 사실을 보여준다. 1980년대 데이터를 사용한 한 연구는 건강 보험 우려 때문에 나타난 이동성 감소가 약 25~31퍼센트에 달한다고 추정하였으며, 이 영향은 남성보다 여성에게서 더 크게 나타난다고 했다.[23] 한편 맞벌이 남성에 초점을 맞춘 또 다른 연구는 이동성 감소가 36~51퍼센트에 달한다고 추정했다.[24] 또 다른 분석은 만성 질환이 있는 노동자가 유사한 조건의 다른 노동자에 비해 약 40퍼센트 정도 낮은 직업 이동성을 보인다고 밝혔다.[25] 또한 노동자가 회사를 떠난 뒤에도 건강 보험의 혜택을 유지할 수 있도록 하는 '보험 적용 연장continuation of coverage' 같은 공공 정책이 시행된다면 건강 보험으로 인한 일자리 묶임의 규모가 줄어들 것이라는 연구 결과도 있다.[26] 노동 이동성 감소가 25~50퍼센트나 된다는 것은 매우 유의미한 수치이며, 이론적 문제에 불과한 것으로 보이는 직원과 고용주 사이의 미스 매칭 문제가 현실적으로 생산성과 효율성에 중대한 영향을 끼칠 수 있다는 것을 시사한다.

미국의 현행 건강 보험 체계로 인해 생겨나는 두 번째 문제는 바로 역선택 현상이다. 대부분의 집단 건강 보험은 기존 질환에 대한 제외 조항이 없으며, 근무 시간이나 고용 기간 등의 자격 요건만 충족하면 모든 직원이 가입할 수 있게 되어 있다. 그러나 모든 고용주가 건강 보험을 제공하는 것은 아니다. 게다가 민간 시장에서 제공되는 건강 보험 상품은 신규 질병만을 보장하고 기존 질병은 보장 대상에서 제외하는 경향이 강하다. 따라서 질환이 있는 노동자의 경우, 건강 보험을 제공하는 회사를 선호하게 된다. 그 결과 건강 보험을 제공하는 회사로 병력이 있고 의료비 지출이 많은 노동자들이 더 많이 몰리게 된다. 이러한 역선택 현상 때문에, 건강 보험을 제공하는 고용주들은 비용 불이익을 만회하기 위해 점점 보험 보장 범위를 축소하거나 제한하려는 경향을 보이게 된다. 또한 노동자가 직무의 적성이나 관심사보다는 제공되는 건강 보험의 수준을 기준으로 직장을 선택하게 되면, 당연하게도 인력 배치의 효율성과 생산성 역시 저하되는 결과를 얻을 수밖에 없다.

이렇게 일자리 묶임과 역선택 현상으로 인해 노동 시장이 왜곡되며, 이 때문에 기업이 건강 보험에 지출하는 비용은 점점 더 커지게 된다. 이러한 사실은 민간 건강 보험의 보장 범위가 시간이 지남에 따라 감소한 원인을 설명해준다. 그럼 민간 건강 보험이 완전히 사라진다면 의료 비용의 문제가 해결될까? 그렇지 않다. 대신에 의료비가 그저 다른 곳에 (주로 공공 기관이나 무상 진료를 제공하는 의료 기관에) 전가될 뿐이다. 더욱이 보험 문제로 환자들이 치료를 늦추게 되면 결국 나중에 병이 악화된 상태에서 치료를 받게 되므로, 전체적인 의료비가 오히려 증가하게 된다.

직장 내에서 제공하는 의료 서비스

좋은 기업은 건강 보험을 제공하여 직원들을 돌본다. 건강한 직원은 더 높은 생산성을 발휘한다. 건강 보험 제공은 기업이 우수 인재를 유치하고 유지하는 데 도움을 준다. 회사는 직원에게 건강 보험과 기타 복리 후생을 제공함으로써 자신들이 구성원들을 아끼고 배려한다는 신호를 보낸다. 특히 경쟁 기업들이 직원 혜택을 삭감하는 와중에 건강 보험을 꾸준히 제공한다면 직원들은 그 보답으로 회사에 더 큰 충성심과 기여도를 보이게 된다.

하지만 직원 건강에 관심을 갖는 고용주들이 부닥치는 몇 가지 딜레마가 있다. 첫째, 건강 보험을 제공하여 옳은 일을 하는 기업들은 경쟁에서 어려운 처지에 몰리게 된다. 아픈 노동자들이 건강 보험을 제공하는 직장으로 몰려오는 역선택 현상을 겪거나, 직원 건강 비용을 외부화시켜서 (즉 떠넘겨서) 비용을 낮추는 다른 기업들과 경쟁해야 하므로 경제적 어려움에 봉착하게 되는 것이다. 둘째, 고용주들은 복잡한 행정 구조를 가진 미국의 건강 관리 시스템과 마주하게 된다. 여기에는 건강 보험 상품의 마케팅, 보험금 청구 심사 및 지급, 청구 거절에 대한 항소 절차, 검사 및 시술에 대한 사전 승인 등의 절차가 포함되는데, 이러한 행정적 과정들은 실질적인 의료 서비스 제공과는 크게 관련이 없는 일이다. 노스캐롤라이나의 대형 소프트웨어 회사인 SAS 인스티튜트에서 건강 보험을 관리하고 직장 내 의료 서비스를 담당하는 보건 담당 최고 책임자 게일 애드콕Gail Adcock은 이러한 구조가 행정 비용을 가중시킬 뿐 아니라 직원들의 불신을 초래한다고 지적했다. 하버드 대학의 연구자들은 행정 간접비가 미국 의료비 지출의 거의 3분의 1에 달한다고 추산했으며, 이러한 행정 부담이 미국이 엄청난 의료비를 지출하고도 상대적으로 낮은 성과를 보이는 주요 원인 중 하나라고 지적했다.[27]

이러한 문제들에 대응하기 위해 고용주들이 점점 더 많이 채택하고 있는 방안 중 하나가 바로 직장 내에서 의료 서비스를 제공하는 것이다. 이는 보험 회사가 야기하는 과도한 행정 비용 부담을 줄여줄 뿐 아니라, 고용주가 직원들의 건강 문제에 보다 밀접하게 접근하여 질병이 심화되기 전에 미리 개입할 수 있게 함으로써 비용을 절감하고 동시에 건강한 인력을 유지할 수 있게 돕는다. 잘 알려진 바와 같이, 중증 질환을 가진 소수의 직원에 의한 지출은 전체 의료비 지출에서 불균형적으로 큰 비중을 차지하는데, 이러한 고비용/고이용 집단으로의 전환 위험은 예측 가능한 것이다. 즉 조기 개입과 예방을 통해 전체 의료비 지출을 절감할 수 있는 가능성이 존재하는 것이다.

수십 년 전에는 회사 내에 혹은 근처에 의사를 상주시키는 회사들이 있었다. 특히 외진 곳에 위치한 기업들이나 부상이나 질병의 위험이 높은 업무를 하는 기업들이 그러했다. 하지만 시간이 지나면서 기업들은 핵심적인 활동에만 집중하는 방향을 선택했다. 고용 관계 또한 거래적 성격을 띠게 되면서 회사가 노동자들을 돌보아야 한다는 인식이 줄어들었고, 이에 직원의 건강을 위한 제도는 점점 사라졌다.

하지만 고용주가 직장 내에서 의료 서비스를 제공한다면 많은 이익을 얻을 수 있다. 첫째, 직장에 의사가 상주하면 직원들이 병원에 오가는 이동 시간을 절약하게 된다. 캔자스주 오버랜드 파크에 위치한 스프린트Sprint의 경우, 직원들이 병원에 가기 위해 반나절을 소비하는 대신 회사 내에 있는 진료소에서 의사를 만나고, 약 30분 만에 다시 자신의 자리로 돌아올 수 있다.

둘째, 비용을 절감할 수 있다. 직원 및 직원의 가족들이 직장 내 진료소를 이용하게 만들면 직장 밖 병원을 이용함으로써 발생하는 간접비를 보험에서 부담할 필요가 없을 뿐만 아니라 보험 중개 기관에 지불하는 비용을 절감할 수 있다. 또한 직장 내 진료소의 의료진은 일반적으로 진료 건당 수가제가 아닌 고정급 형태로 보수를 받기 때문에, 이 역시 비용을 낮추는 요인이 된다.

셋째, 결근이 감소하고 직원의 건강 및 생산성이 향상된다. 직장 내 진료소는 접근성이 높을 뿐만 아니라, 이용 시 고정 본인 부담금도 적기 때문에 (아예 없는 경우도 많다) 직원들은 외부 의료 기관이 아닌 직장 내 진료소를 적극적으로 이용하게 된다. 의료진은 직원들과 빈번하게 접촉하며 건강 문제에 일찍 개입 하고 건강한 행동을 장려할 수 있다. 이에 따라 건강 악화를 미 연에 방지하고, 직원들이 건강 관리를 습관화할 수 있도록 장려 할 수 있다. 이밖에 고용주 대상 설문 조사에서 언급된 또 다른 이점이 있으니, 직원들이 직장 내 진료소를 이용하면 치료를 할 때 근거 기반의 지침을 더 많이 활용할 수 있고 또 건강 기록을 전산화하여 환자의 치료에 필요한 정보에 더 용이하게 접근할 수 있다는 것이다. 여러 연구들은 직장 내 진료소에 1달러를 투 자했을 때 약 2달러의 비용 절감 효과가 있다고 보며, 1달러당 3~6달러의 절감 효과가 있다고 보는 연구도 있다.[28]

이러한 장점들로 인해 직장 내 진료소의 모델을 채택하는 회사들이 광범위하게 늘어나고 있다. 전국 기업 건강 협의회 National Business Group on Health에 따르면, 1,000명 이상의 직원을 고 용주들을 대상으로 한 설문 조사에서 2007년 기준 23퍼센트가 사업장 내 의료 서비스를 제공한다고 보고했으며, 이 수치는 증 가할 것으로 예상된다고 한다.[29] 또한 직장 내 의료소 모델 채택 은 소규모의 기업들에게도 확산되는 추세이다. 예를 들어 미네 소타주 화이트 베어 레이크에 있는 윌슨 툴 인터내셔널Wilson Tool International과 플리머스에 있는 터크Turck는 각각 직원 숫자가 약

400명인 소규모 기업임에도 불구하고 모두 내부에 의료 시설을 갖추고 있다. 이렇듯 여러 회사들이 직장 내 의료 시설을 운영 중이며, 이러한 서비스의 인기는 날로 증가할 것으로 보인다.

물론 직장 내 진료소는 주로 비교적 경미한 질병이나 예방 접종 같은 일상적인 진료에 적합한 것이 사실이다. 하지만 그러한 일상적인 진료라고 해도 진료를 받으려면 엄청난 시간을 써야만 하는 것도 사실이다. 이렇듯 비용을 절감하면서도 직원들의 건강과 복지에 대해 기업이 신경 쓰고 있다는 것을 드러내어 보여줄 수 있다는 점에서 직장 내 진료소 모델은 매우 큰 장점을 가진 것이라고 볼 수 있다.

모두 다 손해를 본다

데이터는 명확하다. 건강 보험이 없는 상태는 사망률, 건강 악화, 파산을 포함한 재정적 부담, 불안과 스트레스 증가로 이어진다. 미국에는 여전히 건강 보험이 없는 인구가 대규모로 존재하며, 보험이 있다고 해도 비용 문제로 인해 치료를 포기해야 하는 사람들의 비율이 놀라울 정도로 높다. 건강 보험이 없는 사람들은 대체로 미국 시민권자이거나 영주권 보유자들인데 대부분은 노동자이며, 그중 다수가 정규직이다. 한편 고용주가 건강 보험을 제공한다고 해도, 비용의 많은 부분을 직원들에게 전가하는 바람에 직원들이 부담해야 하는 보험료와 본인 부담금이 의료비 증가율보다도 빠른 속도로 상승하였으며 이 때문에 의료 접근성에 악영향이 나타났다. 그리고 건강 보험을 가진 노동자들과 그들의 고용주들은 의료비 상환을 받는 과정에서 행정적 어려움에 부닥칠 때가 많으며, 이 때문에 직원들의 업무 집중도가 떨어지는 한편 스트레스 수준이 증가하고 있다.

건강 보험 문제는 일자리 묶임 현상을 불러일으켜서 노동 이동성을 제약하며 생산성에 부정적 영향을 미친다. 또한 건강 보험은 관리에만 막대한 비용이 들어가는데, 고용주는 이 비용의 대부분을 복리 후생 컨설턴트와 건강 보험을 관리하는 인사 부처 직원을 고용하는 데에 들여야 하며 건강 보험을 제공하는 보험 회사에게 간접비 또한 지불해야만 한다. 이러한 간접비와 각종 행정 비용으로 인한 부담 때문에 일부 대기업들은 직장 내 의료 서비스를 제공하기도 한다.

현재의 제도에서 이득을 보는 것은 건강 보험 회사, 보험 중개업자, 그리고 복리 후생 컨설팅 회사들뿐인 것 같다. 더욱이 의료비 문제는 점점 더 정치적인 쟁점이 되어 정부 차원에서 빈번하게 논쟁이 일어나는 사안이다. 이 문제는 기업 내부에서도 정치화되고 있는데, 비용 절감에 집착하는 최고 재무 책임자들이 직원 복지를 중시하는 인사 담당자들과 종종 대립하곤 한다.

하지만 정부든 기업이든, 건강 보험 및 그 비용과 직원 건강 등을 논의할 때에 간과하는 것이 있으니, 이러한 문제로 인해 사람들이 어떠한 대가를 치러야 하는가이다. 어떤 이가 내게 말했던 대로, 때로는 목숨이 왔다 갔다 하는 심각한 질병과 싸워야 하는 이들이 보험 회사, 보험 상품, 복리 후생 부서하고 씨름해야 하며, 그렇게 본인의 생사가 걸린 문제들이 외부의 결정에 휘둘릴 수밖에 없다는 것은 그야말로 비인간적이라고 할 수밖에 없다.

금전적인 문제만을 우선으로 하여 논의와 결정이 이루어지면 인간의 지속 가능성에 대한 고려는 거의 사라지게 된다. 게다가 직원들로 하여금 건강 보험 혜택을 받기 위해 무수한 서식 더미를 헤치고 보험이 되는 병원은 어디인지, 사전 승인이 필요한 치료인지, 항상 바뀌는 보험 조항과 비용은 어떻게 되는지 등을 미로처럼 헤매며 금전적 스트레스에 시달리게 만드는 것이 기업에게 도대체 무슨 이익이 되는지는 전혀 분명하지 않다.

효율은 어디에서 오는가

장시간 노동이 성과의 걸림돌이 되는 까닭

겐지 하마다는 불과 42세의 나이로 도쿄 사무실에 있는 자신의 책상 앞에서 심장 바비로 사망했다. 그의 부인에 따르면, 하마다는 통근에만 매일 4시간이 걸렸고, 매주 75시간씩 일했다고 한다. 게다가 그는 죽기 직전에 40시간을 연속으로 일했다. 하마다의 부인은 남편이 밤이고 낮이고 일을 하느라 완전히 스트레스에 압도된 상태였다고 말했다.

2016년 말 광고 대기업인 덴츠Dentsu에서 일하던 24세의 한 직원은 건물에서 스스로 뛰어내려 죽음을 맞았다. 뛰어내리기 전, 그녀는 동료들에게 자기가 겪은 직장 내 괴롭힘과 장시간 노동에 관해 토로했다고 한다. 그녀는 주말 근무는 물론, 초과 근무로 월 100시간 이상을 회사에서 보내야 했다.

일본에서는 과로로 인한 죽음이 흔해서 그것을 지칭하는 '과로사過勞死'라는 단어가 있을 정도다. 과로사의 첫 사례는 1969년에 일어났다. 일본 최대 신문사의 발송 부서에서 일하던 29세의 기혼 남성 노동자가 뇌졸중으로 사망한 사건이었다. 이 일이 있은 후, 과로사는 일본에서 많은 우려와 함께 격렬한 논쟁의 대상이 되었고, 결국 노동부는 이를 산업 재해의 하나로 공식 인정하게 된다. 한 연구에 따르면 2012년, 일본 정부는 과로, 질병, 죽음의 연관성을 입증한 812개 가정에 산재 보상금을 지급하였다. 여기에는 93건의 자살도 포함되었다.[1] 또 한 기사에 따르면 2015년 일본에서 산재 보상금을 청구한 건수는 2,310건인데, 실제 산재 발생 건수는 무려 1만 건에 달할 것으로 파악되며, 이는 매년 교통사고로 사망하는 사람의 숫자와 비슷한 정도라고 한다.[2]

일본의 한 연구에 따르면, 오늘날 대부분의 일본 노동자와 그의 가족들은 과로사의 위험을 인식하고 있으며 이 문제가 공론장에서 수없이 논의되고 있음에도 불구하고 문제는 사라지지 않고 있다. 2016년 10월에 이루어진 한 조사에 따르면, 일부 직원들의 월 초과 근무 시간이 80시간을 넘는다고 응답한 기업이 거의 4분의 1에 달하였다.[3] 일본 노동부가 1987년부터 과로사에 대한 통계를 발표하고 있지만, 개별 사건의 원인이 과로라는 것을 명백하게 입증하는 것은 어려운 일이므로, 노동부의 발표 결과는 완전히 믿을 만한 것으로 여겨지지는 않는다.

 월급 받으려다 죽다

장시간 노동과 그것이 건강에 미치는 악영향은 일본 외에도 많은 나라에서 문제가 되고 있다. 중국의 은행 감독관인 48세의 리젠화는 26년 동안 고된 일에 시달렸고, 어느 날 보고서를 마무리하려고 서두르다가 결국 심장 마비로 사망했다. 광고 회사 오길비Ogilvy의 베이징 지사에서 일했던 가브리엘 리는 2013년 5월 병가를 얻었다가 회사로 복귀한 바로 그날 사망했다. 이밖에도 중국에서 과로 때문에 벌어진 사망으로 여겨지는 사례는 얼마든지 있다.

중국에 있는 공장들, 특히 애플, HP, 시스코 같은 세계적으로 유명한 기업들의 전자 제품 조립 공장들은 저임금, 심한 스트레스, 비인간적인 근무 조건뿐만 아니라 노동 시간 또한 대단히 길고 예측 불가능한 것으로 악명이 높다. 애플 같은 소비자 중심 기업들은 제품 설계가 완료된 후 매우 짧은 시간 안에 신제품을 출시하는데, 이는 이들의 하청 업체들이 어떤 일이든 마다하지 않는 덕분에 가능한 것이다. 하청 업체들은 심지어 한밤중에 노동자들을 깨워 생산량을 늘릴 정도로 강도 높은 노동을 요구한다. 이러한 유연성과 과도한 노동이야말로, 기업들이 비용을 낮추고 빠른 공급망을 유지할 수 있도록 하는 주요 요인으로 꼽힌다.

과로는 중국에서도 엄청난 문제로 대두되고 있다. 〈중국청년보〉에 따르면 매년 중국에서 과로로 사망하는 이들은 약 60

만 명에 이른다. 차이나 라디오 인터내셔널은 과로로 인한 사망자 수가 매일 1,600명에 달한다고 발표하기도 했다. 베이징에서 일하는 노동자들을 대상으로 한 조사에서는 응답자의 60퍼센트가 하루에 법정 한도인 2시간을 초과하여 추가 근무를 하고 있다고 답했다. 이는 많은 노동자가 법적으로 허용된 범위를 넘겨 지속적으로 초과 노동을 하고 있음을 증명하며, 중국 내 공장 노동의 과도한 근무 실태를 보여주는 결과로 해석된다.[4]

사람들은 흔히 장시간 노동을 개발 도상국에서만 발생하는 문제로 생각한다. 선진국에서는 노동 시간 규제를 두는 경우가 많기 때문이다. 이런 규제에는 청소년들이 일할 수 있는 시간을 제한하는 것, 일정 시간 이상 일하는 직원에게 초과 근무 수당을 지급하도록 의무화하는 것, 그리고 연간 근로 시간을 제한하기 위해 유급 휴가나 휴일을 보장하는 것 등이 포함된다.

하지만 실제로는 그런 규제로도 보호받지 못하는 일자리가 많다. 추방당할까 봐 두려워하는 이민자나 실직을 걱정하는 저임금 노동자 등 취약한 상황에 놓인 사람들은 자기 권리를 제대로 내세우지 못하기 때문이다. 또한 관리자, 감독직, 전문직과 같은 일부 직종은 초과 근무 수당 지급 대상에서 종종 제외된다. 이를테면 프랑스에서는 법정 노동 시간이 주 35시간임에도 불구하고, 프랑스에 본사를 둔 항공기 제조업체 에어버스Airbus의 중간 관리자들은 보통 주당 60시간 정도 일하며 오후 8시까

   월급 받으려다 죽다

지 근무하는 경우가 많다고 한다. 에어버스가 성장하고 성공할수록 관리자들의 근무 시간은 늘어났다. 그러나 미국과 달리, 에어버스의 관리자들은 주말에 거의 일하지 않으며, 5주간의 휴가를 실제로 사용한다.

한편 과도한 근무 시간의 문제가 특히 두드러지는 일부 산업과 직종이 있다. 예를 들어 투자 은행업은 나라를 불문하고 장시간 노동과 그에 따른 건강 악화로 악명이 높다.

런던에 있는 뱅크 오브 아메리카의 메릴린치에서 인턴으로 일하던 21세의 모리츠 에르하르트는 3일 연속 새벽 6시까지 일한 후 죽음을 맞았다. 그는 2주 동안 철야 근무를 여덟 번이나 했던 것으로 보인다. 그의 죽음을 다룬 보고서에 따르면, 에르하르트는 이른바 '마법의 회전목마magic roundabout'에 휘말린 수많은 인턴 중 하나였던 듯하다. 마법의 회전목마란 택시가 인턴을 집에 데려다주고, 그가 씻고 옷을 갈아입는 동안 밖에서 기다렸다가 다시 사무실로 데려다주어 또다시 긴 하루를 시작하게 하는 과정을 말한다. 한 인턴은 이렇게 말했다. "회사는 사람들에게 말도 안 되는 노동 시간을 강요해요. 결국 그는 그걸 견뎌내지 못했던 거예요."[5]

법무 업계도 장시간 근무가 특징이다. 변호사가 실제로 일한 시간만큼 요금을 청구하는 관행이 있어 변호사들이 일하는 시간이 길어질수록 로펌이 더 많은 돈을 벌 수 있기 때문이다. 전

남편이 약물 사용에 의한 합병증으로 사망한 일을 회상하며, 아일린 짐머만은 이렇게 말했다. "남편은 미국의 대형 로펌인 윌슨 손시니 굿리치 앤 로사티Wilson Sonsini Goodrich & Rosati의 지식 재산권 부서에서 파트너십 변호사로 일하게 될 때까지 20년 동안 매주 60시간 이상을 일했습니다."[6]

하이테크 분야 또한 사람들이 카페인 덩어리 음료인 레드 불을 물처럼 마시면서 일하는 곳으로, 밤샘 작업과 과로가 만연하기로 유명한 업계이다. 팔로 알토 의료 재단Palo Alto Medical Foundation은 실리콘 밸리에서 이동식 진료 차량을 운영하고 있다. 이 차량은 지역의 주요 대기업 20여 곳을 정기적으로 방문한다. 그렇다면 왜 이동식 진료 차량이 필요한 걸까? 팔로 알토 의료 재단의 기업 건강 서비스 책임자는 이렇게 설명했다. "사람들이 너무 바빠서 의사를 만나러 병원에 가는 일도 상상조차 할 수 없기 때문입니다."

이 차량을 찾는 사람들 중 40퍼센트는 고소득자이면서 회사의 건강 보험 혜택을 받고 있음에도 주치의가 없다. 직원들은 자신을 돌보지도 못할 정도로 너무나 바쁘다. 어떤 직원들은 너무 바빠서 진찰을 받는 동안에도 스마트폰을 손에서 놓지 못할 정도이다. 그 결과 30세밖에 안 된 엔지니어들이 50세의 몸을 갖게 된다. 배가 나오고, 척추가 휘고, 피부가 칙칙해지며, 관절 통증과 활력 저하, 그리고 당뇨와 심장병 위험까지 겪는 상황이

벌어진다.[7]

이렇게 과도한 노동 시간과 그로 인한 건강 악화의 문제는 대부분의 국가에서 그리고 다양한 직종과 산업에서 최소 어느 정도씩은 나타난다. 특히 미국인들의 노동 시간은 길 뿐만 아니라 불규칙한 것으로 널리 알려져 있다. 미국의 연평균 노동 시간은 수십 년 동안 꾸준히 증가했으며, 이제는 일본과 서유럽 국가 대부분을 넘어섰다. 근무 일지를 바탕으로 한 한 연구에 따르면 미국에서 주말에도 일을 한다고 응답한 노동자가 거의 30퍼센트에 달했으니, 이는 프랑스, 독일, 네덜란드, 영국의 결과를 능가하며 스페인과 비교하면 2배 이상 높은 것이다. 이 연구는 또한 오후 10시와 오전 6시 사이의 야간 근무에 관해서도 조사했는데, 이를 통해 미국 노동 인구의 4분의 1 이상이 야간 근무를 한다는 사실을 알 수 있다. 이는 비교 대상이 된 다른 나라에 비해 상당히 높은 비율이다.[8]

경력을 쌓아 성공하고자 하는 직원들에게 장시간 노동은 하나의 규범이 되어버렸다. 한 경영 코치가 내게 말하길, 그녀의 고객들 대부분은 하루에 10시간에서 12시간 정도 일한다고 한다. 예를 들면 오전 8시부터 오후 6시까지 일하고, 저녁 식사를 하며 잠시 쉬었다가 다시 밤 8시부터 자정이나 그 이후까지 일하는 식이다. 그리고 대체로 주말에도 최소한 하루는 근무한다고 한다. 이는 이제 너무나 흔한 패턴이 되어서, 그 코치는 사람

들이 이런 근무 방식 때문에 건강이나 인간관계에 어려움을 겪
는다고 하소연해도 더 이상 안쓰럽게 느껴지지 않는다고 했다.
이는 경력을 쌓기 위해서, 그리고 높은 수준의 직위와 소득을
얻기 위해서 당연히 치러야 할 대가로 여겨진다는 것이다.

　게다가 온갖 모바일 기기가 보편화되면서 실제 근무 시간과
상관없이 일하는 시간과 일하지 않는 시간의 경계가 모호해졌
다. 모바일 기기 때문에 직원들은 몸이 직장을 떠난 상황에서도
항상 대기 상태에 있으며 잠재적인 근무 상태로 남는다. 사람들
은 장례식에 참석해서도, 또 자기 아이가 태어나는 순간에도 이
메일을 확인한다. 아일린 짐머만은 변호사였던 전 남편의 장례
식 장면을 묘사하면서 이러한 현실을 아프게 꼬집었다.

> 남편의 장례식에 참석한 변호사들 중 상당수가 휴대폰을 들
> 여다보며 이메일을 읽고 답장을 쓰고 있었어요. 친구이자
> 동료의 시신을 앞에 둔 상황에서조차 그들은 잠시도 일을
> 멈출 수가 없었던 거예요.[9]

　노동자들이 귀가한 후에도, 심지어 휴가를 떠난 상황에서도
일과 관련된 전화와 이메일에 응답해야 하는 경우가 너무 많다.
강도 높고 까다로운 기업 문화로 잘 알려진 차량 호출 회사 우
버에서 일하는 한 직원은 〈버즈피드〉와의 인터뷰에서 이렇게

　　　　　　　　　　　　　　　　　월급 받으려다 죽다

말했다.

> 주말에도 문자 메시지를 받았어요. 밤 11시에 이메일이 오기도 했죠. 30분 안에 응답하지 않으면 한 20명쯤 되는 사람들에게 메시지가 연쇄적으로 전달됐어요. 한 엔지니어는 서너 달 동안 수리 작업 때문에 주말에도 연락을 받았고 새벽 3~4시에 일어나기도 했대요. 하루 10시간 넘게 일하며 몇 달 동안이나 그런 일을 겪은 거예요.[10]

이런 현상은 하이테크 업계나 투자 은행, 법조계에만 국한되지 않는다. 언제나 '항상 접속되어 있고, 항상 대응 가능한' 상태를 요구하는 문화는 점점 더 널리 퍼지고 있다. 파타고니아의 인사 담당 책임자 딘 카터는 자신이 예전에 백화점 체인 시어스 Sears 에서의 일하던 시절의 경험을 들려주었다.

> 시어스에서 근무하던 때의 일입니다. 저는 크리스마스이브 저녁 7시에 이메일을 받았어요. 그리고 다음 날 아침, 크리스마스 당일 오전 8시에 답장을 보냈죠. 그런데 그 이메일을 받은 임원 중 1명이 이렇게 답했습니다. "딘, 왜 이렇게 답변이 늦었는지 이해가 안 됩니다. 우리는 지금 변화의 한가운데에 있어요. 그러니 당신은 훨씬 더 신속하게 대응해

야 합니다."

노동자들의 여가 시간이 업무에 침범당하고 있다는 사실을 인식한 프랑스는 2016년에 일명 '연결되지 않을 권리right to disconnect'를 법으로 채택했다. 비록 근무 시간 외의 업무 이메일을 전면 금지하지는 않지만, 이 법은 직원이 50명 이상인 기업의 경우 휴일이나 퇴근 후 시간을 일이 침범하지 않도록 노사가 협의를 통해 규약을 정해야 한다고 명시했다.

어떤 이들은 프랑스의 규제가 과도하다고 비웃을지도 모른다. 하지만 일하는 성인 365명을 대상으로 한 연구에 따르면 근무 시간 외에 받는 이메일이 직원들에게 악영향을 끼쳐 번아웃에 빠지게 하거나 직장-가정 균형을 무너뜨리는 등의 부정적인 결과를 낳는다는 사실은 명확하다. 또한 이 연구는 언제나 이메일에 응답 가능한 상태로 있어야 한다는 것이 업무 스트레스를 낳는 한 요인이라고 지적했다.[11]

장시간 노동, 과도한 업무, 혹은 불규칙한 근무 시간 등 해로운 근무 방식은 여러 가지로 나타나며, 그 모든 경우가 건강에 악영향을 미친다. 그중 첫 번째는 아주 오래 일하면서 수면을 충분히 취하지 못해 면역 체계가 약화되는 경우다. 갤럽이 미국 성인 7,000여 명을 대상으로 실시한 연구에 따르면, 수면 시간이 늘어날수록 스스로 느끼는 행복 지수가 높아지는 것으로 나타났다. 하지만 조사 대상자의 약 40퍼센트는 건강 유지를 위해 권장되는 최소 수면 시간인 '하루 7시간'보다 적게 자는 것으로 밝혀졌다.[12]

두 번째는 유급 휴가와 연차—물론 이런 것 자체가 없는 직장도 많다—를 쓰지 않고서 과도하게 일하는 경우다. 한 조사에 따르면 미국 노동자의 절반 이상이 할당된 유급 휴가를 전부 사용하지 못하며 이렇게 해서 쓰지 않은 휴가 일수는 평균 7일에 달한다고 한다.[13] 한편 미국인의 약 4분의 1에게는 유급 휴가가 전혀 없다.

세 번째는 노동자가 몸이 아파도 휴가를 내지 않고 계속 일하는 경우다. 이는 자신이 쉬면 일자리를 잃거나 수입이 줄어들 수 있다는 두려움, 혹은 회사의 이익에 충분히 관심이 없는 사람으로 보일 수 있다는 걱정에서 비롯된다. BBC의 2014년 설문조사에 따르면 미국 노동자의 25퍼센트 이상이 '아플 때에도 항상 출근한다'고 답했다. 또한 '자신이 아파서 혹은 아픈 가족을 돌보느라고 휴가를 냈다가 해고 위협을 받거나 해고를 당했다'고 말한 이들은 미국 성인의 거의 4분의 1에 달했다.[14]

네 번째는 교대 근무, 즉 야간 근무처럼 정상적인 신체 리듬에 맞지 않는 시간에 일하는 경우이다. 제지 공장에서 근무한 노동자들을 대상으로 15년 동안 진행된 한 종단 연구는, 10년 이상 교대 근무를 한 사람들은 심장병 발병률이 2배 이상 증가

했다고 밝혔다.[15]

회사에게는 선택지가 있다

장시간 근무를 하거나 병가·휴가를 사용하지 않는 현상이 세계화나 기술 발전으로 변화한 현제 경제 상황에서 불가피한 일이라고 여겨서는 안 된다. 이는 같은 나라의 같은 산업이라고 해도 기업마다 근무 시간 정책에 엄청난 차이를 보인다는 점을 보면 알 수 있다. 근무 시간은 경영진의 결정에서 비롯되는 결과물일 뿐이다. 일부 기업에는 장시간 근무 문화가 존재하며, 업무상 꼭 필요하지 않더라도 장시간 근무가 이루어지는 경우가 많다.

구글은 몇 년 전 아일랜드의 더블린 지사에서 '더블린의 불빛을 끈다Dublin Goes Dark'라는 이름의 실험을 진행했다. 이 실험에서 직원들은 퇴근할 때 신호음을 내는 모든 모바일 기기를 안내 데스크에 맡기고 나가게 되었다. 즉 휴대폰, 태블릿 PC, 노트북 등 모든 기기를 회사에 두고 집으로 돌아간 것이다. 이에 대해 직원들은 전자 기기를 회사에 두고 나오니 회사의 스트레스도 함께 떨구어 놓은 느낌이었다고 말하며 이 덕분에 행복하고 스트레스 없는 저녁 시간을 보냈다고 고백했다.

한편 파타고니아는 표준적인 근무 시간을 준수하며 사내 보육 시설을 제공한다. 이곳의 인사 책임자는 이렇게 말했다. "보육 시설이 오후 5시 30분에 문을 닫으면 주차장도 텅 빕니다. 모두 퇴근하는 거죠. 6시 이후에 주차장에 차가 있는 일은 아주 드뭅니다." 파타고니아는 하루 9시간 근무제를 도입하여, 격주 금요일마다 하루를 쉬게 했다. 즉, 직원들은 1년에 26번이나 3일짜리 주말을 갖게 된 것이다. 이 3일짜리 주말 동안 직원들은 전화나 이메일을 전혀 받지 않는다.

부동산 웹사이트를 운영하는 질로우 그룹Zillow Group 은 직원들이 장시간 근무를 줄이고 건강하게 일·삶 균형을 유지하도록 장려하는 또 다른 사례이다. 한 직원은 이렇게 말했다. "회사에 들어오기 전에는 잘 몰랐어요. 하지만 집에 노트북을 가져가지 않는 사람이 많고, 아이를 어린이집에 데려다주고 오전 9시 45분쯤 출근해도 괜찮다는 걸 알게 되었을 때 우리 회사가 진심으로 일과 삶의 균형을 중요하게 여긴다는 것을 깨달았어요."

가정 방문 진료 서비스를 제공하는 스타트업 랜드마크 헬스Landmark Health 는 5가지 이상의 질병을 앓는 환자들을 돌보는 의료 서비스를 운영하는 회사다. 이 회사는 신입 직원 교육 과정에서 이메일 배려 교육을 실시한다. 환자 진료와 관련된 긴급 사안이 아닌 이상, 밤이나 주말, 공휴일에는 이메일을 보내지 않도록 교육받는 것이다. 이처럼 수많은 기업들이 근무 시간을 체계적으로 관리하고, 직원이 항상 대기 상태로 있지 않도록 업무 시간을 제한하며, 유연한 근무 제도를 제공하는 등 진보적인 방식을 도입하고 있다.

근무 시간을 세심하게 조정하고 노동자가 퇴근 후 일에서 벗어날 수 있도록 하는 것은 회사의 결정과 기업 문화에 달린 문제이다. 이는 고용주가 어느 정도 통제할 수 있는 정책 변수이며, 잠재적으로는 사회적 규범과 노동 시장의 변화를 통해서 바꿀 수 있는 문제이기도 하다.

장시간 노동의 몇 가지 원인

오늘날 사람들이 인생의 여러 부분 중 일을 가장 중요한 것으로 여기게 된 것은 의도했든 의도하지 않았든 고용주와 노동자들이 함께 공모하여 빚어낸 결과물이다. 그 결과 장시간 노동을 장려하며 또 칭찬하는 문화가 생겨나고 말았다. 직원이건 관리자건 할 것 없이 모두가 장시간 노동이야말로 회사에 헌신과 충성심을 보여주는 것이라고 여긴다. 게다가 직원들 중에도 종종 자신의 일을 무엇보다 중요하게 여기는 이들이 있다. 열심히 일하고 자신을 일에 갈아 넣는 사람들은 인지적 일관성 때문에, 즉 자신이 열심히 사는 것에 의미를 부여하고 정당화하기 위해 그렇게 생각하는 경향이 있다. 물론 일이 중요하고 인생의 본질적인 것이라면 마땅히 그것을 최우선시해야 한다. 몇몇 연구를 통해 드러났듯, 비영리 기관에서 일하는 사람들은 다른 직종에서 일하는 사람들보다 더 긴 시간 일하는데, 그러한 이유도 인지적 일관성에 있을 것이다. 이들은 자신들이 보다 고귀한 가치를 위해 일한다고 여기기 때문이다.[16] 하지만 비영리 기관의 직원들도 장시간 노동을 하다 보면 다른 노동자들과 마찬가지로 번아웃 등의 증상들을 겪게 된다.

노동자들은 장시간 노동을 자신의 강인함과 체력을 보여주는 신호로 여긴다. 한 회계사가 나에게 이렇게 말한 적이 있다. "이런 모습은 특히 실리콘 밸리에서 자주 볼 수 있어요. 사람들은 '내가 너보다 더 오래 버틸 수 있어. 너보다 더 열심히 일할 수 있어.'라고 말하곤 해요." 그리하여 승진 경쟁에서 노동 시간은 일종의 경쟁 수단으로 변질된다. 그 회계사는 자신이 한 의료 기관에서 일했던 경험을 이렇게 회상했다.

내가 거기서 근무를 시작했을 때, 나는 출근해서 종종 "어젯밤에 4시간밖에 못 잤어요."라고 말하곤 했어요. 그러면 재무 담당 부사장인 내 상사는 "나는 3시간밖에 못 잤어."라고 말했어요. 누구도 "하루 쉬어야겠네."라고 말하지 않았죠. 당연히 나도 내 부하 직원들을 그렇게 대하게 되었어요. "이게 뭐야? 이거 하나 못 끝내? 밤을 새우더라도 끝내야지!"
하는 식으로 말이에요.

회사들이 중간 관리자 자리를 줄인 결과, 직원들은 줄어든 승진 기회를 놓고 더욱 심하게 경쟁하게 되었다. 치열한 노동 시장 상황 때문에 직원들은 얼굴을 비추는 시간 즉, 사무실에 오래 머무는 것을 중요하게 여기게 되었다. 심지어 고소득 전문 직 종사자들—어쩌면 특히 그들일수록—의 노동 시간도 계속 늘어나고 있다. 실비아 앤 휴렛Sylvia Ann Hewlett에서 2004년에 행한 설문 조사에 따르면 고소득 응답자의 62퍼센트는 주당 50시 간 이상 일했으며 80시간 이상을 일한 이들도 10퍼센트에 달했 다. 그리고 거의 절반이 불과 5년 전보다 주당 15시간 이상 더 일하고 있다고 답했다. 이들은 대부분 휴가를 포기하며 58퍼센 트는 일이 자녀들과의 관계를 방해한다고 여겼고, 46퍼센트는 자신의 근무 시간이 배우자와의 관계에 악영향을 미친다고 생 각했다. 또한 약 69퍼센트가 더 적게 일하면 더 건강해질 것이 라고 믿었다.[17]

수십 년 전만 해도 여가 시간은 사회적 계급을 나타내는 지 표였다. 피부를 그을렸다는 것은 멋진 휴가를 즐길 여유가 있다 는 뜻이었고, 해변 복장은 높은 지위를 상징하는 것이었다. 하 지만 오늘날, 고소득의 상류층 사람들은 저소득층보다 더 많이

월급 받으려다 죽다

일한다. 참으로 고약한 역설이지만, 긴 노동 시간이 곧 지위의 상징이 되어버린 셈이다. 노동 시간은 자기가 얼마나 중요하고 없어서는 안 될 사람인지를 보여주는 지표가 되어버렸다. 드레이크 베어 Drake Baer 는 이 현상을 이렇게 요약했다.

> 이제는 바쁜 게 쿨한 것이 되어버렸다. 심지어 미국 문화에서 바쁜 것은 동경의 대상이다. 지위가 높아질수록 수첩의 일정표는 더 빽빽해진다. 1960년대 이후로 크리스마스 카드에 '미쳐버린 일정 crazy schedules'을 언급하는 횟수가 폭증했다. 미국인들은 '바쁘다'라는 말을 들으면 곧 지위와 성공을 떠올린다. 바쁨을 드러내는 것은 곧 사회에서 자신이 가치 있는 존재이며 모두가 자신을 만나고 싶어 한다는 것을 보여주는 행위가 되었다.[18]

이제 사람들은 자신이 얼마나 가치 있는 존재인지 보여주기 위해 장시간 노동을 원하는 지경에 이르렀다.

기업들이 장시간 노동을 선호하는 이유

앞으로 살펴보겠지만, 많은 연구에 따르면 노동 시간과 실제 성과는 전혀 무관하거나 심지어 부정적인 상관관계를 갖는다. 그럼에도 불구하고 수많은 기업에 장시간 노동과 휴가 반납을 숭배하는 문화가 존재한다. 따지고 보면 '땀 흘려 일하는 것'을 반대할 사람이 누가 있겠는가? 대부분의 고용주는 직원들의 충성심과 헌신을 바란다. 경쟁에서 승리하기 위해 기꺼이 더 많은 노력을 바치는 직원들을 원한다. 물론 누가 회사에 더 큰 충성심을 가지고 있으며 얼마나 몸을 바칠 준비가 되어 있는지 겉으로 드러나지는 않으며, 따라서 간접적 지표로 직원의 충성심을 평가할 수밖에 없다. 직원들이 직장에서 보내는 시간이야말로 그러한 지표 중 하나이다. 할당된 휴가와 유급 휴가를 모두 사용하는지 여부 또한 직원의 충성심을 나타내는 지표이다. 자연스럽게 고용주들은 충성과 헌신의 지표로 쉽게 관찰할 수 있는 노동 시간을 고려하게 된다.

고용주들은 장시간 노동을 직원의 노력과 충성심의 신호로 보고, 장시간 노동한 이들에게 보상을 내린다. 고용주들이 조직을 위해 기꺼이 희생할 수 있는 사람들을 선호하기 때문이다. 회사를 위해 '죽을 때까지 일할' 의지를 보이는 것보다 더 강력한 충성의 증거는 없다. 여러 연구에 따르면 근무 시간은 급여와 임금 변화에 꾸준히 영향을 미친다. 이는 시급제가 아닌 연봉제 직원들조차 예외가 아니며, 장시간 근무할수록 더 높은 임금 상승을 경험하는 경향이 있다.

월급 받으려다 죽다

고용주들은 또한 노동 시간이 노동 결과물과 관련되어 있다는 (즉 더 많은 시간을 들일수록 더 좋은 결과물이 나온다는) 암묵적인 믿음을 가지고 있기 때문에 보다 긴 노동 시간을 선호한다. 이러한 믿음은 과거 단순 노동 중심 시대, 기술 의존도가 낮고 창의적 사고나 집중력이 덜 요구되던 시절에는 어느 정도 사실이었다. 하지만 현대의 지식 기반 사회에서는 상황이 다르다. 창의력, 사고력, 혁신이 요구되는 업무의 경우, 일정 지점을 넘어서면 근무 시간이 생산성 증가로 이어지지 않는다. 오히려 피로와 권태가 누적되어 결과물의 질이 하락하거나 실수가 늘고 통찰력과 사고의 깊이도 떨어지는 경우가 많다.

고용주들이 긴 노동 시간과 끝도 없이 일하는 사람들을 선호하면, 직원들은 장시간 노동에 보상이 따라온다는 것을 알고 이에 맞추어 반응한다. 지금은 출입문 개폐에 카드키 사용이 보편화되었지만, 예전에는 출입 기록지를 사용하는 것이 일반적이었다. 이 당시 실리콘 밸리에는 주말에 일부러 직장 출입 기록을 남겨 사무실에 있는 것처럼 해놓고 집에 가거나, 낮잠을 자거나, 업무 외의 일을 한 직원들의 이야기가 차고 넘쳤다. 오늘날에도 직원들은 한밤중에 이메일을 보내는 것처럼 보이기 위해 컴퓨터 시계를 조작하고, 사무실 불을 켜놓거나 의자 등받이에 코트나 스웨터를 걸어두는 등의 방법으로 자신이 근무 중인 것처럼 보이게 하며, 자기가 항상 일하고 있는 것처럼 보이도록 갖가지 수법들을 써먹는다. 그 목적은 말할 것도 없이 상사에게 자신이 얼마나 열심히 일하는지를 보여주기 위함이다. 물론 '얼굴을 비추는 시간'과 노동 시간이 같지는 않으며 직장에서 많은 시간을 보낸다고 해서 더 많은 일을 하는 것도 아니다. 그럼에도 불구하고, 긴 시간을 일하는 것처럼 보이는 것이 주는 상징적 효과는 여전히 사람들의 경력에 중요하게 작용한다.

여성들은 일반적으로 남성들보다 가정 내 책임을 더 많이 지는 경향이 있기 때문에 평균적으로 직장 근무 시간이 남성에 비해 적을 수밖에 없다. 이러한 근무 시간의 감소는 경력을 쌓는 데에 걸림돌이 된다. 경영 대학원 교수인 올리비아 오닐Olivia O'Neill 과 찰스 오라일리Charles O'Reilly 의 연구[19]에 따르면, 흔히 관찰되는 남녀 간 소득 격차가 노동 시간을 통계적으로 통제하고 나면 사라진다는 것을 알 수 있다. 이들은 경력을 쌓아나가는 과정에서 이러한 효과가 갈수록 더 중요해진다고 주장했다.

경력 쌓기는 대부분 '토너먼트 방식'으로 진행된다. 단계마다 승진 경쟁이 이루어지고, 경쟁에서 탈락한 사람은 더 높은 직위로의 승진 기회를 잃게 된다. 이 과정에서 자연스럽게 능력이 떨어지거나 업무에 투입할 시간이 적은 이들은 도태되어버린다. 결국 조직의 상위 단계에 남은 사람들은 능력 차이가 거의 없이 비슷한 경우가 많고, 따라서 열의과 노력(즉, 근무 시간)이 주요 평가 요인으로 작용하게 된다. 즉 노동 시간이 경력을

월급 받으려다 죽다

쌓아나가는 과정에서 갈수록 중요해지는 것이다.

직원들은 결국 장시간 근무 문화에 공모하게 된다. 각 직원들은 상사의 눈에 띄기 위해, 자신의 헌신을 보여주기 위해 노력하면서 일에 더 많은 시간을 투입한다. 고용주들이 유급 휴가와 유연 근무제 등을 내놓아도 막상 그러한 혜택을 이용하는 직원은 거의 없다. 예를 들어 IBM에서는 동료 압박이 심해 많은 직원들이 전체 휴가를 다 쓰지 못하고, 휴가 중에도 이메일과 음성 메시지를 확인할 수밖에 없다고 한다.

헌신과 몰입이란 상대적 개념이며, 주로 다른 사람과의 비교를 통해 나타나게 되어 있다. 그 결과 '쥐 경주rat race' 같은 상황이 발생하게 된다. 누군가 자신의 헌신을 보여주기 위해 노동 시간을 늘리면 두각을 나타내고 싶어 하는 다른 개인들 또한 자기 노동 시간을 늘린다. 그러다 보면 모두가 밤샘 작업을 하게 되고, 마침내 병에 걸리거나 죽음에까지 이르게 되는 것이다.

해고의 경우와 마찬가지로, 장시간 노동과 교대 근무가 사람들의 건강에 해로운 영향을 미친다는 증거는 충분히 있다. 하지만 장시간 노동이 정말로 고용주들에게 도움이 된다는 증거는 거의 없다. 장시간 근무는 사람의 건강을 해치고 여러 숨은 비용을 부과하지만 그것이 이를 상쇄할 만한 이익을 기업에 안겨주는지는 명확하지 않다.

그러나 직원들의 신체적·정신적 건강에 긍정적인 영향을

미치면서도 조직의 성과를 해치지 않는, 다른 경영 방식이 있을 수 있다. 다른 접근 방식 취한다면 직원들을 돌보면서도 심지어 회사의 실적을 개선하는 일까지 가능하다.

불규칙적인 장시간 노동의 영향

폴(가명)은 주요 텔레비전 방송국에서 약 15년간 뉴스 프로그램을 제작하는 일을 했다. 폴은 설명했다. "뉴스 업계에서 일하면서 승진하려면 사람들이 기피하는 시간대의 근무를 맡아야 해요. 저는 주말에도 일했고, 황금 시간대에도 일했고, 현장 취재도 했고, 속보도 다루었습니다." 게다가 폴은 하원 의원 가브리엘 기퍼즈Gabrielle Giffords가 심각한 부상을 입고 6명이 사망한 투손 총격 사건도 취재했다. 그런 일을 맡을 때, 그는 분장실에서 3시간 정도 눈을 붙이고 다시 일하러 가곤 했다. 이렇게 불규칙한 수면 패턴에 익숙해지다 보니 폴은 대기 중이 아니고 일을 하지 않을 때에도 한 번에 3~4시간 이상 잘 수 없게 되었다고 한다. 그의 말이다.

수면 부족으로 인해 저는 3가지 문제에 직면하게 되었습니다. 갑상선 기능 저하증, 운동 부족, 그리고 나쁜 식습관이었죠. 제게는 스스로 먹을 음식을 준비할 시간도 없었어요. 아침 6시 30분에 회사에 앉아 있다 보면 이런 말이 나올 수밖에 없죠. "스트레스 때문에 미치겠어. 도리토스 과자가 땡긴다." 그러고는 자판기로 가는 거죠.

제가 일하는 동안 방송국의 사장이 여덟 번 바뀌었어요. 2008년에는 수석 프로듀서가 되었지만 더는 견딜 수가 없어서 결국 2012년에 직장을 그만두었어요. 그 사이에 체중이 약 30킬로그램 늘었습니다. 신진대사도 형편없었고 신체 기능이 다 망가지고 있었거든요.

장시간 노동은 직원들 스스로가 자신의 경력을 발전시키기 위해 자발적으로 받아들이는 것이 되기도 하고 고용주들에 의해 강요되기도 한다. 아니면 시간당 임금이 너무 낮아 과도한 시간을 일해야 겨우 먹고살 수 있는 상황에 놓인 사람도 있다. 하지만 이유가 어찌 되었든, 장시간 노동이 노동자의 신체적·정신적 건강에 부정적인 영향을 미치고 사망률을 증가시킨다는 것은 명확한 사실이다.

첫째, 폴의 사례가 보여주듯이 장시간 노동은 수면 부족과 수면 장애를 초래할 수 있으며, 이는 건강에 아주 해롭다. 캐나다의 한 연구는 짧은 수면 시간이 과도한 지방 섭취나 운동 부족보다 비만에 더 큰 영향을 미친다고 보고했다.[20] 또 다른 연구는 수면 부족이 스트레스 호르몬인 코르티솔의 수치를 높이고 탄수화물 대사 능력을 저하시켜 당뇨병의 위험을 증가시킨다고 했다.[21]

둘째, 장시간 노동은 각성제로 작용할 수 있는 약물 특히 자극제나 코카인과 같은 강한 마약의 남용을 일으킬 수 있다. 2005~2011년에는 18~34세의 성인들 가운데 처방 각성제를 의료 외의 목적으로 사용하여 응급실을 내원한 경우가 3배 증가했으며, 2010~2012년에는 약물 남용으로 재활 센터에 스스로 입원한 사람이 이전 3년에 비해 15퍼센트 이상 증가했다.

건강 기술 앱을 개발하고 있던 한 스타트업 창업자는 아이러니하게도 건강 문제로 중독 치료 센터에 입원하게 되었는데, 그전 9개월 동안 평균 수면 시간이 3시간 25분에 불과했다고 한다. 의료 전문가들은 각성제가 불안, 중독, 환각 등을 유발할 수 있다고 지적하며, 직장에서 압박 가중이 나타날 것을 우려한다. 직장에서 일부 직원이 각성제를 사용하면 주변 사람들도 여기 동참하라는 압박을 받게 되기 때문이다.[22]

셋째, 장시간 노동은 노동자들의 가정에 갈등을 불러일으킬 수 있다. 이 장의 후반부에서 보겠지만 이는 그 자체로 건강에 부정적인 효과를 미친다. 또 장시간 노동은 직장에서의 업무 요구가 과도할 때 그에 대한 반응으로 생겨나는 경우가 많은데, 따라서 장시간 노동 자체가 업무 압박과 그로 인한 스트레스를 반영하는 것이기도 하다.

넷째, 장시간 근무는 사람들이 휴식하고 재충전할 시간을 빼앗는다.

마지막으로 다섯째, 직장에서 보내는 시간이 길수록 직장 내 괴롭힘처럼 스트레스를 유발할 수 있는 직장 환경에 노출될 가능성이 더 커진다. 따라서 비행기 조종, 트럭 운전, 의료 행위 등 주의력 분산이 치명적인 결과를 가져올 수 있는 직종에는 휴식 시간을 의무화하고 노동 시간과 근무 일정에 제한을 두어야만 한다. 하지만 이러한 직종에서조차 고용주들은 노동 시간 제한에 반발하면서 이를 완화하거나 없앨 방법을 찾을 때가 많다.

노동 시간이 건강에 미치는 악영향은 수십 년간 이루어진 수많은 연구를 통해 이미 널리 알려져 있다. 그럼에도 불구하고 연구 결과를 장시간 노동을 제한할 수 있는 정책과 관행으로 통합하기 위한 관심은 충분하지 못한 상황이다.

장시간 노동이 해롭다는 증거

반세기 전, 한 연구[23]는 주당 48시간 이상 일하는 남성들의 경우 관상 동맥 심장 질환의 발생률이 더 높아진다고 밝혔다. 심장 질환이 없는 39~62세의 영국 공무원 7,100명을 대상으로 한 연구는 10년 동안 하루 10시간 일한 사람들이 8시간 일한 사람들보다 심장 마비를 겪을 가능성이 45퍼센트 높으며, 11시간 일한 사람들은 67퍼센트 높다는 것을 발견했다. 연령, 성별, 혈압, 콜레스테롤 수치 등 보통의 위험 요인들을 통계학적으로 통제한 다음에도 노동 시간은 향후 심장 마비가 일어날 가능성을 예측하는 중요한 지표가 되어왔다.

2001년 캘리포니아에서 2만 4,000명 이상의 노동 연령층을 대상으로 한 자료 분석 결과, 주당 노동 시간과 스스로 보고한 고혈압 사이에는 양의 상관관계가 있는 것으로 나타났다. 고혈압은 심장 마비와 뇌졸중의 위험 요인 중 하나다. 또한 주당 41~50시간 일한다고 보고한 사람들은 11~39시간을 일하는 사람들과 비교했을 때 고혈압을 보고할 가능성이 18퍼센트 더 높았으며, 51시간 이상 일한 사람들은 29퍼센트 더 높았다.[24] 또 어떤 연구는 일본의 한 건설 회사 직원 1,000명을 대상으로 '일 중독'이 건강에 미치는 영향을 조사하기도 했다. 일 중독이란 스스로 일을 선택하며 일에서 벗어나기 힘든 성향을 말한다. 이 연구는 일 중독이 직무 성과와 삶의 만족도에 부정적인 영향을 끼치며 건강의 악화를 불러일으킬 수 있다고 보고했다.[25]

국립 직업 안전 보건 연구소National Institute of Occupational Safety and Health는 장시간 근무와 질병 및 직무 실적의 연관성을 연구한 52개 보고서를 검토한 후 다음과 같은 결론을 제시하였다.

 월급 받으려다 죽다

노동 시간이 건강에 미치는 영향을 다룬 22개 연구 중 16개
는 초과 노동 시간이 전반적인 건강 악화, 부상률의 증가, 발
병률 또는 사망률 증가에 영향을 미친다고 밝혔다. 또한 장
시간 노동을 메타 분석한 한 연구는 장시간 노동이 조산과
도 연관이 있을 수 있음을 시사하였다. 2개의 연구는 초과
노동 시간이 불건강한 체중 증가와 연관이 있음을 밝혔고,
3개의 연구 중 2개가 장시간 노동이 알코올 섭취 증가를 일
으키는 것으로 보았으며, 2개의 연구 중 1개는 흡연 증가와
의 연관성을 밝혔고, 또 다른 연구는 뇌 기능과 관련된 인지
능력 저하의 가능성을 언급했다.[26]

장시간 노동은 정신 건강에도 부정적인 영향을 미친다. 스
트레스와 피로를 증가시키고, 충분한 회복 시간을 가질 수 없게
하기 때문이다. 한 예로 요양원에서 일하는 간병 보조원 473명
을 대상으로 이루어진 한 연구는 주당 50시간 이상 근무, 월 2
회 이상 주말 근무, 월 2회 이상 이중 교대 근무를 하는 노동자
들은 우울증을 경험하게 될 확률이 400퍼센트 증가한다고 보고
했다.[27]

보잉사가 787 항공기를 개발하던 때의 일이었다. 개발 일정
이 수년간 지연되어 엔지니어링 직원들에게 엄청난 압박이 가
해졌고, 이 중요한 신제품을 완성하기 위해 회사가 분투하는 동

안 직원들의 근무 시간이 크게 늘어났다. 이에 한 관계자는 장시간 근무로 인해 번아웃에 시달리는 직원들이 급격히 늘어났다고 전했고 지역의 의사들 또한 787 프로젝트에 참여한 직원들 사이에서 질병 발생률이 훨씬 높아졌다고 보고했다.

장시간 노동이 성과에 미치는 영향

여러 증거가 명확히 보여주듯이, 우리는 경제적 성과를 위해 노동 시간을 늘릴 필요가 없다. 장시간 일하는 직원들을 좋아하는 회사가 너무나 많은 게 사실이지만, 실제로는 과로하지 않는 직원들을 둔 기업이 더 좋은 결과를 얻는다는 것이 매우 명확한 증거로 드러나 있다. 장시간 노동을 피한다면 직원들은 더 건강해질 것이고, 직원과 고용주 모두가 부담하는 의료비는 더 낮아질 것이며, 직원 생산성과 혁신성은 떨어지지 않을 뿐만 아니라 오히려 개선될 가능성이 높다.

사람들은 지친 상태에서 실수를 한다. 2015년 우버의 마스터 데이터베이스 오류로 서비스가 중단되었을 때, 한 우버 엔지니어는 이렇게 말했다. "지난 5일 동안 우리는 새벽 3시에 깨어났고 하루에 3~4시간 밖에 못 잤습니다. 이런 상황에서 실수가 벌어졌다면 이게 정말 다 우리 잘못인가요?"[28]

 월급 받으려다 죽다

제1차 세계 대전 동안, 영국의 군수 노동자 건강 위원회Health of Munition Workers Committee는 군수 공장 직원들의 생산성을 높일 방법을 연구했다. 이후 스탠퍼드 대학의 경제학자 존 펜카벨John Pencavel은 그 데이터를 분석하여 최적의 근무 시간은 주당 약 48시간이라는 것을 발견했다. 그는 그 이하로 근무 시간이 줄어들면 그에 비례해 생산량이 감소하지만, 한 주 근무 시간이 48시간을 넘어서도 오히려 생산량이 떨어지기 시작한다고 밝혔다.[29]

2012년, 국제 노동 기구 ILO는 노동 시간이 생산성과 기업 성과에 미치는 영향을 다룬 보고서를 발표했다. 이 보고서는 여러 방대한 연구 문헌을 종합해 장시간 근무가 오히려 업무 성과를 떨어뜨리는 경우가 많다는 사실을 명확히 보여주었다. 보고서에는 아래와 같은 내용이 포함되었다.

- 미국의 18개 산업 패널 데이터를 사용한 연구를 통해 초과 근무를 하게 되면 표본으로 다뤄진 거의 모든 산업에서 노동 시간당 평균 생산량이 하락한다는 것을 발견했다. 초과 근무가 10퍼센트 늘어나면 생산성은 2.4퍼센트 감소했다.[30]
- 1950년 이후 18개 OECD 국가의 생산성을 분석한 연구에 따르면, 노동 시간 증가는 항상 시간당 생산성 감소를

가져온다. 연간 노동 시간이 1,925시간을 초과하는 경우,
노동 시간이 1퍼센트 증가할 때마다 생산성은 0.9퍼센트
감소하는 것으로 나타났다.[31]

- 이전에 발행된 ILO 보고서는 노동 시간이 단축되면 생
산성이 개선된다고 밝혔다.[32]

- 전문직 종사자들을 대상으로 한 연구는 노동 시간 단축
으로 직원들 스스로가 보고한 직무 성과가 개선되었다고
밝혔다.[33]

- 치과 의료 서비스를 제공하는 6개의 직장에서 시행된 근
무 시간을 주제로 한 실험 결과이다. 직원들은 무작위로
3가지 실험 조건 중 하나에 배정되었는데, 하나는 주당
근무 시간을 2.5시간 줄이고 신체 활동을 늘린 그룹이고,
또 다른 하나는 신체 활동 증가 없이 주당 근무 시간을 2.5
시간 줄인 그룹이며, 마지막은 근무 시간을 변경하지 않
은 그룹이었다. 연구는 직원들이 스스로 평가한 생산성
과 객관적인 지표인 진료 환자 수를 모두 측정했는데 그
결과, 근무 시간을 줄인 두 그룹 모두 진료 환자 수가 증
가했으며, 특히 신체 활동을 병행한 근무 시간 단축 그룹
은 자기 보고식 생산성이 향상되었고 병결률도 감소했음
을 알 수 있었다.[34]

이러한 증거들로 볼 때, 더 긴 노동이 생산성을 증가시킨다는 단순한 생각은 틀린 것임을 알 수 있다. 근무 시간이 길어져 지친 노동자들은 더 많은 오류를 만들어낸다. 광범위한 실증적 증거들은 특정 임계점이 지난 다음에는 근무 시간을 줄이는 것이 직원 건강과 생산성 그리고 직무 성과를 모두 증가시킨다는 사실을 일관되게 보여준다. 노동 시간을 줄여서 사람들의 안녕을 개선하는 것과 경제적 실적을 올리는 것 사이에는 아무런 상충 관계도 없는 것이다.

가정-직장 갈등과 그로 인한 결과

뉴스 프로듀서인 폴은 대부분의 직원이 여성인 부서에서 일했다. 그곳의 여성 다수는 독신이었다. 폴은 말했다. "우리는 그들을 뉴스 수녀라고 부릅니다. 그들은 이 표현을 좋아하지 않을 테지만, 그럼에도 이 별명은 오랫동안 사용됐어요." 폴이 처음 이 부서에 왔을 때, 이곳에는 42명의 직원이 있었다. 하지만 불과 5년 만에 12명만 남고 모두 떠났다. 남은 직원 중에 결혼을 하여 아이를 키우는 사람은 폴이 유일했다. 그럴 만한 이유가 있었다. 폴이 회사를 그만둔 뒤 어느 날, 그는 뉴스 프로듀서인 자신의 직업을 자랑스러워했던 딸과 이런 이야기를 나누었다.

제가 물었어요. "아빠가 이제 거기에서 일하지 않아서 슬퍼?" 그러자 딸이 말했죠. "아니야, 아빠. 아빠는 이제 집에서 내 얘기도 들어주고 재미난 얘기도 해주잖아." 그러더니 딸은 잠깐 생각하다가 이렇게 덧붙였어요. "음…. 전에도 아빠는 그렇게 해줬지. 그런데 그땐 항상 스크롤리 씨가 옆에 있었어." 스크롤리 씨는 제 블랙베리 휴대폰이었어요.

사람들이 일할 시간에 비해 해야 할 일이 훨씬 더 많은 상황에 놓여 있는 것을 역할 과중이라고 한다. 한편, 2가지 역할이 충돌하는 것—예를 들면 직원이라는 역할에 요구되는 행동이 가정 구성원에게 요구되는 행동과 양립할 수 없는 것—을 역할 갈등이라 부른다. 역할 과중과 역할 갈등에 관해서 오래전부터 축적된 연구 문헌이 많은데, 여기에서 일관되게 발견되는 바는 자신이 감당할 수 있는 것보다 더 많은 요구에 직면하거나 상충하는 행동 요구를 받는 사람들은 스트레스를 더 받는다는 것이다. 따라서 너무나 당연한 일이지만 역할 과중과 역할 갈등은 이직률 증가부터 실적 저하에 이르기까지 무수한 나쁜 결과를 불러오게 된다.

가정-직장 갈등은 2가지 형태로 나타난다. 우선 가정의 요구가 직장에서의 직무 수행을 방해하는 경우이다. 그 예로 직원이 아픈 가족을 돌보거나 돌봄을 준비하는 등 가족 관련 문제로 인해 집중력이 떨어지거나 근무 시간을 잃는 상황을 들수 있다. 이를 가정-직장 간섭family-to-work interference 이라 부른다. 직장-가정 갈등의 두 번째 형태는 직장-가정 간섭work-to-family interference 이라고 불리는 것으로, 직무 때문에 자녀의 교사 혹은 운동팀 코치와의 면담에 참석하지 못하거나 배우자 또는 다른 가족과 함께 시간을 보낼 수 없는 경우에 발생한다.

충분히 예상 가능한 일이지만, 다수의 경험 연구는 가정-직장 갈등이 신체적·정신적 건강에 부정적인 영향을 미친다는 것을 일관되게 보여준다. 예를 들어, 뉴욕주 이리 카운티의 성인 2,000명의 다룬 한 연구는 직장-가정 갈등 수준이 높을수록 우울증 수준이 높게 나타나며, 신체적 건강이 나빠지고 음주량이 많아진다는 것을 발견했다. 뉴욕주 버팔로의 약 700가구를 대상으로 한 두 번째 연구에서도 이러한 결과가 반복되었다. 또한 두 연구는 남성과 여성 모두 직장-가정 갈등으로 비슷한 영향을 받는다는 사실을 발견하였다.[35]

직장-가정 갈등의 특징인 역할 과중은 부부간의 상호 작용과 결혼 만족도에 영향을 미친다. 어떤 연구는 역할 갈등이 직장 내에서의 거짓말을 유발한다고 지적하기도 했다. 서로 상충되는 요구들에 부닥쳤을 때, 그 문제를 해결하는 방법 중 하나가 거짓말이 될 수도 있다는 것이다.[36]

대체 무엇을 위해서 이렇게까지 하는 것일까? 우리는 보다 유연한 근무 형태를 제공하고, 더 넉넉한 휴가 제도를 마련하며, 근무 시간을 줄이는 것이 고용주와 노동자 모두에게 이익이 된다는 사실을 유념해야 한다. 과도한 노동 시간과 직장-가정 갈등이 초래하는 사회적 비용의 부담을 안는 것은 고용주와 노동자 양측 모두이기 때문이다.

다르게 행동하는 기업과 국가들

물론 세상에 장시간 노동과 직장-가정 갈등을 조장하는 기업과 국가만 있는 것은 아니다. 일례로 관대하고 가족 중심적인 복리 후생을 제공하는 기업 파타고니아가 있다. 이곳의 인사 담당자인 딘 카터는 이렇게 말했다.

중요한 건 가족입니다. 우리는 사내에 보육 시설을 두고 있습니다. 아이가 있는 모든 직원이 언제든지 아이와 시간을 보낼 수 있도록 권장하지요. 아이와 아침, 점심을 함께 먹을 수도 있어요. 그냥 바닥에 앉아서 아이와 놀 수도 있고요. 우리는 매우 관대한 유급 출산 휴가 제도를 운영하고 있는데 아빠는 12주, 엄마는 16주의 휴가를 받을 수 있어요. 또한 노부모를 돌보기 위해 최대 12주의 유급 휴가를 사용할 수

  월급 받으려다 죽다

도 있지요.

파타고니아의 기업 문화에 가장 큰 영향을 미치는 것 하나를 꼽으라면, 저는 특출난 가족 관련 정책들을 말할 거예요. 예를 들어, 모유 수유 중인 엄마 직원이 업무상 출장을 가야 할 경우, 우리는 아이가 함께 여행할 수 있도록 경비를 지원하고 그 직원이 일하는 동안 아이를 돌볼 돌보미 비용까지 따로 지불합니다.

모든 국가와 기업들은 훌륭한 인재를 얻기 위해 서로 경쟁을 벌이고 있다. 여기에서 승리하는 쪽은 직원들이 업무와 삶의 조화를 이룰 수 있도록 장려하는 쪽이다. 파타고니아의 경우, 이곳의 엄마 직원들 중 약 99퍼센트가 육아 후에 직장으로 복귀하는 것으로 알려져 있는데, 이는 전국 평균보다 약 20퍼센트 높은 숫자다.

'인재 확보 전쟁'이라는 표현은 이미 오래전부터 사용되어 온 말이다. 각국은 교육과 훈련을 통해 자국 인적 자본의 질을 높이려고 노력한다. 기업들 역시 단순히 교육을 제공할 뿐 아니라, 잠재력이 높은 인재를 발굴하고 그들이 조직에 오래 머물 수 있도록 여러 프로그램을 마련하는 데 투자한다. 흥미로운 사실은 적당한 근무 시간, 근무 일정의 유연성, 그리고 일과 가정의 양립을 촉진하는 정책들은 국가와 기업이 이러한 목표를 달성할 수 있도록 하는 중요한 수단이 될 수 있다는 것이다.

〈포춘〉이 선정한 '일하기 좋은 직장' 명단에 오른 기업들은 주주 수익률 면에서 동종 업계의 다른 회사들을 꾸준히 능가한다. 이러한 기업들은 종종 일자리 나눔 프로그램, 압축 근무제, 재택근무 기회, 그리고 더 관대한 가족 복지 제도를 제공하여 직원들이 직장-가정의 조화를 추구할 수 있도록 돕는 근무 환경을 조성한다. 딜로이트 컨설팅, 구글 등 많은 기업들은 근무 시간과 유연성 문제를 개선하려고 꾸준히 노력해왔다. 점점 더 많은 직원들이 더 이상 경력을 위해 자신의 삶을 희생하지 않겠다고 생각하기 때문이다. 따라서 근무 환경이 가족 친화적인 기업은 직원의 채용은 물론 직원 유지의 문제에서도 유리한 위치에 서게 된다.

기업마다 노동 시간 그리고 직원 건강에 관해 관점 차이를 보이는 주된 이유는 리더들의 가치관이 다르기 때문이다. 랜드마크 헬스의 CEO는 직원들이 스스로를 돌볼 줄 알아야 다른 사람들도 돌볼 수 있다고 믿는다. 파타고니아의 창립자는《파타고니아, 파도가 칠 때는 서핑을》이라는 책을 통해 일이 사람의 인생 전체를 잡아먹어서는 안 된다는 강한 신념을 드러낸 바 있다.

하지만 기업 운영 방식에 관한 의사 결정을 회사의 창업자나 CEO의 재량에만 맡긴다면, 경영진이 바뀔 때마다 또 창업자의 기분에 따라 직원들의 신체적·정신적 건강이 휘둘릴 위험이 있다. 우리는 식품 안전을 CEO의 재량에 맡기지 않으며 환경 오염을 유발할 수 있는 문제에 대한 결정도 CEO에게 전부 맡겨두지 않는다. 직원 건강의 문제가 이러한 것과 마찬가지로 근본적이며 중요한 문제라면, 그것 역시 현재처럼 특정 CEO의 가치관에 따라 좌우되어서는 안 된다. 이에 관해서는 마지막 장인 8장에서 다시 다루겠다.

각각의 기업과 국가들이 직장-가정 갈등에 접근하는 방식은 모두 다르다. 잘 알려진 대로 미국은 다른 국가들과 크게 다른데, 결코 좋은 방향은 아니다. 미국은 산업 선진국들 중 병가와 유급 휴가 제공 등을 기업에 의무화하지 않는 유일한 나라이며, 직장과 가정의 균형을 유지할 수 있도록 하는 의무 규정도 적은 나라다. 캘리포니아 대학교의 워크라이프 법률 센터Center for WorkLife Law 에서 나온 한 보고서는 이에 관해 다음과 같이 설명했다.

미국과 비교하여 조사된 20개의 고소득 국가 중, 17개 국가에는 부모가 아이 돌봄을 위해 근무 시간을 조정할 수 있도록 돕는 법률이 있다. 또한 성인들이 가족 돌봄의 책임을 다하도록 돕는 나라는 6개국, 평생 학습을 촉진하기 위해 노동 시간 변경을 허용하는 나라는 12개국, 점진적 은퇴를 지원하는 나라는 11개국, 어떤 이유에서이든 노동 형태를 바꾸

고자 하는 직원에게 열려 있는 법적 제도를 가진 나라는 5개
국이다.[37]

인과 관계를 입증하기는 어렵지만, 이러한 정책들의 존재 여
부가 여성의 경제 활동 참여에 미치는 영향에도 주목할 필요가
있다. 위 연구에 따르면 미국에서 25세에서 54세 사이의 핵심
노동 연령 여성들의 경제 활동 참여율은 정체되어 있으며, 이는
20개 고소득 국가 중 14개국보다 낮은 수준이다. 또한 대학 교
육을 받은 여성들의 경제 활동 참여율은 이 20개국 중 미국이
가장 낮다.

노동자들은 어떻게 할 것인가

공공 정책으로 과도한 노동 시간과 직장-가정 갈등이 초래
하는 사회적 비용들을 해결할 수도 있다. 그러나 전 세계적으로
노동 시장 규제가 완화되는 추세를 고려하면 큰 기대를 하기는
어렵다. 일부 기업들이 그랬듯이, 고용주들이 자발적으로 이런
문제를 해결하려는 조치를 취할 수도 있다. 그러나 그럴 가능성
도 그리 높다고 보기는 어렵다.

한마디로, 프리랜서든 고용직이든 노동자가 스스로를 챙겨

 월급 받으려다 죽다

야만 한다. 경제적으로만이 아니라 (이는 물론 중요한 문제이지만) 그 외의 측면에서도 자신을 돌볼 줄 알아야 한다. 이 책을 쓰면서 연구하는 동안 나는 종종 다음과 같은 말들을 들었다.

"장시간 노동에 시달리고 가족과 보내는 시간을 소홀히 하면 신체적·정신적 건강 문제를 겪을 수 있다는 걸 알아요. 하지만 조금만 더 버티면 될 거라고 생각해요. 지금은 선택의 여지가 없고, 저는 젊고 유전적으로 건강하니까 괜찮을 거예요."

많은 사람들이 이런 '마법 같은' 혹은 '희망적인' 사고에 빠져서, 자신만큼은 해로운 직장 환경의 부정적 영향을 피할 수 있을 것이라 믿는다. 하지만 아무리 합리화하고 희망을 걸어본다고 해도, 생각처럼 그렇게 순탄하게 상황이 풀리는 경우는 거의 없다.

내 조언은 이렇다. 나쁜 선택을 하면 나쁜 결과가 따라오게 되어 있다. 이런 일이 당신에게는 일어나지 않을 것이라는 생각을 멈춰라. 직장에서 자신을 돌보기 위해 해야 할 일을 실행하며, 할 수 없다는 변명은 그만둬라. 그 대신, 자신의 체력에 맞게 지속 가능한 수준으로 근무 시간을 제한하라. 적절한 휴식을 취하고 가족, 친구들과 충분한 시간을 보내라. 사람의 안녕에는 사회적 지원이 절실히 필요하다는 사실을 명심하라. 또한, 고용주의 편의를 위해 의학적으로 불필요한 제왕 절개를 선택하지 말라.

무엇보다 중요한 것은, 직업이나 고용주, 그리고 일과 삶의 다른 측면들을 고려할 때 당신의 선택과 행동이 스스로의 신체적·정신적 건강에 미치는 깊은 영향을 인식하는 것이다. 다시 말해, 월급 좀 받아보려고 하다가 온갖 고생을 하고 심지어 목숨을 잃기까지 하는 사람들이 사방에 넘쳐나지만, 당신이 그들 중 하나일 필요는 없다는 것이다.

자율성과 심리적 안전감

직원을 저절로 일하게 만드는 2가지 무기

기업들은 이직이나 질병으로 인한 결근이 초래하는 비용 문제를 잘 이해하고 있다. 또 스스로 어떤 노력을 하느냐에 따라 이 문제를 다르게 풀 수 있다는 것도 잘 알며, 많은 기업이 직원 몰입도를 측정하기 위해 설문 조사를 실시하기도 한다. 그러나 직장을 더 매력적으로 만들려는 고용주의 노력은 종종 잘못된 방향에 초점을 맞추기도 한다. 바꾸기는 어렵지만 아주 중요한 문제에 초점을 두는 게 아니라 그저 빠르게 시행할 수 있는 시시한 종류의 복리 후생이나 자질구레한 혜택 제공에만 초점을 두는 것이다. 실제로 실리콘 밸리와 여러 하이테크 기업들은 이런 자질구레한 혜택을 후하게 제공하는데, 경제 매체 기자들을 비롯한 많은 사람들이 여기에 끝없이 현혹되고 있다. 누군가 말했듯, 호화로운 복지는 실리콘 밸리의 전설 속 유니콘이나 후드

티 차림의 억만장자만큼이나 상징적인 요소다. 실리콘 밸리의 호화로운 복지에 관해 찾아보니 무료 헬리콥터 이용, 무제한 술 공급, 사내 이발소, 피트니스 수업, 자전거 수리 서비스, 낮잠용 방, 볼풀장, 실내 농구장, 거대한 게임룸, 그리고 직원 전용 고급 스낵바 등의 이야기들이 나온다.

훌륭한 인력을 영입하여 유지하고 또 동기를 부여하는 기업, 그리고 직원들을 신체적·정신적으로 건강하게 유지하는 직장 은 직원들에게 앙증맞은 편의 시설들을 제공한다고 해서 만들 어지는 것이 아니다. 사람들은 자질구레한 혜택에 쉽게 현혹되 지 않는다. 낮잠용 방, 무료 음식, 반려견과 함께 출근을 허락하 는 제도 같은 것들로 스트레스가 넘치는 직장 환경을 보완할 수 는 없다.

직원 참여도와 생산성, 그리고 더 중요한 문제인 직원들의 신체적·정신적 건강에 가장 큰 영향을 주는 것은 근무 환경과 일 자체다. 직장 내 괴롭힘이 직원들의 건강을 위협한다는 사실 이 많은 연구에서 입증된 바, 경멸과 학대를 퍼붓는 상사가 없 어야만 한다. 또한 개인 사무실을 제공하고 사무실 온도를 적절 하게 조정하며 훌륭한 조명을 설치하고 바깥 소음을 차단하여 스트레스를 유발하지 않는 물리적 업무 환경을 구축해야 한다.

이 장에서 초점을 맞추려고 하는 가장 중요한 요소는 2가지 이다. 이는 어떤 회사라도 큰 비용 없이 제공할 수 있는 요소로

　　　　　　　　　　　　　　월급 받으려다 죽다

서, 직원의 안녕을 위해 반드시 필요한 것이다. 바로 업무 통제력과 사회적 지지이다. 이 장에서는 이 2가지 근무 환경의 중요성을 살펴보고, 직원들이 자율성과 통제력을 발휘하면서 사회적 유대와 지지를 강화할 수 있도록 돕는 건강한 직장 환경의 사례들을 살펴볼 것이다.

업무 통제력·자율성·건강

1970년대, 영국의 역학자 마이클 마멋과 그의 동료들은 흥미로운 사실을 발견했다. 바로 영국 행정부 공무원들의 직급이 높을수록 심혈관 질환의 발생률과 사망률이 낮다는 것이었다.[1] 높은 직급이 더 좋은 건강과 연결되는 이유는 도대체 무엇일까? 마멋은 이러한 관계의 원인을 밝히기 위해 화이트홀 연구 Whitehall Studies 라는 (영국 행정부가 화이트홀이라는 이름의 건물에 있기 때문이다) 장기 종단 연구를 시작했다. 이는 사람들을 선발한 후 일정한 시간 간격을 두면서 계속 평가를 시행하고 건강 상태를 점검하는 전형적인 코호트 연구였다. 물론 대상자들이 영국 인구 전체를 대표하는 무작위 표본은 전혀 아니었으며 게다가 윤리적·실제적 이유 때문에 여러 다양한 업무 조건에 있는 공무원들에게 모두 같은 정도의 업무 통제력을 제공할 수는 없었다. 하지만 사람들의 최초 비만지수, 혈압, 콜레스테롤 수치, 혈당 수치, 연령, 성별, 흡연 여부, 개인 행동 등 건강에 영향을 미치는 많은 다른 요인들은 통제하였다. 그런데 이런 것들을 모두 통제하고 보아도, 위계 서열로 측정된 사회적 지위는 건강에 중요한 영향을 미친다는 사실이 분명하게 드러났다. 어째서일까?

연구 결과, 공무원 등급이 심혈관 질환에 미치는 영향을 설명하는 요인은 업무 통제력의 차이, 즉 직급에 따라 상이한 업무 통제 수준을 가진 것이라는 사실이 밝혀졌다. 대부분의 조직에서 그렇듯이 영국 공무원들 또한 높은 직급에 있으면 더 높은 업무 요구를 받지만 그럼에도 불구하고 자신의 업무에 관해 더 많은 통제력을 가지고 있으며, 무엇을, 어떻게, 언제 할지를 스스로 결정할 수 있는 재량권도 더 많이 가지고 있었다.

두 번째 화이트홀 연구인 '화이트홀 2'에서 마멋과 그의 동료들은 1985년부터 1991~1993년까지 7,300명 이상의 공무원들을 추적 조사했다. 연구에서는 참가자들이 스스로 보고한 협심증 사례와 의사 진단을 받은 관상 동맥 협착 사례도 함께 조사했다. 마멋과 그의 동료들은 그 연구에서 자신들이 발견한 바를 다음과 같이 요약했다.

가장 높은 직급(관리직)에 속한 남성들과 비교했을 때, 가장 낮은 직급(사무 및 행정 보조 직원)에 속한 남성들의 관상 동맥 질환 발생 가능성은 연령을 보정한 후에도 1.50배 더 높았다. 가장 큰 차이는 의사 진단을 받은 허혈증에서 나타났는데 가장 낮은 직급 남성은 가장 높은 직급 남성에 비해 발병 확률이 2.27배 높았다. 여성의 경우, 가장 낮은 직급에 속한 사람들의 전체 관상 동맥 질환 발생 확률이 1.47배 높았다. 조사된 요인들 중에서 관상 동맥 질환 발생률 차이에 가장 큰 원인이 된 것은 직장에서의 낮은 통제력이었다. 한편 신장(성장기 건강 상태를 반영하는 지표로 사용됨)과 일반적인 관상 동맥 위험 요인들은 상대적으로 적은 영향을 미쳤다.[2]

이 결과를 통해 우리는 낮은 직급의 사람들이 높은 직급의 사람들보다 흉통과 협심증에 시달릴 확률이 약 50퍼센트 높으며, 남성의 경우 동맥 협착을 진단을 받을 가능성이 2배 이상 높음을 알 수 있다. 또한 업무 통제력은 심장 질환 발병에 있어서 단연코 가장 중요한 예측 인자였는데 예를 들어 업무 통제력은 관상 동맥 질환 발병을 설명하는 데 있어서 심지어 흡연보다도 더 중요한 요소로 작용했다.

한편 화이트홀 연구는 질병으로 인한 결근이 직급에 따라 어떻게 다르게 나타나는지도 평가했다. 마멋과 그의 동료들은 가장 낮은 직급의 공무원 남성들의 질병으로 인한 결근율이 가장 높은 직급의 남성들보다 6배 더 높다는 것을 발견했다. 여성의 경우에는 가장 낮은 직급의 여성들이 가장 높은 직급의 여성들보다 2~5배 더 많이 결근했다는 결과가 나왔다.[3]

또 다른 연구는 업무 요구는 높으면서 업무 통제력은 낮은 경우 발생하는 업무 스트레스가 대사 증후군과 관련이 있음을 밝혔다. 대사 증후군은 심장 질환 및 제2형 당뇨병 발병 가능성을 높이는 위험 요인들의 집합체로 알려져 있다. 연구에 따르면 직장에서 만성 스트레스에 시달리는 직원들은 업무 스트레스가 없는 사람들에 비해 대사 증후군에 걸릴 가능성이 2배 이상 높다고 한다.[4]

업무 통제력이 건강에 미치는 영향은 영국 공무원들에게만 나타나는 것이 아니다. 위스콘신 종단 연구는 1957년 위스콘신주의 고등학교를 졸업한 1만여 명의 남성과 여성을 장기간 추적 조사한 연구로, 건강, 직무 특성, 교육 수준, 아동기 건강, 흡연 및 음주 등 개인의 건강 관련 행동을 포함하여 분석한 결과다. 물론 이 표본은 완전히 무작위적인 표본은 아니었다. 1957년의 위스콘신 고등학생들 중에는 소수 인종이 상대적으로 적었고 또한 고등학교를 졸업하지 못한 인구 비율이 상당히 높았기 때문이다. 그럼에도 불구하고 많은 응답자들이 오랜 시간에 걸쳐 정보를 제공했기 때문에 이 데이터는 인과 관계에 대한 합리적인 주장들을 가능하게 한다. 한 분석은 1993년에 54세였던 이들을 65세가 될 때까지 추적하여 그 사이에 어떠한 건강 변화가 나타났는지 연구하였다. 이 11년 동안 여성의 7.4퍼센트와 남성의 11.2퍼센트가 사망했다. 이 연구는 스스로 보고한 신체 건강을 결과의 하나로 평가했을 뿐 직무 성격이나 다른 변수들이 사망과 어떤 관계에 있는지를 살펴보지는 않았다. 그럼에도 불구하고 이 연구는 1993년에 측정된 업무 통제력이 여성의 경우(남성은 아니었다) 11년 후에 스스로 보고한 건강 상태와 통계적으로 유의미한 연관이 있음을 발견했다.[5]

다른 연구에서도 업무 통제력의 정도와 건강 사이의 관계가 발견되었다. 유럽 병원 직원들을 대상으로 한 한 연구는 서유럽에서 직무 자율성과 건강 사이에 양의 상관관계가 있다고 보고했다.[6] 스웨덴의 8,500명 사무직 노동자를 대상으로 한 한 연구는, 조직 개편이 진행될 때 그 과정에서 영향력을 행사하며 더 큰 업무 통제권을 얻은 사람들이 그렇지 못한 사람들보다 더 나은 건강 상태를 유지했다는 것을 발견했다. 통제력이 높았던 이들은 12개 건강 지표 중 11개에서 질병 증상이 더 적었으며, 결근 빈도도 적었고, 우울증도 덜 나타났다.[7]

업무 통제력은 당연히 신체 건강뿐만 아니라 정신 건강에도 영향을 미친다. 결국 자신의 업무 환경을 통제할 수 없다는 것은 스트레스의 원인이 될 수밖에 없으며, 직무 수행자의 급여나 공식적 지위와 상관없이 무력감을 불러일으키게 된다. 미국 북동부 지역의 다양한 72개 조직에서 약 700명을 대상으로 한 연구는, 업무 통제력과 스스로 보고한 불안 및 우울 사이에 통계적으로 유의미한 부정적 상관관계가 있음을 밝혔다.[8] 즉, 사람들이 높은 업무 통제력을 가질수록 불안과 우울을 경험할 확률이 낮아지는 것이다.

업무 통제력 결핍은 왜 해로운가

어떤 생명체―쥐이든, 개이든, 인간이든―를 미치게 하거나 무력한 존재로 만들고 싶다면, 가장 확실한 방법 중 하나는 무작위적 처벌을 가하거나, 변덕스러운 요구를 부과하여 자기 환경에 대한 통제력을 박탈하는 것이다. 잠깐이라도 일을 해본 적이 있는 사람이라면, 임의로 바뀌는 마감일과 업무 배정, 직무 수행과는 무관한 부당한 비난, 혹은 개선할 수 있도록 충분한 정보를 주지 않는 비판이 어떤 영향을 미치는지 잘 알 것이다.

어떤 사람은 출장 중에도 아무런 설명 없이 일정이 '재조정' 되었다는 통보를 받기도 하고, 어떤 사람은 끊임없이 바뀌는 성과 평가 기준 탓에 어떻게 해야 일을 잘할 수 있을지 알 수 없어 괴로워하며, 또 어떤 사람은 그날이 좋은 날이 될지 나쁜 날이 될지 파악하기 위해 아침에 출근한 상사의 기분을 먼저 살펴야만 하는 날들을 보내기도 한다.

누군가는 이런 경험을 하기도 했다. 한 남성이 팀장으로 왔다. 팀의 각 구성원에게는 각자가 관리해야 할 손익이 있었다. 그런데 어느 날, 그중 숫자상 가장 좋은 성과를 내고 있었으며, 조직 전체와 팀원들에게 최고의 인재라는 평가를 받던 한 사람이 해고되었다. 충격을 받은 팀원이 팀장에게 그 이유를 묻자, 그는 "나는 누구에게도 설명할 의무가 없다."고만 답했다고 한다. 이런 사례는 너무나 흔하다.

리더가 변덕스럽게 행동하면 직원들은 무엇을 기대해야 할지, 어떻게 행동해야 할지 알 수 없게 되고, 이는 심리적으로나 신체적으로나 파괴적인 결과를 가져온다. '학습된 무력감'에 관한 연구에 따르면, 통제 불가능한 사건들은 유기체를 심각하게 약화시킨다. 그러한 사건들은 트라우마에 부닥쳤을 때의 수동성, 효과적인 반응을 기대할 수 없어서 발생하는 무력감, 그리고 정서적 스트레스 등을 만들어낸다.[9] 따라서 업무 통제력으로 질병 발생률과 사망률을 예측할 수 있으며 업무 통제력이 크면 건강과 수명이 개선된다는 건 전혀 놀라운 이야기가 아니다.

학습된 무력감에 관한 또 다른 연구[10]에 따르면, 통제 불가능한 사건들은 사람들의 동기, 인지와 학습, 그리고 정서적 상태에 부정적 영향을 미친다. 이는 논리적인 결과다. 통제력의 부재는 동기를 감소시킨다. 사람들이 자신의 행동으로 결과에 예측 가능하고 의미 있는 영향을 줄 수 없다면, 결국 시도 자체를 멈추게 된다. 결과를 통제할 수 없다면, 노력은 헛된 것이 되기 때문이다. 그래서 연구들은 행동과 결과의 연결이 끊기면 즉, 사람들이 직장에서 자신에게 일어나는 일을 거의 혹은 전혀 통제할 수 없게 되면 동기와 노력이 감소한다고 말한다. 이런 상황에서 사람들은 '무엇을 해도 바뀌지 않는다'는 믿음을 학습하게 되고, 그 결과 무력감과 무관심이 굳어지는 것이다.

디지털 헬스 콘퍼런스를 기획하는 회사에서 일하는 이가 내게 다음과 같은 이야기를 들려주었다. 한 콘퍼런스를 준비할 때의 일이었다. 직원들은 곧 있을 콘퍼런스의 예비 의제를 준비하여 상사에게 보고했다. 상사는 이렇게 말했다. "관점이 없잖아. 다시 제대로 해와." 그때 직원들은 이렇게 반응했다고 한다. "다시 해봐야 일만 더 늘어나고 개똥 취급을 받겠지. 어떻게 더 잘할 수 있을지 알려주는 피드백도 없는데, 굳이 애쓸 필요가 뭐 있어?" 이처럼 명확한 근거 없이 주어지는 비판은 사람들로 하여금 체념하게 만든다. 그리고 결국 이렇게 생각하게 한다. "왜 계속해야 하지?"

학습에 관한 또 다른 사례를 생각해보자. 인간은 적응하는 존재라서, 다른 사람에게 일어나는 일을 관찰하거나 자신의 경험을 통해 배움을 얻는다. 이를테면 뜨거운 난로에 손을 대면 화상을 입는다는 것, 여러 음식의 맛, 다양한 환경에서 성공하는 방법 등을 알게 되는 것이다. 이렇듯 행동과 결과를 관찰하

월급 받으려다 죽다

고 학습하는 능력 덕분에 인간은 환경에 대해 어느 정도의 통제력을 확보하고 진화에서도 유리한 위치를 얻게 되었다. 하지만 학습의 가장 근본적인 원리는 여러 행동이 가져오는 결과를 합리적으로 예측할 수 있어야 한다는 것이다. 그래야 원하는 결과를 얻기 위해 무엇을 해야 하는지 이해할 수 있기 때문이다. 만약 어떤 자동차의 페달이 어떤 때는 엑셀 페달이 되었다가 또 어떤 때는 변속기 페달로 바뀐다면, 운전이 얼마나 어려울지 생각해보라. 여러 연구가 보여주듯, 통제 불가능한 경험은 학습을 어렵게 만들 뿐만 아니라 통제 인식 자체를 저해한다. 즉 사람들이 어느 정도 학습을 통해 숙달이 되었다 하더라도 통제 불가능성의 경험 때문에 자신이 통제력을 쥐었다는 인식을 못할 수도 있다는 것이다.

또한 업무 통제력 결핍은 사람들을 우울하게 만든다. 자존감과 자신감은 부분적으로 자기 업무를 유능하게 수행함으로써 얻을 수 있는 숙련과 성공의 감각에서 나온다. 하지만 업무 통제력이 없는 상황에서는 개인에게 주어지는 책임과 재량권이 줄어들게 되므로 스스로가 유능하다거나 성공적이라고 느낄 수 없게 된다. 그 결과 사람들이 스트레스와 우울증을 경험할 가능성이 더 높아진다. 즉 업무 통제력은 사람들의 학습 능력, 동기, 그리고 감정 상태에 영향을 미치며, 결과적으로 그들의 신체적·정신적 건강에까지 영향을 미치는 것이다.

업무 통제력을 갖기 힘든 이유

어린 시절에는 부모님이나 선생님 같은 어른들이 내가 해야 할 일이 무엇인지 알려준다. 그 후 나이가 들면 무엇을 공부할지 어디에 살지 누구와 어울릴지 매일 시간을 어떻게 보낼지 등 자기 삶에 영향을 미치는 선택을 스스로 하기 시작한다. 그러다 어느 날 일을 시작하게 되면 상사나 고용주, 그리고 업무 구조에 따라 직장에서 해야 할 일과 일하는 방식을 스스로 결정할 자유를 잃기도 한다. 다시 아기 같은 상태로 되돌아가버리는 것이다. 이는 너무나 안타까운 일이다. 대부분의 사람은 직장에서도 스스로 결정을 내리고 자신의 경험과 기술을 충분히 활용하고 싶어 한다. 하지만 자기에게 결정 권한이 없고 자기 업무에 충분한 통제력을 갖지 못하면 이는 결국 스트레스와 건강 악화로 이어진다.

완구 업계에서 일하는 한 변호사가 내게 말해준 바에 따르면, 기업에서는 직원들을 승진시킬 때 사람 관리 기술보다는 예산 관리 능력이나 프로젝트 마감일을 효과적으로 맞추는 능력 등을 더 높게 평가하는 경우가 많다고 한다. 그렇게 승진하여 관리자가 된 이들은 '관리'라는 본래의 의미에 맞는 역할, 즉 직원들이 일을 더 잘할 수 있도록 코칭하고 지원하는 역할을 잘 수행하지 못한다는 것이다. 그 결과 직장에서 자주 목격되는 가장 큰 잘못 중 하나가 바로 '미시 관리micromanaging'이다. 관리자들이 모든 권한을 움켜쥐고서 부하들에 대해 미시 관리를 행하면 직원 개개인은 자율성과 통제력을 상실하게 된다. 그 변호사는 이렇게 말했다.

> 내 현재 직장은 직원들의 사무실 출근에 매우 집착하는 곳이에요. 직원들은 항상 자기 자리에 앉아 있어야 하며 자리를 비웠다가는 당장 의심을 받지요. 재택근무나 유연 근무 같은 것은 절대 불가능해요. 그래서 사기도 오르지 않고 일에 열정도 생기지 않아요. 자율성이 필요해요. 내 일의 통제력이 내 손에 있다는 느낌을 갖고 싶어요. 설령 그게 아주 자잘하거나 환상에 불과한 것이라고 해도 말이에요. 나도 사람이니 나한테 일어나는 일에 대해 내 자유 의지를 행사하고 싶어요. 자율성이 조금이라도 있어야죠. '미시 관리'를 당하며 살아가는 건 정말 괴로운 일이에요.

노동이 이런 식이 되어야만 할 이유는 없다. 파타고니아의 인사 담당 책임자인 딘 카터는 회사의 창립자이자 공동 소유주인 이본 쉬나드Yvon Chouinard의 경영 철학에 관해 이렇게 말했다. "그는 회사란 모든 사람이 각자의 역할을 알고 있어서 극성스럽게 경영 관리를 하지 않아도 알아서 돌아가는 곳이라고 생각했어요. 그리고 자기가 회사를 이끄는 원리를 '부재에 의한 관리 management by absence'라고 불렀지요."

딘은 파타고니아가 평등한 조직 구조를 유지하여 미시 관리 같은 일이 벌어지지 않도록 한다고 했다. "우리는 되도록 많은 숫자의 직원들을 두려고 합니다. 관리자의 '미시 관리'가 불가능하도록 만든 의도적인 설계인 거죠."

질로우의 경우, 4가지 리더십 원칙 중 하나는 '팀에게 권한을 부여하라'이다. 회사의 교육 및 개발 담당자는 이렇게 말했다. "관리자의 역할은 팀을 지원하고 장애물을 제거하는 데 도움을 주는 것이지 독재자가 되는 것이 아닙니다."

다비타DaVita에서 10년 이상 근무한 뒤 랜드마크 헬스에서 인사 업무를 담당하고 있는 헤더 와시엘레프스키Heather Wasielewski 이렇게 말한다. "만약 직원이 자신의 일이 가치 있게 여겨지지 않는다는 느낌을 받거나 자기의 발언이 무시당한다는 느낌을 받는다면, 혹은 일방적으로 명령을 받고 미시 관리를 당하는 존재라고 느낀다면, 그는 회사에서 충족감을 느끼지 못할 것이며 피로는 더 심해질 겁니다."

직원들에게 업무 통제력을 부여하는 것은 일부 직종과 일부 사람들에게만 가능하다고 믿는 사람들이 많다. 하지만 그렇지 않다. 직원에게 의사 결정 재량권과 자신의 업무를 통제할 수 있는 자유를 부여하는 것은 모든 직종에서 가능하다. 샌프란

월급 받으려다 죽다

시스코에 본사를 둔 건강 보험 관리 회사인 컬렉티브 헬스 역시 자사 직원의 건강에 깊은 관심을 가지고 있다. 임상 및 네트워크 솔루션 부문 시니어 디렉터로 일하는 의사 앤드류 핼퍼트 Andrew Halpert는 컬렉티브 헬스가 고객들의 보험 문제를 해결해주는 콜센터 상담사들의 업무를 어떻게 설계했는지 내게 설명해주었다. 물론 이 회사는 노동 시장에서 인재 확보를 위해 벌어지는 치열한 경쟁에서 승리하기 위해 좋은 작업 공간과 건강한 음식 등을 제공하고 있었지만, 여기서 그치지 않고 다양한 유형의 사람들을 고용하고 그들에게 더 많은 자율성과 통제력을 부여했다. 핼퍼트의 말이다.

대부분의 건강 보험 회사들은 미국 중서부 지역에 콜센터를 두고서 콜센터 업무를 수년간 해온 사람들을 고용하지만 우리는 스탠퍼드, 펜실베이니아, UC 데이비스 같은 최고 수준 대학교에서 갓 졸업한 젊은이들을 고용합니다. 이들의 프로필을 보면 인간 생물학을 전공하고 의학 분야로 진출하고 싶어 하지만 그 사이에 잠깐 흥미로운 스타트업에서 경험을 쌓고 싶은 사람, 뭐 이런 식이죠. 그러면 이런 질문이 떠오를 겁니다. "그렇게 똑똑한 사람들이 콜센터 일을 하며 번아웃이나 불만족을 느끼지 않고 일에 몰두하며 만족감을 느낄 수 있도록 유지하는 게 어떻게 가능한가요?"

우선 저희는 그들을 정말 잘 교육합니다. 그리고 그들이 일을 제대로 할 수 있도록 정말 좋은 기술적 도구들을 제공합니다. 하지만 결국 그들의 주요 업무는 사람들과 전화로 대화하는 것입니다. 그래서 우리가 하는 일 중 하나는 몇 주마다 직원들의 자리를 바꾸는 겁니다. 그러면 조금 다른 느낌이 나거든요. 또한 다른 유형의 업무로 순환도 시킵니다. 어떤 주에는 급여 조정 문제를 다루고, 다음 주에는 지역 외 의료 서비스 이용 문제를 처리하게 하는 거죠. 그렇게 그들이 좀 더 큰 그림을 볼 수 있게 만듭니다.

직원들은 문제가 발견될 경우 즉시 공유하고 엔지니어링 등 다른 그룹 사람들과 협력해서 문제를 해결할 수 있습니다. 즉 누구든 문제를 발견하면 그것을 팀과 함께 해결할 수 있도록 권한을 부여하는 겁니다. 직원들은 똑똑한 사람들이고 그들이 올바른 도구를 갖고 있다면 스스로 문제를 해결하는 게 더 효율적일 테니까요.

컬렉티브 헬스의 전화 상담 비용은 높은 편인데, 이는 상담원이 더 높은 자격을 갖추고 더 많은 보수를 받으며, 문제 해결에 더 많은 시간을 쓰기 때문입니다. 우리는 문제를 근본적으로 확실하게 해결합니다. 다른 곳처럼 문제들이 그저 방치되어 계속 이어지는 일이 없죠.

이렇게 직원들이 서로 협력하여 더 나은 고객 서비스를 만들어낼 수 있도록 권한을 부여하면 여러 가지 긍정적인 결과들이 나타난다.

첫째, 이러한 시스템에서는 고객 기업의 직원들이 건강 보험이라는 것을 귀찮은 문제로 여기는 대신 진정으로 자기에게 돌아오는 혜택으로 보게 되므로 회사를 떠나지 않는 이들이 늘어나게 된다. 둘째, 이런 방식으로 업무를 조직하고 직원들에게 권한을 부여하면 컬렉티브 헬스의 직원들 또한 더 흥미롭고 보람 있는 일을 한다는 느낌을 받으므로 자체 직원 유지율도 올라가게 된다. 셋째, 이러한 구조는 문제 해결에 있어 훨씬 효율적이며, 문제가 끝없이 이어져 결국 고객사의 인사팀으로까지 가게 되는 일을 방지할 수 있다.

앞의 예들이 잘 보여주듯이, 업무 통제력은 직원들의 건강뿐만 아니라 고용주들에게도 영향을 미친다. 많은 연구는 수십 년 전부터 업무 통제력이 직무 만족도와 열의를 예측할 수 있는 가장 중요한 요인의 하나이며, 급여보다도 더 중요한 것으로 여겨질 때가 많다는 것을 일관되게 보여주었다. 업무 통제력은 또한 직무 성과에도 긍정적인 영향을 미치는데, 그 부분적인 이유는 직원들의 열의를 끌어올려서 직원들이 스스로 노력해 최선의 방법을 찾아내도록 이끌기 때문이다.

이 책에서 논의된 다른 많은 상황들과 마찬가지로, 사람들의 건강을 개선하도록 업무 시스템을 설계하는 것과 고용주의 이익을 위해 업무 시스템을 설계하는 것 사이에는 아무런 상충 관계가 없다. 개인에게 더 많은 자율성과 통제권을 주면 그들의 열의, 직무 만족도, 성과를 증가시킬 뿐만 아니라 그 개인을 신체적·정신적으로 더 건강하게 만들 수 있다.

왜 자율성을 허락하지 않는가

직원들에게 업무 통제력과 자율성을 주는 것이 그들에게도 좋고 또 고용주에게도 좋다면, 어째서 이러한 문화가 더 광범위하게 확산되지 않는 것일까? 왜 직원들이 언제 무엇을 어떻게 할 것인지에 관해 소수의 사람들이 많은 통제권을 쥐고 있어야 하는 것일까? 직장 환경에 관한 여러 연구에 따르면 많은 나라에서 업무 자율성은 오히려 감소하는 추세라고 한다. 이러한 자율성 감소는 부분적으로는 다양한 유형의 업무에 대한 감시가 강화되면서 가능해졌는데, 감시 대상은 콜센터 직원이 처리하는 통화 건수에서부터 의사가 진료하는 환자 수에 이르기까지 광범위하다. 이러한 변화는 갤럽 및 다른 주요 인사 컨설팅 기관들이 실시한 여러 조사에서 일관되게 드러났듯, 전반적인 직원들의 업무 몰입 저하와 직무 불만족 증가의 원인이다.

나와 사회 심리학자 로버트 치알디니Robert Cialdini 그리고 2명의 박사과정 학생들은 20년 전부터 업무 자율성을 막는 것은 무엇인가라는 주제로 연구를 시작했다. 우리가 직관적으로 생각했던 바는 이런 것이었다. 사람들은 자신의 효율성과 유능함에 관해 확신을 갖고 싶어한다. 자기 고양self-enhancement 동기에 의해 자신이 유능하다는 믿음과 인식을 정당화하는 방향으로 사고하게 되기 때문이다. 이러한 자기 고양의 동기에서 비롯되는 2가지의 심리적 결과가 있다. 첫째, 개인은 자신이 어떤 상황에 개입한 덕에 더 좋은 결과를 얻을 것이라고 믿는 모종의 '통제력 환상'에 붙들리게 될 때가 많다. 여러 통제력 연구들은 사람들이 순전히 우연에 의해 결정되는 사건조차 자신이 영향을 미칠 수 있다고 믿는 경향을 보인다는 사실을 밝혔다. 둘째, 사람들은 자신이 결과에 긍정적인 영향을 미칠 수 있다고 생각하고 싶어 하기 때문에, 실제로 자신이 생산 과정에 더 많이 개입했거나 개입했다고 인식할수록 그 결과물을 더 긍정적으로 평가하는 경향이 있다. 즉, 사람들은 다른 사람들의 일을 자기가 감독하는 게 더 효과적이라는 믿음을 갖는다는 것이다.

이러한 우리의 가설을 검증하기 위해 우리는 3가지 조건을 포함한 실험을 진행했다. 2명의 참가자가 실험에 참여했고, 우리는 둘에게 역할을 무작위로 정해 1명은 감독자, 다른 1명은 작업자 역할을 맡게 될 것이라고 설명했다. 그리고 스와치 시계 광고의 초안을 작성하는 업무를 맡겼다. 그러나 실제로는 두 참가자 모두 감독자였고, 각자는 다른 방에 있는 참가자가 광고 초안을 작성하고 있다고 믿도록 설정되어 있었다. 우선, 통제 조건의 실험에 참여한 이들은 최종 광고만 보았다. 다음으로 감시 조건의 실험에 참여한 이들은 광고의 중간 초안을 보고 표준화된 피드백 양식을 작성해서 의견을 냈지만 의사 소통 문제 때문에 다른 방에 있는 사람이 그 의견을 받을 수 없었다는 말을 들었다. 마지막으로 피드백 조건의 실험에 참여한 이들은 동일한 중간 초안 광고를 보고 피드백 양식을 작성했을 뿐만 아니라 다른 방에 있는 사람에게 자신의 피드백이 전달되었다고 믿었다. 세 조건 모두에서 참가자들은 마지막에 동일한 광고 결과물을 보았으며, 그 광고와 감독자로서의 자기 자신, 그리고 자신이 감독했다고 믿은 작업자, 즉 부하 직원을 평가했다.

그 결과 자신의 부하 직원에게 업무에 관한 피드백을 주었다고 믿었던 사람들은 최종 광고만 본 사람들에 비해 광고, 자기 자신, 그리고 부하 직원을 약 2배 높게 평가했으며, 감시 조건에 있었던 이들의 평가는 그 중간에 위치했다. 이 차이는 통계적으로 유의미할 뿐만 아니라, 평가를 하는 사람이 최소 수준의 감독을 제공했다고 착각하는 것만으로도 상황을 2배나 좋게 평가할 수 있다는 것을 보여줬다는 점에서 상당히 의미가 크다. 더 흥미로운 점은, 실험에 직접 참여했다는 사실 자체가 사람들의 판단에 영향을 미쳤다는 것이다. 실험에 참여하지 않은 사람들은 광고를 훨씬 더 낮게 평가했다. 즉, 단순히 실험에 참여했다는 것만으로도 광고를 긍정적으로 평가하는 경향이 생긴 것이다. 사람들은 이렇게 자신이 작업물을 만드는 과정에 개입했다고 믿는 것만으로 자신, 부하 직원, 그리고 결과물에 대해 더 후한 평가를 내리게 되어 있다. 그렇다면 권한을 위임하는 것이 왜 그렇게 어려운지도 이해할 수 있다. 통제권을 타인에게 내어 주면 자신과 상대방, 그리고 결과물까지 모두 덜 가치 있게 느껴지기 때문이다. 다시 말해, 사람들은 '자신이 관여했다는 착각'을 통해 스스로가 한 감독 역할의 효율성을 믿게 되며, 그것이 직장에서 업무 자율성 확대를 제한하는 심리적 장벽이 되는 것이다.

심리적 편향이 이렇듯 권한 위임을 어렵게 만들지만, 여러 연구가 밝혔듯 업무 통제력은 건강과 생산성 모두에 결정적인 영향을 미치는 요인이다. 그리고 컬렉티브 헬스의 콜센터 직원들의 사례와 업무 통제력과 자율성을 다룬 수십 년간의 연구가 보여주듯이, 더 자율적인 노동 환경을 설계하는 일은 모든 종류의 업계에서 가능하다.

사회적 지지·건강·안녕

다비타의 기업 문화를 설명하는 영상을 보자. 한 여성 직원이 나와서 자신이 유방암 진단을 받았을 때 직장 동료들이 그녀에게 돈을 모아주기 위해 직접 빵을 구워 바자회를 열었으며 그녀에게 많은 음식을 가져다주었다고 한다. 한 싱글 맘은 자신이 차 사고로 골반이 부러져 아이를 돌보기 힘들었을 때 회사와 동료들이 어떻게 도와주었는지를 거의 눈물을 머금고 이야기한다. 두 경우 모두에서 분명한 것은, 개인들이 구체적으로 도움을 받은 내역과 자신이 공동체의 구성원이라는 사실을 감각한 경험을 똑같이 소중하게 여긴다는 것이다.

업무 통제력과 마찬가지로 사회적 지지는 건강한 직장을 이루는 중요한 요소의 하나이다. 1970년대부터 시작된 많은 연구들은 사회적 지지가 직원들의 건강과 연관되어 있음을 일관되게 보여준다. 흔히 친구가 있는 것은 건강을 지키는 데에 금연만큼 좋고, 운동보다는 훨씬 더 좋다고 말한다. 하지만 한 설문조사에 따르면 가까운 친구가 없다고 말하는 미국인의 숫자가 최근 수십 년 동안 대략 3배 증가했다고 한다.[11]

여러 연구에 따르면 사회적 지지 즉, 의지할 수 있는 가족과 친구 등 타인과 가까운 관계를 유지하는 것은 건강에 직접적인 영향을 미칠 뿐 아니라, 다양한 스트레스와 부담이 건강에 미치

는 영향에 완충제 역할을 해주기도 한다. 이를 소위 '완충 가설'
이라고 부른다. 예를 들어 한 연구에 의하면 사회적으로 통합
이 덜 된 사람들은 더 높은 사망률을 보인다. 낮은 수준의 사회
적 지지를 받는 개인들은 더 높은 사망률을 보이며 특히 심혈관
질환으로 인한 사망률이 높다. 하지만 사회적 지지가 있을 경우
암과 감염성 질환에 걸릴 확률, 그리고 사망률이 더 낮아진다고
한다.[12] 또한 139개국을 대상으로 한 2012년 갤럽 조사는 어려
운 시기에 의지할 수 있는 가족과 친구들이 있다고 보고한 사람
들이 자신의 건강에 더 만족한다는 것을 보여준 바 있다.[13]

여러 연구와 메타 분석을 통해서 볼 때, 사회적 지지는 건강
에 직접적으로 영향을 미치며 또 스트레스와 질병 등을 예방
하는 데에도 도움이 된다는 것을 알 수 있다. 더욱이 최근 연구
들은 사회적 지원이 건강에 영향을 주는 구체적인 생리학적 경
로까지 밝혀냈다. 유타 대학의 건강 심리학자 버트 우치노Bert
Uchino는 사회적 지지가 심혈관, 신경 내분비, 그리고 면역 기능
의 변화와 연관이 있다는 증거를 밝혔으며, 사회적 지지가 이러
한 '질병 관련 시스템'에서 더 긍정적인 '생물학적 프로필'과 상
관성을 가진다고 말했다.[14]

이런 연구 결과들은 결코 놀라운 것이 아니다. 사람들이 사
회적으로 접촉하며 소속감을 느끼고 다른 이들과 함께하고자
하는 욕구를 가지고 있다는 사실은 여러 번 입증된 바 있다. 예

를 들어, 감옥에서 죄수를 독방에 감금하여 격리시키는 것은 가혹한 처벌로 여겨지며 어떤 이들은 이것이 법적으로 용납할 수 없는 일이라고까지 말한다. 전쟁 포로들을 서로 떼어놓는 것은 그들을 굴복시키고 비밀을 누설하게 만드는 데에 아주 효과적인 방법이라고 알려져 있다. 사회적 지지와 사회적 관계는 사람의 안녕을 증진한다. 그렇다면 이어질 질문은 기업들이 어떻게 끈끈한 인간 관계와 사회적 지지의 문화를 촉진할 수 있는지에 관한 것이다.

사회적 지지를 감소시키는 직장 환경

인간 관계 구축과 사회적 지지의 제공이라는 관점에서 볼 때, 직장에는 상황을 더 악화시키는 여러 관행이 존재하고 있다. 하지만 이를 개선하기 위해 환경을 바꾸는 일은 그다지 어렵지 않다. 우선 해로운 직장 환경을 만드는 일들부터 그만두면 된다.

가장 중요한 것은 우선 강제 순위 매기기, 즉 실적 상대 평가 시스템을 없애는 것이다. 실적 상대 평가는 제너럴 일렉트릭 CEO였던 잭 웰치Jack Welch에 의해 유명해졌고 여전히 일부 기업에서 채택되고 있다. 〈파이낸셜 타임스〉의 앤드류 힐Andrew

월급 받으려다 죽다

Hill이 지적했듯이 이러한 상대 평가 시스템은 마이크로소프트의 '잃어버린 10년'의 원인으로 지목되어 왔으며, 마이크로소프트 직원들 역시 이러한 강제된 등수 매기기를 회사 내에서 가장 파괴적인 제도라고 자주 언급해왔다. 그 결과 중 하나는 내분과 협업 감소이다. 강제로 등수를 매기면 직원들의 협동심과 팀워크가 줄어드는 효과가 나타나게 되는 것이다. 이 때문에 컨설팅 회사 딜로이트Deloitte는 이 상대 평가 제도는 이미 끝났으며, 점점 더 많은 기업이 이 방식을 버리고 있다고 주장한다.

사람들을 서로 경쟁하게 만들면 팀워크에 해로울 뿐만 아니라 직원들 간의 사회적 유대가 약화되며 사회적 지지가 감소하여 직장 환경에도 악영향을 미친다. 강제 등수 매기기가 건강에 어떤 영향을 미치는지, 그리고 직원들 대상의 상대 평가가 얼마나 사회적 지지를 감소시키는지를 구체적으로 밝힌 데이터는 아직 없지만, 사람들을 서로 대립시키면 내부 경쟁이 증가하는 것은 당연한 일이다. 한 예로 차량 공유 회사 우버에서는 강제 순위 매기기 때문에 경쟁적 문화가 만들어졌는데, 직원들은 이를 불공정한 블랙박스 같다고 묘사했다. 또한 순위를 매기는 과정 자체가 변덕스럽고 불확실하기 때문에 직원들은 늘 불안감을 느끼며 스트레스를 받아야 했다고 말했다.[15]

한편 제너럴 일렉트릭의 사례도 있다. 이곳의 한 전 고위 관리자는 이렇게 회상했다.

모두가 저마다 자기 영역을 놓고 싸움을 벌이고 있었습니다. 모두 만사를 자기가 통제하고 자기가 소유하겠다고 싸웠지요. 나 또한 내 업무를 하기 위해서 내 영역을 지키려고 나름대로 싸움을 벌여야 했습니다. 저는 제 동료였던 짐과도 싸움을 벌였습니다. 우리 둘 다 뛰어나다고 해도 승진할 수 있는 건 짐과 나 둘 중 1명뿐이라고 생각했으니까요. 기업 문화 자체가 그런 인정 사정 없는 싸움터 분위기였어요. 올라가고, 또 올라가고 그러다가 가차 없이 내동댕이쳐지는 거죠. 누군가가 해고당하면, 곧장 젊고 혈기왕성한 직원들이 그 자리를 차지하려고 달려들었습니다.

직장에서의 사회적 지지가 사라지게 만드는 오늘날의 흔한 직장 문화가 또 하나 있다. 피드백과 긍정적 강화positive reinforcement의 부족이다. 기업들은 관리자 수를 극도로 줄여 운영하는 경우가 많은데, 그 결과 모두가 너무 바빠서 다른 사람을 챙기거나 긍정적 피드백 및 사회적 지원을 제공하기 어려운 상황이 생긴다. 예를 들어보자. 광고학 학위를 가진 한 졸업생이 첫 직장으로 광고 회사 오길비에 취직했다. 그녀가 속한 회사 부서는 매우 빠르게 성장하고 있었기에 직원들이 너무 바빠 풋내기 졸업생에게 일을 가르쳐 주거나 도움을 줄 수 없었고, 따라서 그녀는 돌봄을 받지 못한다고 느꼈다. 그녀는 이렇게 말

월급 받으려다 죽다

했다. "누구라도 내게 와서 '너 이거 정말 잘했다'라고 말해줬다면 다음번에는 훨씬 더 잘했을 거예요. 나는 정말로 나를 돌봐주는 누군가가 필요했지만 그런 건 없었어요."

경영 관리 과정에 약간만이라도 투자하여 직원들이 상급자의 지원과 지도를 받을 수 있게 하고, 구성원 간의 극심한 내부 경쟁을 야기하는 강제 상대 평가 같은 관행을 없앤다면, 기업들은 사회적 지지를 감소시키는 직장 환경의 해악을 제거해나갈 수 있을 것이다.

모두에게 필요한 사회적 지지

이미 살펴본 바와 같이 경제적 불안정성은 엄청난 스트레스의 원천이며 스트레스는 건강 악화로 이어질 수 있다. 오늘날 많은 기업은 고용주와 직원의 관계를 거래적인 것으로 만들었다. 직원들은 생산 요소로 치부되며, 따라서 기업은 돈과 노동을 교환하는 데에만 초점을 맞춘다. 직원과 기업 사이의 정서적 연결 따위는 별로 신경 쓰지 않는 것이다.

하지만 사회적 지지 환경을 구축하려는 기업들은 대체로 다음 2가지의 활동을 실행한다. 첫째, 회사가 직원들을 지원하고 보살핀다는 것을 분명히 보여준다. 둘째, 직원들이 서로에게 돌봄과 배려를 보여줄 수 있는 활동에 참여하도록 장려한다. 이러한 활동들은 실질적인 지원을 제공할 뿐 아니라, 직원들에게 어려운 시기에 도움을 줄 사람들이 곁에 있음을 알리고, 상사 및 동료들과의 정서적 유대감과 연결감이 다른 어떤 혜택만큼이나 중요할 수 있음을 일깨워준다.

미국의 데이터 분석 및 인공지능 소프트웨어 회사인 SAS 인스티튜트는 가장 일하고 싶은 기업의 목록에서 자주 상위권에 오르며, 고객과의 (그리고 직원들과도) 장기적인 관계 유지를 전제로 비즈니스 전략을 수립한다. 이 회사는 다양한 방식으로 직원들의 안녕에 신경 쓰고 있다는 신호를 보낸다. 예를 들어 한 프로그램 매니저가 회사에 입사한 지 얼마 되지 않아 그의 어머니가 말기 암 진단을 받았다는 것을 알게 되었다. 이에 회사는 간병 서비스를 찾아주었으며 동료들은 그의 집에 휠체어용 경사로를 만드는 일을 도와주었다. 또 한 SAS 직원이 주말에 보트 사고로 사망하는 일이 있었다. 이후 회사에서는 회사가 지원하는 어린이집에 다니는 자녀들의 문제를 어떻게 할 것인가에 관한 이야기가 나왔다. 회사는 아이들이 원한다면 나이가 차서 어린이집을 나가야 할 때까지 다닐 수 있도록 하겠다는 답을 내놓았다. 비록 부모가 더 이상 회사의 직원이 아니라 해도 아이들은 그것과 상관없이 계속 어린이집에 다닐 수 있게 된 것이다.

대형 건강 보험 회사인 다비타는 다비타 네트워크라는 것을 가지고 있다. 이는 자연재해, 사고, 질병 등의 위기 상황을 맞은 직원들을 위해 다른 직원들이 급여에서 일부를 갹출하여 서로 도울 수 있도록 장려하며, 회사에서 연간 최대 25만 달러까지 동일 금액을 지원하는 제도이다. 2004년 플로리다 남서부가 허리케인으로 초토화되었을 때 한 직원은 이렇게 말했다. "우리가 집을 잃었을 때 다비타 네트워크는 집을 제공해주었을 뿐만 아니라 우리 가정이 다시 일어설 수 있을 때까지 식비도 지원해주었습니다."

라즐로 복_{Laszlo Bock} 이 구글의 인사 업무를 담당하고 있을 때, 구글은 직원들에게 그들의 요구와 기대를 넘어서는 지원을 제공했다. 이유는 단지 그것이 옳은 일이라는 것뿐이었다. 복은 이렇게 말했다. "우리가 하는 모든 일이 효율성, 공동체, 그리고 혁신과 같은 틀에 꼭 맞아서 하는 것은 아니다. 어떤 일은 순전히 직원들의 삶을 더 좋게 만들 수 있기 때문에 하기도 한다."[16] 예를 들어, 구글은 2011년 미국 내 출산 휴가를 5개월로 늘리기로 결정하기도 했다. 그러나 아마도 가장 주목할 만한 것은 이 회사의 사망 보상 제도일 것이다.

2011년에 우리는 만약 우리 직원들이 예상하지 못한 사고를 당한 경우, 남은 배우자가 구글의 미행사 주식의 모든 가치를 고스란히 넘겨받을 수 있도록 했다. 우리는 또한 그 배우자에게 향후 10년간 직원에게 지급하던 봉급의 50퍼센트를 계속 지급하기로 했다. 자녀가 있을 경우에는, 자녀가 19세가 될 때까지, 만약 자녀가 대학생이라면 23세가 될 때까지 매달 추가로 1,000달러를 지급하기로 했다.[17]

복은 여기에 드는 비용은 회사 전체 급여 비용의 0.1퍼센트 정도였지만 심리적 효과는 엄청났다고 말했다. 2012년에는 복리 후생팀이 이런 익명의 이메일을 받았다고 한다.

저는 암 생존자이고 6개월마다 암 재발 여부를 확인하기 위해 검사를 받습니다. 언제 나쁜 소식을 듣게 될지 알 수 없는 상황이지요.
저는 새로운 생명 보험 혜택에 대한 당신의 이메일을 받고 눈물을 흘렸습니다. 회사에서 저의 삶에 이렇게 도움이 되는 일들을 해주다니, 정말 매일매일 감사한 마음입니다. 이미 저는 구글에서 일하는 것을 너무나 자랑스러워하고 있지만, 우리 회사가 자랑스러운 수많은 이유 중에 이것도 추가되겠네요.[18]

복과 구글이 초점을 두는 것은 공동체를 구축하는 것이다. 복은 직원들이 공동체 의식을 가지고 있으면 최상의 결과물을

                                        월급 받으려다 죽다

내놓게 될 것이라고 믿는다.

이렇게 사회적 지지를 실제로 구현해내면 직원들의 신체적·심리적 건강이 증진된다. 또한 직원들에게 그들이 소중한 존재로 여겨지고 있다는 신호를 주며, 따라서 재능 있는 인재들을 유치하고 잡아두는 데도 도움이 된다.

공동체 문화 만들기

사람들은 자신과 어떤 형태로든 관계를 맺고 있거나, 유사성을 느끼거나, 또는 공통된 경험을 통해 연결되어 있는 사람들을 더 좋아하고 도와주려는 경향이 있다. 진화의 논리를 따라보자면, 친구와 적, 우리와 그들, 그리고 유전적 유사성을 공유하는 사람과 그렇지 않은 사람을 빠르게 구분할 수 있는 능력을 가진 이들이 생존 경쟁에서 유리하기 때문이다. 따라서 유사성은 인간관계에 있어서 가장 근본적인 요소가 된다. 사람들은 이를테면 생일처럼 우연적이고 무작위적인 특성이라고 해도 그런 것이 누군가와 일치한다면 자연스럽게 그에게 호감을 가지고 그의 요청을 들어주는 경향이 있다.

따라서 기업들은 마음만 먹는다면 얼마든지 회사 내에 공동체 의식을 구축하고 구성원 간의 유대감을 키우는 문화를 만들어낼 수 있다.

첫째, 사람들을 직급으로 부르면서 상하 관계를 강화하는 회사 내 언어를 바꾸어라. 그 대신 공동체의 느낌을 주는 언어를 사용해라. 다비타의 경우 스스로를 '마을village'이라 칭하고 회사의 CEO는 종종 자신을 '마을 이장'이라고 부른다. 직원들은 '팀원들teammates'이라고 불리며 '근로자들workers'이라고 불리는 경우는 절대로 없다. '근로자'라는 용어는 다소 낮은 지위를 뜻할 뿐만 아니라, '관리자'나 '리더'와 구별된다는 뉘앙스를 갖고 있기 때문이다.

둘째, 사교 모임이나 기타 행사를 통해 직원들이 서로 연결될 수 있게 장려하라. 다비타 아카데미에서는 한 번에 수백 명의 사람들이 모이는 연수 및 소셜 이벤트를 개최하는데, 참가자들은 팀을 이루어 우스꽝스러운 복장을 하고 연극이나 공연을 하도록 조직된다. 한 직원은 회사 소개 영상에서, 사람들이 함께 노래를 부르거나, 연극을 하거나, 엉뚱한 행동을 할 때 서로 더 깊은 관계를 맺게 되고, 이런 행동들로 대인 관계의 장벽이 낮아진다고 말했다.

이렇게까지는 못한다고 해도, 최소한 사람들이 함께 밥을 먹고 또 여타의 사회적 상호 작용을 할 수 있게 만들어라. 많은 회사는 구내식당을 둔다. 구내식당이 있으면 밖으로 나가지 않고 식사할 수 있으니 시간을 절약할 수 있을 뿐만 아니라 직원들이

월급 받으려다 죽다

밥을 함께 먹으면서 공동체 의식을 형성할 수 있다.

어떤 기업들은 해당 지역의 비영리 단체를 도울 수 있도록 직원들에게 자원봉사의 기회를 제공하기도 한다. 그렇게 함으로써 직장에서는 각자 다른 일을 하기 때문에 서로 섞일 일이 없는 사람들이 공통의 목표로 함께 일하게 되는데, 이로써 직장 분위기가 더욱 좋아지게 된다. 2013년 유나이티드헬스 UnitedHealth가 조사한 바에 따르면, 자원봉사를 한 사람들의 76퍼센트는 자원봉사를 한 덕에 더 건강해진 느낌을 받았다고 답했고 78퍼센트는 자원봉사가 스트레스 수준을 줄여주었다고 답했다. 그리고 직장에서 권장하는 대로 자원봉사를 했던 직원들의 81퍼센트는 자원봉사를 함께한 동료들과의 관계가 더 강화되었다고 밝혔다.[19]

휴가나 생일 파티, 혹은 신제품 출시와 같이 사업에 중요한 일을 기념하는 행사 등 사람들을 즐겁고 의미 있는 맥락에서 함께 만나게 하는 거의 모든 일은 사람들이 사회적 유대를 강화하는 데 도움이 된다.

이 장에서 전하고자 하는 메시지는 간단하지만, 이게 현실에서 이루어지는 경우는 너무나 드물다. 직원들이 자신의 업무에 더 많은 통제력을 가지도록 하고, 그들에게 사회적 지지를 얻을 수 있는 환경을 제공하면 직원들의 신체적·정신적 건강 수준이 높아진다. 이러한 관리 관행은 직원들의 업무 몰입도를 높이고

직원들의 이탈을 방지하기 때문에 회사와 직원 모두에게 이익
이 될 것이다.

월급 받으려다 죽다

인재의 역설

이탈의

조직을 무너뜨리는 무기력의 전염성

해로운 직장 환경에서 일하는 사람들은 스스로가 고통받고 있다는 것을 명확히 안다. 그들은 스트레스를 몸소 느끼고 여기에 대처하려면 어떻게 해야 할지도 알고 있으며 거기에 따라오는 여러 신체적·심리적 대가 또한 아주 잘 인지하고 있다.

그뿐만이 아니다. 대부분의 사람들은 회사에 들어갈 때 행복에 대한 기대 따위는 완전히 접어두어야 한다고 생각하곤 한다. 인간-컴퓨터 상호 작용HCI 전공 학위를 가진 한 젊은 한국계 미국인 여성은 시애틀에 있는 아마존 전자 상거래 부서에 입사할 때부터 그곳의 업무 환경과 문화에 대해 어느 정도 알고 있었고 했다. 그녀는 말했다. "이 회사에 대한 부정적인 평이 있다는 건 알고 있었어요. 하지만 그런 이야기는 대부분 쉬쉬하죠. 그런 걸 대놓고 말하는 건 비전문적으로 보이니까요." 그녀는 불쾌할 수도 있는 근무 환경에 대한 정보를 알고 있었음에도 이 회사의 높은 명성 때문에 채용 제안을 받아들였다. "모두 다 그래요. '아마존에서 일할 수 있다면 어디서든 일할 수 있다'고. 저는 아마존의 높은 지위 때문에 그리고 이 회사가 급성장하는 기업이라는 것 때문에 이곳을 선택했어요."

하지만 그녀는 곧 장시간 노동, 혼란스러운 조직 구조, 정치적 내분, 그리고 만족할 줄 모르는 까다로운 상사 등의 문제로 직장 스트레스를 겪게 되었다. 그녀는 두통, 복통, 그리고 피부 발진을 겪고 침울해졌다. 그리고 우울증을 견디려다가 폭식과 폭음에 빠지게 되었다고 했다. 아마존에 입사하기 전, 그녀는 대학을 졸업한 후 좋은 직장에 취직해 사회에 이바지하고자 하는 꿈을 가지고 있었다. "하지만 아마존에 온 뒤로는 '몰라. 이제 관심 없어. 그냥 무슨 마약이든 내 손에 들어오면 실컷 들이킬 거야. 지금 이 기분을 잊게 해준다면 뭐든 할 거야.' 하는 식이 되어버렸어요." 그녀는 아시아인들 대부분이 실제 나이보다 어려 보이지만 그녀의 경우에는 순식간에 자기 어머니만큼 늙어 보이게 되었다고 했다.

이런 사연은 한둘이 아니다. 한 아마존 직원은 휴가를 가서도 매일 스타벅스에서 무선 인터넷을 이용해 일을 해야 했고 그때 궤양이 생겼다고 고백했다. 아마존뿐만이 아니라 직장 때문에 신경 쇠약에 빠지고 두통, 피부 발진, 위장 장애 같은 스트레

월급 받으려다 죽다

스 관련 증상을 얻은 사람들은 얼마든지 있다. 신체적·정신적 건강을 해치는 해로운 환경에서 일하는 사람들은 그 환경이 자신들의 삶을 망가뜨린다는 것을 이미 잘 알고 있다. 어떤 이들은 그 직장이 자신의 안녕에 좋지 않을 것이라는 사실을 잘 알면서도 그 일자리를 받아들인다.

사실 내가 연구 과정에서 만난 거의 모든 이들은 해로운 직장 환경이 자신들에게 어떤 피해를 입히는지 이미 잘 알고 있었다. 그렇다면 아주 근본적인 질문이 떠오른다. 사람들은 자신들의 직장 환경이 해롭다는 것을 알면서도 왜 계속 그 회사를 다니는 쪽을 선택하는 것일까?

경제적 이유

사람들이 해로운 직장에 머무르는 이유 중 분명한 하나는 경제적 이유이다. 물려받은 재산이라도 있으면 모를까 그렇지 못한 이들은 생활비를 벌기 위해서 일자리를 얻고 수입을 올려야 한다. 어떤 이는 무조건 모든 업무를 최고 속도로 끝내야 하며, 거의 매일 늦게까지 야근을 해야 하고, 회의 때마다 CEO가 건설적 의견을 주지도 않으면서 비판만 해대는 바람에 모든 이가 벌벌 떠는 직장에 다녀야만 했다. 그녀가 그 직장을 참고 다녔던 이유는 간단했다. 대학원을 다니는 남편을 대신해 자신이 생계를 책임져야 했기 때문이었다.

한편 어떤 기업들은 회사의 확장 부지를 어디에 둘지 결정할 때 그 지역에서 비교적 낮은 임금으로 일할 의향이 있고 근무 조건에 관해서도 크게 까다롭지 않은 가용 노동력을 얼마나 확보할 수 있는지를 고려하곤 한다. 예를 들어, 창고의 부지를 고를 때 기업들은 경제적으로 곤경에 처한 지역을 고르는 경향이 있다. 이미 공장과 사업체들이 문을 닫은 곳이라면 그곳의 사람들은 대체로 직장을 따져서 고를 여유가 없는 상황에 놓이게 된다. 따라서 이런 곳에는 취직만 시켜준다면 어떤 종류의 일이든 감사히 받아들일 잉여 노동력이 넘쳐나고 기업들은 그 상황을 이용하고자 하는 것이다. 한 예로 아마존이 테네시주 채터누가와 사우스캐롤라이나주에 물류 센터를 열기로 한 이유를 한 신문 기사는 이렇게 설명했다.

이 결정으로, 아마존은 올해 테네시주에 새로 진출한 기업 중 가장 큰 일자리 창출을 가져올 기업이 되었다. 현지 채용 담당자들과 회사 관계자들은 해당 부지가 아마존이 필요로 하는 수천 명의 임시 노동력을 공급할 수 있는 인력 시장 내에 위치하고 있다고 말했다. 아마존의 일부 시설 주변에서는 이 거대 인터넷 기업의 임시 일자리에서 일하기 위

월급 받으려다 죽다

해 캠핑카에서 생활하며 출퇴근하는 '떠돌이 노동자들work campers'을 볼 수 있다.[1]

이런 기준으로 입지를 결정하는 회사는 아마존 말고도 무수히 많다. 잉여 노동력, 높은 실업률에서 비롯되는 저임금, 안 좋은 직장 환경을 기꺼이 참아주는 노동자 등은 기업으로서는 매력적인 특징이 아닐 수 없다. 기업 입지 기준에 대해 인터넷에서 검색하면 수십 개의 체크리스트와 기사들이 나오는데, 그중 많은 것들은 '낮은 임금과 풍부한 노동력'을 가장 윗부분에 두고 있다.

또한 이렇게 임금이 낮고 실업률이 높은 곳에 콜센터를 두거나 제조 공장을 지으면 정부가 제공하는 인센티브도 얻을 수 있다. 그런 인센티브에는 재산세 및 기타 세금 감면, 낮은 금리의 대출 등이 있다. 게다가 기업 유치에 힘쓰는 지역 사회에서 토지나 심지어 건물까지 무료로 제공하는 경우도 있다. 아마존은 채터누가의 부지를 무료로 얻었을 뿐만 아니라 재산세 또한 27퍼센트 감면받는 조건을 얻었다. 게다가 일단 생산 시설을 열고 나면 힘든 노동 조건을 감수하면서 꾹 참고 회사를 다닐 가능성이 높은 노동력까지 채용할 수 있다. 노동자들로서는 선택의 여지가 별로 없기 때문이다.

경제적 불안정성이 만연하면 사람들은 그저 어떤 일자리라도 고맙게 여기게 된다. 이렇게 되면 그 일자리가 신체적·정신적 건강에 미치는 문제에 관한 고려는 생계비를 벌어야 한다는 필요의 뒤로 밀릴 수밖에 없다.

회사의 명성과 흥미로운 일

힘든 근무 조건을 참는 두 번째 이유는, 명성이 있는 곳에서 일하여 신뢰도를 높이기 위함이다. 이에 관해 제너럴 일렉트릭의 총괄 매니저는 이렇게 말했다. "제가 그 일을 맡았던 것은, 그렇게 큰 회사를 경영한 적이 없는 데에다가 당시 36세였던 저로서는 이 일을 맡음으로서 경력이 크게 좋아질 것이라고 생각했기 때문입니다. 제가 이곳의 한 부처를 맡아 이끌었다는 사실이 제게 이득이 되었던 것은 사실입니다. 실리콘 밸리로 돌아왔을 때 사람들은 제가 제너럴 일렉트릭의 한 부처를 맡았었다는 사실만으로 저를 특별하게 보더군요." 내가 대화한 사람들 중 거의 대부분은 자신이 맡은 일의 여러 부정적 측면들을 알면서도 명성이 있는 기업에 채용되었다는 평판 이익 때문에 그 일을 택했다고 언급한 바 있다.

게다가 대부분의 사람들은 스트레스를 받는 상황임에도 자신이 선택한 전문 분야에서 흥미롭고 도전적인 일을 하고 있었다. 한 이벤트 기획자는 스트레스가 많은 근무 조건에서 일하고 있지만 자신이 하는 이벤트 기획 업무는 흥미진진하다고 말했다. 또한 전력 회사를 다니다가 외상 증후군으로 회사를 그만둔 어떤 사람은 자신이 과로로 번아웃에 빠지기 전까지 정부 관련 일을 하며 지방 공무원들과 관계를 맺는 것을 아주 기쁘게 여겼다고 했다. 앞서 말한 제너럴 일렉트릭의 임원은 크고 중요한 사업체를 경영하면서 부닥치게 되는 여러 문제들을 해결하는 것이 좋았다고 했다.

사람들은 자신의 전문성을 인정받고 사회적 명성을 얻을 수 있을 때 자신의 자리를 지킨다. 또한 일이 일상적으로 가하는 신체적·심리적 피해에 특별히 주의를 기울이지 않을 때, 또한 다른 곳도 그렇게 다르지 않을 것이라고 믿을 때 (또는 그렇게 스스로를 설득할 때) 자신의 자리를 지키기도 한다.

하지만 어떤 일을 하건, 사람들은 최소한 어느 정도의 선택지를 가지게 된다. 직장 중에는 더 건강한 곳도 있고 덜 건강한 곳도 있게 마련이다. 그리고 건강하면서도 인간적인 대우를 해주는 곳 중에는 이를테면, 구글이나 SAS처럼 일하기 좋은 직장으로 손꼽히면서 명성도 높아서 경력에 도움이 되는 곳들이 분명히 있다.

예를 들어보자. 소매업계는 저임금, 노동 부족으로 인한 경제적 불안정성, 예측 불가능한 근무 시간, 부족한 복리 후생 등으로 악명이 높다. 그럼에도 불구하고 포장 용품 소매업체인 컨데이너 스토어Container Store 같은 곳은 가장 일하고 싶은 직장 순위에서 높은 위치에 오를 때가 많다. 또 남성 기성복 소매업체인 멘즈 웨어하우스Men's Warehaouse 는 창업자 조지 짐머George Zimmer가 경영하던 당시, 직원들에게 업계 평균보다 더 높은 임금을 지급하고 시간제 노동자를 최소한으로 고용했으며 직원 중심 기업 문화를 유지한 덕분에 가장 일하고 싶은 직장 순위에 오르곤 했다. 코스트코는 공동 창업자이자 전 CEO인 짐 시네갈Jim Sinegal 의 리더십 아래에서 경쟁 업체인 샘스클럽Sam's Club 보다 직원들에게 더 높은 임금과 더 많은 복리 후생을 제공했다. 덕분에 보통 이직률이 높은 업계임에도 직원들이 수년 동안 머물게 하는 인간적인 근무 환경을 만들 수 있었다.

핵심은 이렇다. 같은 업종, 같은 지역이라고 해도 또 명성의 수준이 비슷한 곳이라고 해도 업무 환경이 덜 해로운 곳은 반드시 있다는 것이다. 따라서 노동자들에게는 선택의 여지가 있다. 노동자들은 직장을 선택할 때 그 직장이 자신의 건강에 미칠 영향을 아주 중요하게 고려해야만 한다. 이는 교육 수준, 지리적 위치, 직업군에 관계없이 항상 적용되는 진리이다.

허점이 많은 2가지 설명

사람들이 자신의 건강을 위태롭게 하는 직장에 머무르는 이유에 대해 경제학적 관점에서 제시된 설명들도 있지만, 이러한 설명을 뒷받침하는 근거는 놀라울 정도로 부족하다.

경제학자들처럼 인간이 합리적이라고 믿는 이들은 내가 이 책에서 묘사한 것처럼 직장이 끔찍한 곳일 리가 없다고 생각한다. 그것이 사실이라면 이미 사람들이 직장을 다 떠났을 것이라고 생각하는 것이다. 이를테면 소비자 행동 연구에서 처음 개발되었지만 이후 다른 분야에서도 사용하게 된 '현시 선호revealed preference'라는 개념이 있다. 이 개념에 따르면 시장에서 (이 경우 노동 시장에서) 사람들은 자신들의 선호를 행동을 통해 드러낸다. 하지만 노벨상을 수상한 경제학자 아마르티아 센Amartya Sen이 비판한 바 있듯이, 현시 선호 개념은 어떤 사람이 무엇을 하든, 그 행위 하나하나가 자신의 이익을 증진시키는 것처럼 보이게 한다는 문제가 있다. 즉 현시 선호라는 개념은 순환 논리적이다. 사람들이 건강하지 못한 직장에 계속 다니는 것이 곧 그들의 피학적 성향을 드러내는 것은 결코 아니다. 또한 그들은 자신이 일하는 곳을 반드시 '선호'하거나 자신이 속한 업무 환경의 문제점을 모르는 것도 아니다.

사람들이 해로운 직장에 계속 다니는 현상을 설명하는 이

론으로 인용되는 또 다른 개념은 '보상적 임금 격차compensating differential'이다. 이 이론은 사람들이 설령 해로운 환경에서 일하더라도 그로 인한 추가적인 위험과 부담에 대한 보상이 이루어지기 때문에 그 위험성에 비례하여 더 많은 것을 얻게 될 것이라고 주장한다. 즉 사람들은 더 많은 돈을 벌기 위해 자신에게 가해지는 해로움을 감수하는 쪽을 선택한다는 것이다. 이 이론은 직관적 설득력이 뛰어나지만, 역시 문제가 있다. 사람들이 직장에서 위험을 감수하여 그 대가를 받는다는 주장에 관한 경험적 증거가 놀랍도록 허약하다는 것이다.

모든 직원은 자신이 속한 직장 환경을 잘 알고 있다. 자신이 유급 휴가를 쓸 수 있는지 그리고 쓸 수 있다면 얼마나 쓸 수 있는지 등을 정확히 안다. 휴가와 병가 일수는 급여 명세서에 인쇄되어 나온다. 그렇기에 나는 사람들이 자신의 근무 환경에 대해 잘 알지 못한다는 주장을 받아들일 수 없다. 비록 그들이 해로운 환경에서 일하며 희생하게 되는 건강의 대가가 얼마나 큰 것인지 충분히 인식하지 못할 수도 있지만, 그렇다고 해서 위의 주장이 성립하는 것은 아니다. 또한 많은 사람들이 어떻게든 생계를 유지하기 위해 혹은 (존재하지도 않는) '위험 수당'을 받겠다고 의식적으로 자신을 위험에 빠뜨리기로 '선택'했다고도 생각하지 않는다. 많은 연구가 증명했듯, 사람들이 항상 합리적으로 의사 결정을 하는 것은 아니다. 이는 일자리 선택 문제에서

　　　　　　　　　　　　　　　월급 받으려다 죽다

도 마찬가지이다. 그보다는 사람들이 해로운 직장 환경에 붙들려 있게 하는 다양한 덫에 걸린 상태라는 점에 주목할 필요가 있다.

직장을 옮길 에너지도 없는 이들

사람들이 나쁜 업무 환경을 견디는 이유를 타성으로 설명할 수도 있다. 수많은 이가 내게 말했듯, 자신의 직장이 정말 싫다고 해도 직장을 옮기는 것보다는 그냥 다니던 직장을 계속 다니는 것이 더 쉬울 때가 많다.

새 직장을 찾는 것 자체가 하나의 일이며, 이 과정에는 많은 에너지가 소모된다. 충분한 수면을 취하지 못하고 직장에서 유발된 스트레스에 시달리는 사람들은 현재의 업무를 수행하면서 새 직장까지 찾을 신체적·정신적 에너지가 없는 경우가 많다. 이 때문에 해로운 직장에 그대로 갇혀 있게 된다. 스트레스에 완전히 제압당한 상태이기 때문에 그 상황에서 벗어나지도 못하게 되는 것이다. 세일즈포스에서 일하는 한 마케팅 직원은 그 상황을 이런 식으로 표현했다.

내 상태는 말이 아니었어요. 제 실력을 발휘할 수 있는 상태가 못 되었죠. 만약 작년 가을에 누가 내게 데이트 신청을 하면서 금요일에 저녁 식사를 하자고 했다면 나는 "좋아요." 라고 했다가 바로 1분 후에 "언제죠?" 하고 물었을 거예요. 그런 상태로 다른 일자리를 찾아 면접을 보고 일을 시작하는 게 가능했을 거라고 보세요?

그는 또 이렇게 말했다.

스트레스에 치이다 보면 모든 잘못이 나 때문이라고 여기고 항상 부끄러워하게 됩니다. 제 두뇌가 말 그대로 기능하지 않는 느낌이었어요. 10초 전에 했던 대화도 기억을 못 할 지경이었으니까요. 곧 해고될 것 같다고 생각했어요. 그래서 병가를 얻고 싶었죠. 제 평판을 망쳐버릴까 봐 두려웠거든요. "출근하기 싫어. 못하겠어. 오늘 하루는 또 어떻게 버티지?" 이렇게 생각하며 아침에 출근할 때마다 눈물을 줄줄 흘렸어요.

이러한 상태에 있다면 성공적으로 이직하는 것은 고사하고 일자리 찾기를 시작하는 것조차 불가능할 것이다. 즉 사람들이 해로운 직장에 그대로 머무르는 단순하고도 중요한 이유 중 하나는, 그들의 심리적인 상처와 신체적인 스트레스가 너무 커서 다른 직장으로 옮길 에너지를 끄집어내는 일조차 불가능한 상황 자체라고 할 수 있다.

자존심과 자긍심

제너럴 일렉트릭의 한 총괄 매니저는 직장 문화 때문에 단 3년 만에 그곳을 그만두었다. 사실 3년도 오래 버틴 셈이었다. 그동안 몇 번 그만두려 했지만 그때마다 그의 상사들이 이렇게 말했다고 한다. "제너럴 일렉트릭을 이끌 정도의 능력은 충분히 있지 않나요?" 그런 말을 들으면 그는 '물론이야. 이 정도는 할 수 있지.' 생각하며 퇴직 의사를 거두게 되었다고 한다. 그는 제너럴 일렉트릭에서 일을 시작하자마자 '이 부서는 완전히 엉망진창이야. 그래서 이 부서의 실정을 제대로 말해주지 않았던 거야.'라고 생각했다고 한다. 그는 말했다. "선택을 고민했죠. 이걸 꾹 참고 버틸까, 아니면 그냥 뛰쳐나갈까. 저는 꾹 참고 버티기로 했어요. 그들은 그럴 줄 알고 저를 고용했던 거예요."

직장을 그만두면 당신은 '중도 포기자'가 된다. 이런 불명예를 안고 싶은 사람은 아무도 없을 것이다. 게다가 이는 스스로의 자존심을 꺾는 일이기도 하다. 제너럴 일렉트릭의 상사들은 그에게 이렇게 말했다. "당신이 진정한 리더라면, 일을 해내고

이 문제를 잘 헤쳐나갈 방법을 찾아낼 수 있을 거예요." 그 말이 내포하는 뜻은 이렇다. '당신이 유능했다면, 업무의 요구를 잘 감당하고 성공을 이뤘을 것이다.' 그렇다면 문제는 당신에게 있는 것이 된다. 이 상황에서 누가 자신이 유능하지 않다는 사실을 인정하고 싶겠는가?

한 아마존 직원 또한 일하면서 점점 불안감이 커졌을 때 스스로 '내가 왜 이러지?' 생각하며 자기를 탓하기 시작했다고 말했다. 그러면서 아마존은 아무나 일할 수 있는 곳이 아니며 오직 가장 뛰어난 사람만이 버텨낼 수 있다고 덧붙였다. 따라서 업무 환경을 감당할 수 있다면 당신은 유능한 사람이 되고, 그렇지 않다면 당신은 약한 사람 즉 패배자가 된다. 아마존의 최고 채용 담당자는 말한다. "우리는 정말 혁신적이고, 기적적인 일들을 해내려 하는 회사이며 그런 일들이 쉬울 리 없습니다. 달에 가는 로켓을 발사하는 일은 어려울 수밖에 없죠. 이런 걸 도저히 견뎌낼 수 없는 사람들이 있어요."

경쟁적이고, 성과 중심적이고, 각종 지표에 광적으로 집착하는 직장에서 돌파구를 찾아 잘 적응하지 못하면 결국 그곳을 떠나게 된다. 하지만 그렇게 될 경우, 당신은 그 정도의 압박감도 버티지 못하는 사람이며 최고의 인재들과는 경쟁할 능력이 없는 사람이라는 것을 스스로 인정하는 꼴이 된다.

사람들은 자신을 유능하고 능력 있는 존재로 여기길 원하며,

월급 받으려다 죽다

실제로 그렇게 생각하도록 강하게 동기 부여가 된다. 인간의 가장 강력한 동기 중 하나는 자기 고양 동기, 즉 스스로를 긍정적으로 평가하고 싶어 하는 욕구이다. 이러한 욕구는 여러 방식으로 나타난다. 사람들에게 유머 감각부터 지능, 신체적 매력, 글쓰기 능력에 이르기까지 여러 종류의 긍정적 특성을 놓고서 자신의 능력을 평가해보라고 하면, 절반 이상의 사람들이 자신을 평균 이상이라고 대답한다. 이를 '평균 이상 효과above-average effect'라고 한다. 또 사람들에게 그들이 어떤 종류의 개인적 특성을 남들보다 더 많이 가지고 있다고 말해줄 경우, 그 말을 들은 이들은 그 특성의 중요성을 과장하고 과대평가하게 되어 있다. 즉, 대부분의 사람은 자신이 긍정적인 특성에서 평균 이상의 능력을 가지고 있다고 생각할 뿐만 아니라, 자신이 가진 특성이 성공에 특히 중요한 영향을 미친다는 생각도 갖게 되는 것이다.

사람들의 자기 향상 욕구와 자신을 훌륭한 존재로 생각하고 싶어 하는 욕구에서 비롯되는 다른 현상도 있다. 사람들은 자신이 어떤 것의 창조에 관여하게 되면 오로지 자기의 손때가 묻어 있다는 이유 때문에 그것을 더 좋아하고 과대평가하게 된다. 게다가 사람들이 무언가를 소유하면, 그것이 머그컵이든 펜이든 초콜릿이든 그저 그게 자신의 소유라는 이유에서 그것들의 가치를 더 높게 평가하게 되어 있다. 이를 '소유 효과endowment effect '라고 한다.

자기가 부족하다는 사실을 스스로 인정하고 또 남들에게 보이길 원하는 사람은 거의 없다. 게다가 그 부족한 무언가가 자기의 자존감과 결부되어 있다면 더욱 그러하다. 많은 이들에게 일이란 핵심적인 것이다. 특히 명성이 높은 기업에서 비교적 명예로운 일을 하는 이들에게는 더욱 그러하며, 많은 사람들이 이를 지켜내기 위해서 모든 것을 던지곤 한다. 그러지 못한다면 자신이 약점을 가진 패배자라는 것을 스스로 인정하는 꼴이 되기 때문이다. 따라서 불가능한 상황에서도 이를 악착같이 버텨내는 것이 자신의 능력, 에너지, 그리고 헌신성을 보여줄 수 있는 일로 여겨지고, 따라서 추구해야 할 가치가 되어버린다. 즉 힘든 상황에서 살아남는 능력이 명예로운 훈장이 되는 것이다. 실제로 실리콘 밸리의 엔지니어들은 자신들의 초인적인 노동시간, 밤을 새우는 능력, 어떤 악조건도 뚫고서 일을 해내는 능력을 자랑거리로 삼곤 한다.

회사는 직원들이 그렇게 미친 속도로 달릴 수 있도록 돕기 위해 여러 가지를 지원한다. 회사를 떠날 필요가 없도록 청소, 식사, 자동차 정비 같은 현장 서비스를 제공하고, 사람들이 쉬지 않고 달릴 수 있게 해주는 연료(즉 술과 음식)도 제공한다. 한 연구자는 많은 회사가 사람들이 지쳐서 집에 가고 싶어질 시점에 계속 일할 수 있게 음식을 구성한다고 지적했다. 점심 식사

월급 받으려다 죽다

때에는 주로 샐러드와 단백질을 위주로 한 식사를 제공하다가 사람들이 두 번째 교대를 시작하는 시점인 이른바 '해피 아워' 때는 지방과 설탕이 듬뿍 들어간 고열량의 식사를 제공하는 식이다. 지방과 설탕은 건강에 해롭지만 사람들이 밤까지 계속 일할 에너지를 끌어올리는 데에는 유용하다. 물론 기업들은 여기에 더하여 승진 약속, 회사에서의 인정, 간헐적 포상 등으로 사람들이 일을 계속하도록 장려한다. 그리고 직접적으로든 암묵적으로든 다음과 같은 질문을 계속 되풀이한다. "당신에게는 이 회사에서 성공할 정도의 충분한 능력이 있지 않은가?"

합리화와 헌신의 결과

어떤 결정을 내릴 때, 그것을 자발적으로 했을 뿐만 아니라 결정 사항을 지인들에게 널리 알렸다면 그 사람은 그 결정에 심리적으로 헌신하게 된다. 즉 개인은 자신의 선택과 그것이 함축하는 바를 심리적으로 자신과 동일시하게 되며, 자신의 책임이 있는 결정을 내렸으니 그에 합당한 방식으로 계속 행동해야 한다는 동기를 부여받게 되는 것이다. 책임과 헌신은 강력한 심리적 동기로 작용하며, 자신이 처음에 선택했던 바와 부합하는 방식으로 행동하게 만든다. 예를 들어 어떤 사람이 특정 후보에게 기부를 하거나 포스터를 붙이는 것 같은 작은 행동을 한 경우, 그 사람은 후에 높은 확률로 그 후보를 위해 더 크고 중요한 행동을 하게 된다. 누군가에게 도움이 될 만한 일을 한 번 하고 나면 그다음에는 최초의 행동이 함의하는 바에 책임을 느끼며, 결국 이를 지지하는 방향으로 행동하게 되는 것이다.

헌신에는 여러 심리적 과정이 작용한다. 누군가가 결정을 내리면 그 결정은 '자신의 것'이 되며, 우리가 머그컵이나 초콜릿을 '내 것'이라는 이유에서 좋아하는 것처럼 우리가 내린 결정 사항도 자신의 결정이기 때문에 좋아하게 된다. 이렇게 하여 사람들은 어떤 회사에 입사하기로 결정하면 그 최초의 결정이 자기 것이기 때문에 이를 쉽게 싫어하지 못하고 무조건 고수하게 되는 것이다. 여기에 또 다른 과정이 끼어든다. 이는 자기를 높이고자 하는 욕망 때문에 발생한다. 우리가 자존감을 유지하려면 스스로 실수를 하거나 멍청한 짓을 했다고 인정해서는 안 된다. 이렇게 사람들이 나쁜 직장에서 일하기로 한 자신의 결정에 헌신하게 되는 또 다른 이유가 생겨난다. 자기가 한 결정에서 자기 자신을 떼어놓거나 실수를 인정하는 것보다는 오히려 그 결정을 합리화하고 정당화하는 편이 훨씬 더 쉽다. 인간은 합리화의 달인이다.

나쁜 직장에서 계속 헌신하는 것을 합리화하는 방법 중 하나는, 비록 현재는 상황이 나쁘지만 계속 이렇게 나쁘지는 않을

월급 받으려다 죽다

것이라고 생각하며, 또 계속 이 직장을 다녀야 할 다른 이유가 있다고 여기며 스스로를 타이르는 것이다. 한 재무 담당자에게 회사를 떠나지 않는 이유를 묻자 "연봉이 엄청난 액수였고 직장이 집과 가까웠어요."라고 말했다. 또 한 컨설턴트는 우리가 조상들에 비해 훨씬 더 좋은 삶을 살고 있으며, 일을 사랑하지 못하는 것은 우리 사회가 부유해지며 사람들이 게을러졌기 때문이라고 말했다. 나는 이렇게 해로운 직장에 있는 것을 스스로 납득하고자 하는 합리화의 논리를 무수히 접한 바 있다.

한 경영 코치는 자신의 고객들이 오랜 시간 동안 일하며 많은 희생을 하는 이유에 관해 이렇게 말했다.

대부분은 그것을 합리화하며 "조금만 더 하고 그만둘 생각입니다."라고 해요. "이번 분기까지만이에요." 혹은 "이번 제품 출시만 끝내고요." 하는 식이지요. 하지만 이런 식으로 수년을 지속할 수도 있어요. 사람들은 잠도 제대로 못 자고, 회의마다 벌벌 떨며, 심지어 자신이 숨을 제대로 쉬고 있는지조차 모르고 삽니다. 대부분은 아직 젊어서 그 대가를 경험해 보지 못한 경우지요.

헌신은 또한 확고하고 일관된 모습으로 보이고자 하는 욕구를 통해서도 작동한다. 일관성은 가치 있는 것으로 보이며, '변절자'라는 말은 웬만해서 칭찬으로 여겨지지 않는다. 그래서 사람들은 일단 결정을 내리고 난 뒤에 그 방향으로 쭉 나가야 한다고 느끼며, 이는 직장 선택에 관한 결정에 관해서도 마찬가지다. 너무 자주 직장을 옮기면 회사들이 자신을 문제가 있어 직장에서 버티지 못하는 사람으로 여기고 안 좋게 볼 것이라 우려하기도 한다. 게다가 일관성을 유지해야 한다는 압박 때문에 자기 오류를 인정하는 것도 꺼리게 된다. 그렇게 애써 상황이 나아질 것이라 생각하거나 상황이 실제로는 그렇게 나쁘지 않을 것이라고 스스로를 위로한다. 이 모든 것이 합쳐지면서 사람들은 직장이 자신의 안녕을 해치고 있다는 것을 뻔히 알면서도 계속 그곳에서 일하게 되는 것이다.

해로운 것이 정상으로 여겨질 때

우리는 다른 사람들을 관찰함으로써 무엇을 기대해야 하는지, 무엇을 원해야 하는지, 무엇이 규범적인 것인지를 배운다. 심리학자들은 이미 60년 전에 정보의 사회적 영향informational social influence 이라는 개념을 설명했으며 이는 여전히 중요한 개념으로 남아 있다. 그 전제는 다음과 같다. 우리는 타인의 행동이 적절한 태도와 행동에 관한 유용한 정보를 제공한다고 믿기

월급 받으려다 죽다

때문에 그들로부터 영향을 받는다. 특히 우리와 사회적으로 유사한 사람일 경우 그 영향력은 더욱 크다. 사회 심리학자 로버트 치알디니의 말대로, 다른 사람들의 행동을 사회적 증거로 의지함으로써 우리는 인지적 노력을 크게 절약할 수 있다. 우리는 단지 다른 사람들의 행동을 보면 된다. 그리고 타인들이 현명하며 세심하게 생각하여 행동한다고 믿으며 그들의 태도와 행동을 자신의 길잡이로 삼는 것은 현명한 일로 여겨지며 또 실제로 그럴 때가 많다. '표준norm'이라는 단어가 '규범적normative'이라는 단어와 어원이 같다는 것을 생각해 보면 결국 '표준'과 '규범적'이란 것은 대부분의 사람들이 생각하고 행동하는 바를 의미하는 것임을 알 수 있다. 이러한 의미에서 보자면 사람들은 집단적으로 현실의 한 버전, 즉 기대되고 받아들여질 수 있는 것의 기준을 규정한다고 할 수 있다.

특히 일과 관련해 타인이 미치는 영향은 매우 크다. 한 회계사는 과거를 회상하며 이렇게 말했다. "부모님은 나에게 회계사가 되어 좋은 급여와 건강 보험을 받으라고 하셨죠." 내가 인터뷰한 많은 사람들은 친구들이 자신을 좋은 회사에 다니고 좋은 직업을 가진 성공한 사람이라고 여기며 부러워한다고 말했다. 이런 경우, 직장을 그만두는 것은 어려운 일이다. 그렇게 되면 부모와 친구들의 기대를 어기고, '멋진' 직장이라 여겼던 곳이 사실은 자신을 병들게 하고 있었다는 사실을 인정해야 하기 때문이다.

사회적 영향력은 강력하다. 패스트푸드점의 이직률에 관한한 연구[2]는 이직이 사회적으로 전염된다는 사실을 밝혔다. 연구에 따르면 어떤 매장에서 몇몇 직원이 그만두면, 다른 직원들도 그들을 따라 퇴사할 가능성이 높아졌고, 반대로 아무도 그만두지 않으면 나머지 직원들도 계속 남는 경향을 보였다. 저임금에 보상이 크지 않은 직업임에도 직원들이 머무르거나 떠나는 결정에 동료들의 행동이 영향을 미친 것이다.

마찬가지로, 사람들이 자신의 일―직무 내용이나 조직 전체―에 가지는 인식 역시 동료들의 반응에 영향을 받는다. 만약 모든 동료가 누군가의 일을 흥미롭다고 생각한다면, 당사자도 그렇게 느낄 가능성이 크다. 반대로 모든 이가 그 일을 형편없다고 여긴다면, 당사자 역시 그렇게 느끼게 된다.

우리가 속한 사회적 네트워크에 있는 사람들의 행동과 신념은 사회적 영향력을 행사한다. 어떤 의미에서 이는 우리 모두가 잘 아는 사실로 여겨지는데, 중요한 것은 그것이 함의하는 바다. 우리는 술을 끊고자 한다면 음주하는 친구들과의 만남을 줄여야 한다는 사실을 알고 있다. 흡연이나 약물 사용, 체중 조절의 경우도 마찬가지다. 사람들은 서로의 관계 속에서 '정상적이고 적절한' 음주 습관, 식습관 등에 관한 사회적 기준을 함께 만들어낸다.

이러한 사회적 영향력은 우리가 유해한 근무 환경을 받아들이는 과정에도 작용한다. 장시간 노동을 해야 하며, 업무 통제력을 가질 수도 없고, 직장-가정 갈등을 끊임없이 만들어내는 환경이 정상적인 것처럼 여기는 사람들에 둘러싸이게 되면, 누구나 그 상황을 정상적인 것으로 받아들이게 된다. 그리고 조용히 복종하면서 회사를 다니게 된다. 설령 마음 깊은 곳에서는 그 때문에 자신이 희생당하고 있으며 그 환경이 전혀 '정상적'이지 않다는 것을 알고 있더라도 말이다.

불행하게도 일의 세계에서는 장시간 노동과 해로운 직장 환경의 여러 측면이 정상으로 자리 잡아버렸다. 그래서 그러한 환경에 직면해도 대부분은 그러려니 하고 만다. 오히려 모두가 참고 묵묵히 다니는 직장에 관해 불평하다가 떠나는 이를 이상하다고 느끼게 된다. 더욱이 자신이 속한 업계에 장시간 노동 같은 관행이 규범적인 것으로 자리 잡힌 상황이라면 다른 직장도 비슷할 것이며 더 건강한 직장을 찾기는 어려울 것이라고 생각하며 미리 포기하고 만다.

오늘날 노동자들이 불가능한 마감일에 쫓겨 비현실적으로 긴 노동 시간에 시달리는 것은 기업 문화의 한 부분이 되어버렸으며 따라서 이를 정상적 상태라고 규정하게 되었다. 한 경영 코치는 이렇게 말했다. "바쁜 일이 끝나고 더 이상 사람들이 새벽 2시까지 일하지 않게 되면 그들은 이런 말을 합니다. '우리가 어쩌다 이렇게 게을러진 거야?' 이게 바로 제가 말하는 '정상화' 입니다. 이런 상태가 얼마간 지속되면 당연히 이렇게 일해야 한다는 세뇌와 기대가 들어서게 되죠." 비정상적이고 해로운 것들은 정상적이고 당연한 것으로 규정되며, 심지어 여기에 성공과 성취라는 가면까지 씌워지게 된다.

대안적 서사와 자기 지각

앞서 언급한 내용에 일부 포함되어 있지만, 별도로 주목할 만한 개념이 하나 있다. 바로 우리 자신과 타인이 어떤 상황에 관해 만들어내는 '서사narrative'의 개념이다. 우리는 이러한 서사를 통해 자신이 처한 환경을 이해한다. 그리고 일단 서사가 형성되면, 우리는 그 서사와 일치하는 방식으로 새로운 정보를 받아들이고, 그 서사에 맞지 않는 정보는 무시하거나 쉽게 잊어버리게 된다.

해로운 업무 환경에 관해서는 서로 맞서는 2가지 서사가 존재한다. 하나는 이러한 환경이 경쟁적이고 요구가 많은 회사에서 나타난다. 이에 관해서는 산업의 혁신을 이루고, 기업이 추구하는 경제적 성과를 내려면 '그럴 수밖에 없다'는 논리가 펼쳐진다. 사람들은 아마존이나 우버 같은 회사들의 혹독한 경영 방식을 변명할 때 이러한 논리를 펼치곤 한다. 실리콘 밸리 투자자이자 논평가인 제이슨 칼라카니스Jason Calacanis 는 이렇게 말했다. "하이테크 회사들 중에 직원이 5명 규모였던 회사를 5,000명, 더 나아가 5만 명 규모로까지 키운 경영자는 손꼽힐 정도다. 우버는 존재를 유지하기 위해서 악착같이 싸울 수밖에 없었다. 온 시간을 싸우는 데 쏟다보면, 싸움꾼의 정신이 생기는 법이다."[3]

그의 결론은 이렇다. 사람들은 그런 회사에서 일하는 것을 자랑스럽게 여겨야 하고, 회사의 성장과 성공을 위해 자신의 편협한 생각과 이기심, 심지어 자신의 안녕까지도 기꺼이 내려놓아야 한다는 것이다. 원 메디컬One Medical 에서 일했던 회계사는 내게 이렇게 말했다.

우리는 우리 회사를 천국이라고 생각했어요. 그곳에는 분명한 사명이 있었거든요. 환자들이 쉽게 치료를 받을 수 있게 해주고 건강 보험을 저렴하게 만들겠다는 그 사명을 우리는 진심으로 지지했습니다. 우리는 스스로 선한 일을 하고 있다고 믿었고 이 회사의 성공을 위해서 우리의 삶까지 기꺼이 바쳤어요. 이 회사가 성공하는 대가로 우리의 삶을 넘겨준 거예요. 이렇게 시작부터 우리 자신을 돌보는 일은 망각되어버렸습니다.

최악은 우리가 의미를 얻기 위해서 급여를 받고, 직위를 얻고, 심지어 돈을 벌어야 한다는 생각까지 모두 버리기에 이르렀다는 것입니다. 사명 중심적인 회사에서 일하는 것은 멋진 일이지만, 내 삶의 의미는 그것으로만 채워지지는 않습니다. 저는 그 회사의 목적을 쫓다가 삶의 의미를 모조리 잃어버렸어요.

어떤 대의나 목적을 위해 자신을 희생해야 한다는 생각에는 하나의 미덕이 있다. 그것은 자신보다 더 크고 오래 지속되는 조직에 자신을 결속시킴으로써, 불멸에 대한 욕망 혹은 그와 유사한 형태의 욕구를 충족시킬 수 있다는 점이다.

이번에는 그 반대의 서사를 살펴보자. 어떤 직장 환경은 실제로 해로우며 그곳에서는 사람들의 안녕과 건강, 심지어 생명까지도 몇몇 리더의 야망과 그 개인의 권력, 명성, 부라는 목표에 종속된다. 예를 들어, 원 메디컬에서는 회사의 리더 스스로가 자신을 돌보는 것을 중요하게 생각하지 않았다. 그는 회사의 성공을 위해 자신의 건강을 희생하는 것을 신념으로 삼았고, 그러한 그의 태도가 점점 부하 직원들에게까지 퍼져나갔다. 하지만 리더가 균형이 잃었다고 해서 다른 직원들까지 균형 감각을 잃어야 할 이유는 없다. 이러한 서사에서는 퇴사할 권리를 행사하는 것이 옳을 뿐만 아니라 스스로의 자존감을 살리는 자기 긍

   월급 받으려다 죽다

정의 길이기도 하다. 그리고 직원들이 떠남으로써, 회사가 높은 이직률과 그에 따른 비용 문제, 또한 새로운 인재를 유치해야 하는 현실을 직면하게 될 수도 있다.

여기에 나는 세 번째 서사를 제시하려고 한다. 이는 앞의 두 서사를 하나로 합쳐서 스스로를 돌보는 것을 보다 정당한 것으로 만들어주는 서사이다. 해로운 직장 환경 때문에 아프거나 일을 못 하게 되거나 심지어 최악의 경우 죽음을 맞는다면 이는 본인에게 뿐만 아니라 회사에도 좋지 않은 일이다. 만약 당신의 고용주가 정말로 당신의 기여를 중요하게 여긴다면 당신을 더 잘 돌봐주려고 하지 않겠는가? 회사가 진정으로 생산성과 성과를 중시한다면, 복지와 높은 성과를 모두 끌어내는 경영 방식을 채택하고, 노동자의 복지를 해치는 환경 요인들을 없애려 할 것이다. 특히 환경과 사회의 안녕에 기여한다고 자부하는 회사라면 직장 자체가 지속 가능하도록 만들기 위해 시간과 노력을 아끼지 않아야 마땅하다.

결국 회사를 떠나는 사람들

이렇게 사람들을 해로운 직장에 머물게 하는 많은 심리적 요인들이 있지만, 그럼에도 불구하고 직장을 떠나는 사람들은 분명히 있다. 사실 이 책을 쓰기 위해 내가 인터뷰한 거의 모든 사람은 해로운 직장을 떠난 바 있다. 사람들이 직장을 떠나는 조건은 크게 3가지가 있다.

첫째, 어떤 결정적인 사건이 발생할 수 있다. 지푸라기 하나가 낙타의 등을 부러뜨릴 수 있는 것처럼, 너무 황당한 사건이 벌어지면 사람은 별안간 자기 현실을 깨닫게 되기도 한다. 누군가 내게 들려준 이야기다. 그가 아는 한 직원이 친구의 장례식에 참석한 도중에 빨리 일을 처리해야 한다는 회사의 전화를 받았다고 한다. 그 직원이 다음 날 회사로 출근하여 바로 그 일을 하려고 했더니 회사는 "아, 그 건은 우리가 이미 처리했습니다."라고 했다. 그 후 그 직원은 이런 식으로 자신을 취급하는 직장에서 남은 삶을 보내고 싶지 않다고 생각하며 회사를 떠나기로 했다고 한다.

둘째, 친구들이나 가족들의 지지를 받고 심리적 꺼림칙함을 극복하여 직장을 떠나기로 결정하는 경우이다. 직장 스트레스를 참아가며 많은 경험을 한 어떤 이의 경우이다. "사직을 촉발한 사소한 사건이 있었어요. 정말 아팠지만 출근하려고 했던 적이 있었는데, 남편이 나를 억지로 앉히고는 이런 식으로 가다간 큰일이 날 거라고 말해주었어요. 결국 나는 다른 직장을 찾자마자 그 회사를 그만두었죠."

앞에서 언급한 제너럴 일렉트릭의 전 직원은 회사에 사직서

월급 받으려다 죽다

를 쓰러 갔다가 '우리 회사의 리더가 될 유능한 사람'이라는 말을 듣고서 마음을 돌린 채로 귀가했다고 한다. 그러자 그의 아내는 그가 제너럴 일렉트릭의 최고 지도자가 될지는 모르겠지만 자기와는 끝이라고 말했고 그 말 덕에 그는 회사에서 벗어날 수 있었다.

셋째, 사람들은 심리적으로나 신체적으로 너무 힘들어서 더는 계속할 수 없을 때 직장을 떠난다. 누군가가 이렇게 말했다. "제가 계속 월스트리트를 다닌 건 제 능력이 부족해 다른 직장을 찾을 수 없다고 여겼기 때문이었죠. 하지만 영혼을 짓밟아 버리는 그 환경을 더는 견딜 수 없었고 신경 쇠약에 걸리고 말았어요. 그렇게 결국 그곳을 떠날 수 있었습니다."

어떤 이는 정신적 외상 증후군으로 인해 휴직을 신청했고 이를 계기로 다니던 회사를 완전히 떠났다. 너무 지치고 우울해서 더 이상 견딜 수 없게 되어 아마존을 그만둔 직원도 있다. 이렇게 사람들은 해로운 직장을 떠나기로 결정하기도 한다. 하지만 그 결정을 하기까지 엄청난 신체적·심리적 대가를 치러야 하는 경우가 너무나 많다.

해로운 직장에서 벗어나기

인간에게는 어떤 것이든 합리화할 수 있는 능력이 있다. 사람들은 "그렇게 나쁘지 않아. 잠깐뿐이야." 하며 구실을 찾아내곤 한다. 하지만 남녀가 짝을 찾게 도와준다든가, 더 많은 물건을 더 빠르게 살 수 있게 해주는 게 그렇게 엄청난 일일까? 사람들이 일단 직장을 선택하고 나면, 그곳을 떠나기는 쉽지 않다. 회사에서 동료들이 용납 못 할 일들을 아무렇지 않게 참아내는 것을 보면, 스스로를 충성스럽고 성실하며 성공한 직원이라고 그려내거나 아니면 반대로 무능한 존재라고 그려내는 서사에 노출되고 나면, 회사를 떠나는 일은 정말로 어려워진다. 그리고 궁지에 몰린 나머지 술과 약물에 손을 대거나 가족과 친구들을 잃거나 자기의 건강이 망가지고 있다는 것을 알면서도 여전히 회사를 떠나기는 쉽지 않다.

여기 해로운 직장 환경에서 벗어나기 위해 실제로 해볼 수 있는 몇 가지 방법이 있다. 첫째, 가족 및 친구들과 좋은 관계를 맺고 있는 사람들, 자신의 일에서 자율성과 통제감을 얻는 사람들과 관계를 맺고, 함께 시간을 보내도록 하라. 이들은 당신이 더 나은 결정을 할 수 있도록 도움을 줄 것이다.

둘째, 사람의 자존심을 일부러 긁는 말―"당신은 능력이 안 되나 보군요?" 같은―에 굴복하지 마라. 다른 일에서와 마찬가지로 회사를 선택할 때도 얼마든지 실수할 수 있다는 것을 기꺼이 인정하라. 그다음, 그 실수를 바로잡기 위해 행동하라.

셋째, 내가 인터뷰했던 사람들이 말했듯, 해로운 직장을 떠난 뒤에도 그 영향이 바로 사라지지는 않는다는 점을 이해하라. 훌루에 다녔던 경험이 있는 한 사람은 내부 정치로 인한 스트레스로 그곳을 그만둔 후에도 부정적인 영향이 지속되는 경험을 했다고 고백했다. 그녀는 이렇게 말했다. "직장을 옮겨도 계속 짊어지고 가게 되는 것들이 있어요. 그래서 더 건강한 직장으로 이직해도 나쁜 경험의 잔재를 완전히 없애지는 못해요. 참 흥미로운 일이죠."

가장 중요한 것은 당신이 직업을 선택할 때, 그 직업이 우리의 건강과 안녕에 미치는 영향을 진지하게 고려해야 한다는 것이다. 일은 단지 돈벌이 이상의 의미를 가지며, 돈으로는 관계에 생긴 상처나 신체적·정신적 건강의 훼손을 완전히 치유할 수 없다. 노동자 스스로가 행복하게 일할 수 있는 곳을 찾아내려고 노력하기 전에 고용주가 먼저 노동자의 건강을 소중하게 여겨줄 것이라고 기대해서는 안 된다.

번아웃 없는 조직의 비밀

보이지 않는 비용을 통제하고 성과를 극대화하는 5가지 전략

배리-웨밀러의 CEO 밥 채프먼이 옳다. (참고로 밥 채프먼은 〈잉크Inc.〉가 선정한 세계 3위 CEO이다) 그는 이렇게 말했다. "언젠가 저는 텍사스주 샌안토니오에서 약 1,000명의 CEO들에게 이렇게 말했습니다. '여러분이야말로 보건 위기의 원인입니다. 모든 질병의 74퍼센트는 만성 질병인데 만성 질병 최대의 원인은 스트레스이며 스트레스의 가장 큰 원인이 바로 직장이기 때문입니다.'"

기업의 고용주들은 자기 직원들을 병들게 하고 있으며, 정부는 그에 대응해 하는 일이 별로 없고, 그 대가는 모든 사람이 치르고 있다.

하지만 다른 길이 있다. 수만 명의 생명을 구하면서 동시에 매년 수십억 달러의 의료비와 기타 비용을 절약하며 모든 종류의 조직을 더 효과적이고 생산적으로 만드는 것은 충분히 가능한 일이다. 기업들, 공공 정책 입안자들, 그리고 노동자들까지 모두가 내가 이 책에서 제시한 내용―직장 환경을 해롭게 만드는 세세한 사항들―을 이해하고 내가 제시한 긍정적 사례들을 본받아 환경을 바꾸어나가기만 하면 된다.

배리-웨밀러, 파타고니아, 질로우, 컬렉티브 헬스, 구글, 다비타를 비롯한 많은 기업이 보여주듯, 직원들의 삶을 존중하는 건강한 직장을 만드는 것은 실현 가능할 뿐만 아니라 반드시 필요한 일이다. 이는 인간의 지속 가능성을 위해 필수적인 일이고 기업의 이익에도 도움이 되는 일이다.

만약 '노동'이 단지 고통을 의미하는 단어가 아니며, 직장이 사람들의 신체적·정신적 건강에 해롭지 않은 곳이 된다면 어떨까? 기업뿐만 아니라 사회 전체의 의료 지출이 줄어들고, 생산성과 실적은 더 높아질 것이다. 신체적으로 혹은 심리적으로 고통받는 사람들이 직장에서 최고의 성과를 낼 수 없다는 것은 굳이 증명하지 않아도 누구나 아는 상식이다. (물론 우리는 2장에서 그러한 증거와 일화들을 다룬 바 있다) 만약 해로운 업무 환경을 바꾼다면 사람들은 '월급 좀 받으려다가 목숨을 잃는' 일을 더는 겪지 않을 수 있을 것이다.

직장에서 중요한 또 다른 요소들

직장 환경을 구성하는 중요한 요소이지만, 앞서서 다루지 않은 것이 있다. 그것은 바로 직장 내 괴롭힘이다. 직장 내 괴롭힘은 널리 퍼져 있을 뿐만 아니라 큰 스트레스 요인으로서 피해자에게 심리적·신체적 고통을 유발하는 심각한 문제이다. 직장에서 벌어지는 괴롭힘은 충격적일 만큼 흔하다. 영국 국민 보건 서비스National Health Service의 간호사들을 대상으로 실시한 연구[1]는 응답자의 44퍼센트가 지난 12개월 동안 괴롭힘을 경험한 적이 있다고 밝혔다. 괴롭힘은 사람들의 건강에 큰 영향을 미친다. 연구에 따르면 괴롭힘을 당한 적이 있는 간호사들은 유의미하게 높은 수준의 불안과 심리적 우울증에 시달렸다. 또한 핀란드에서 5,400명 이상의 병원 직원들을 대상으로 시행된 2년 패널 연구는 연령, 성별, 소득을 조정하고 보아도 괴롭힘을 당한 직원들이 심혈관 질환을 얻게 될 가능성이 그렇지 않은 사람에 비해 2배, 우울증을 경험할 확률은 4배 높다고 보고했다.[2] 상사나 동료들의 괴롭힘은 개인적 행동일 뿐 조직의 문제가 아니라고 여기는 사람도 있다. 하지만 분명한 것은 조직과 조직을 이끄는 리더에게는 해로운 직장 환경을 방치할지 말지 결정할 힘이 있다는 것이다.

한편 여성, 소수 인종, 여타 집단들에 가해지는 차별이 얼마나 해로운지도 생각해볼 필요가 있다. 이러한 차별은 그들의 취업 기회와 경제적 안정성에 영향을 미칠 뿐만 아니라, 스트레스 수준에도 악영향을 미친다. 멕시코 출신 성인 215명을 대상으로 한 한 연구는 인지된 차별과 우울증 및 전반적인 건강 악화에 상관관계가 있음을 밝혔다.[3] 또한 애틀랜타의 아프리카계 미국인 197명을 대상으로 한 한 연구는 직장에서의 인종 차별이 고혈압과 연관이 있다는 사실을 밝혔으며, 인종 차별로 인한 스트레스가 혈압 수치를 높인다는 것을 증명했다.[4] 134개 표본을 대상으로 한 한 메타 분석 역시 "인종 차별을 인지하면 신체적·정신적 건강에 유의미한 부정적 영향을 받게 된다."고 보고했다.[5]

온도, 조명, 소음처럼 직장 환경을 구성하는 물리적 요소도 고려해보아야 한다. 이런 것들은 모두 건강에 영향을 미치며 따라서 본래부터 직업 안전과 건강 관련 규제에서 초점을 두는 문제였다. 예를 들어 자동차 공장 노동자 374명을 대상으로 한 한 연구는 소음이 심한 직장에서 노동자들에게 청력 보호구를 착용하게 하면 소음이 혈압과 심박수에 미치는 악영향이 줄어든다고 밝혔다.[6]

직장 환경이 직원들에게 중요하다는 것은 너무나 분명한 사실이다. 오랫동안 연구자들은 직장 환경이 건강에 미치는 영향을 조사해왔으며, 〈직업 건강 심리학 저널The Journal of Occupational Health Psychology〉, 〈직업 환경 의학 저널The Journal of Occupational and

월급 받으려다 죽다

Environmental Medicine〉그리고 이밖의 의학 및 공중 보건 학술지에 관련 논문들이 무수히 발표되었다. 이에 반해 경영학 연구자들, 기업 조직 리더들, 공공 정책 집행자들은 직장 환경에 관해 놀랄 정도로 관심이 적다. 예를 들어 고용주 대상의 한 설문 조사에서 직원들의 스트레스를 완화하기 위해 무엇을 하는지 물었을 때 응답자의 66퍼센트, 즉 거의 3분의 2가 '아무것도 하지 않는다'고 답했다.[7]

문제 해결하기

직원 건강과 복지를 위하는 경영 방식을 경쟁 전략의 일환이자 기업 문화의 핵심으로 삼는 기업들도 있다. 하지만 훨씬 더 많은 기업 조직들은 직원들을 실제로 죽음으로 몰아가거나 직원들에게 불필요한 신체적·정신적 고통을 가져올 만한 결정을 아무렇지도 않게 일상적으로 내리곤 한다. 해로운 조직 관행이 건강과 의료비에 미치는 악영향을 다룬 방대한 역학 연구가 존재함에도 불구하고, 해로운 결정과 그 결과는 대부분 주목받지 못한다. 정책 입안자들은 대부분 이 문제를 보지 못하며 심지어 그런 결정을 내리는 조직 리더들조차 문제를 제대로 인식하지 못하는 경우가 많다. 기업들의 해로운 경영 관행으로 인해 나타나는 불필요한 비용과 죽음을 없애려면 5가지가 필요하다.

첫째, 오늘날 우리가 일상적으로 환경 오염 등을 평가하고 측정하는 것처럼 노동자들의 건강과 복지 또한 일상적으로 측정해야 한다.

둘째, 환경에 해를 끼치는 회사들을 지적하듯이 해로운 직장을 만들어내는 '사회 오염 유발자들social polluters'을 지목해야 한다. 더 나아가, 직원들이 성장하고 활력을 얻을 수 있도록 장려하는 회사를 칭찬하고 본보기로 삼을 필요가 있다. 공공의 비판과 사회적 압력을 통해 더 건강한 직장 문화를 만들어갈 수 있기 때문이다.

셋째, 정책을 수립할 때 기업 경영진의 결정이 초래하는 실제 비용과 결과를 고려해야 한다. 현재는 기업들이 직원들의 건강을 악화시키는 데에서 발생하는 비용 대부분이 외부로 전가되어 사회 전체가 부담하고 있으나, 이 몫을 기업 스스로가 지불하도록 만들어야 한다.

넷째, 그릇된 상충 관계를 변명하는 행태를 밝혀내야 한다. 대부분의 기업은 직원 건강의 증진을 추구하면 자신들의 이익이 줄어든다고 둘러대지만, 현실적으로 이러한 상충 관계는 존재하지 않는다는 것을 분명히 해야 한다는 것이다. 이 책 전반에서 살펴본 바와 같이, 직원 건강과 복지를 증진시키면 기업의 생산성과 수익성은 오히려 증가한다. 따라서 직원 건강을 증진하는 목표와 조직 성과를 향상시키는 목표는 충분히 양립 가능한 것이다.

마지막으로, 조직 리더들은 인간의 지속 가능성을 우선시해야 하며, 경제적 어려움이 닥쳤을 때 이를 쉽게 희생시키거나, 사회적 비용을 무시하면서까지 주주 이익을 우선시해서는 안 된다. 문명화된 사회라면 기업이 그 직원들에게 할 수 있는 일에 분명한 한계를 두어야 마땅하다. 오늘날, 단지 이익이 늘어난다는 이유로 노예제나 아동 노동을 주장하는 사람은 없다. 과거 기업들이 물리적 자연 환경을 망치던 행위가 비난과 규제를 통해 이제는 용납될 수 없는 것이 되었듯, 우리는 개입을 통해 기업들이 '인간 환경'을 오염시키거나 사회적 오염을 일으키는 행위를 금지해야 한다. 이와 관련된 제안을 하나씩 살펴보도록 하겠다.

노동자의 건강과 안녕을 측정하기

내가 연구를 하면서 깨달은 중요한 사실 중 하나는 대부분의 기업이 직원들의 건강과 안녕을 체계적으로 (혹은 비체계적으로라도) 측정하는 데에 관심이 거의 없다는 것이다. 직원에게 건강 보험을 제공하는 대기업들은 건강 보험 관리자로부터 보험금 지불 내역에 대한 정보를 받을 수 있다. 하지만 그 데이터로 직원들이 실제로 무슨 일을 겪고 있는지를 알 수는 없다. 파타고니아 같은 일부 기업은 이직률을 측정하여 관리자들에게 문제가 있는지 혹은 그들에게 인재 유지 능력이 있는지를 알아내는 방편으로 삼기도 한다. 또한 직원들의 안녕 문제를 포착하기 위한 방법으로 퇴사 면담을 활용하기도 한다. 배리-웨밀러, 다비타, 파타고니아 같은 일부 기업들은 공식적으로든 비공식적으로든 회사 경영 방식이 스스로가 내건 가치를 준수하고 있는지 여부를 측정한다.

한편 직원의 업무 참여도와 직무 만족도를 측정하는 기업은 아주 많다. 글래스도어Glassdoor 등의 웹사이트에는 여러 기업의 직장 환경에 대한 평가가 올라오는데, 대부분의 기업은 이 평가에 주의를 기울인다. 또 인사 부서 전문가들은 건강한 기업 문화를 확립하고 인재를 유치 및 유지하는 것이 임무이므로 회사 조직 전반의 사람들과 대화하며 워크 라이프 밸런스, 근무 시간, 직원들의 안녕 같은 문제에 주목한다. 즉, 기업들이 직원들에게 신경을 쓰지 않는 것은 아니다. 기업들은 (최소한 일부 기업들은) 직원들의 건강과 안녕에 많은 관심을 둔다. 문제는 기업들이 직원들의 건강과 안녕을 확인하고자 할 때 필요한 체계적인 데이터가 없다는 것이다.

무엇이 되었든 일단 측정을 하면 관심의 대상이 된다. 측정되지 않는 것은 무시되어버릴 때가 많다. 측정되지 않는 것은 관리할 수 없다는 말은 진리이다. 그러므로 직장이 직원의 건강과 안녕에 미치는 문제를 개선하고자 한다면 반드시 수치를 측정해야 한다.

좋은 소식은, 이미 손쉽게 활용할 수 있는 다양한 측정 도구들이 존재한다는 점이다. 문항이 얼마 되지 않으며, 연구를 통해 타당성과 신뢰성이 입증된 조사 양식은 충분히 많다. 이러한 도구를 사용해 조사하고 수치화하는 데에 필요한 것은 아주 적은 비용과 약간의 노력뿐이다.

우선 응답자가 단일 문항에 답하는 방식으로 측정을 시작할 수 있다. '당신의 건강 상태는 전반적으로 어떻습니까?' 하는 질문에 응답자는 '뛰어남, 아주 좋음, 좋음, 그저 그러함, 나쁨' 혹은 '아주 좋음, 좋음, 그저 그러함, 나쁨, 아주 나쁨' 중에 하나로 대답할 수 있다. 이러한 단일 문항 측정은 신뢰도와 예측력이 매우 높은 것으로 알려져 있다.

1971년에 캐나다 매니토바주에서 실시된 매니토바 노화 종단 연구는 3,128명의 노년층 거주자를 대상으로 스스로 보고한 건강 상태와 의료 서비스 이용 내력 및 의사가 보고한 의학적 상태와 같은 객관적 지표를 함께 평가했다. 그런 다음 응답자들을 6년간 추적하여 사망 여부와 사망 날짜를 측정했다. 그 결과, 자신의 건강이 '매우 좋다'고 답한 사람들에 비해 '건강이 좋지 않다'고 답한 사람들의 사망 위험은 약 3배 높다는 사실을 알 수 있었다. 또한 응답자가 스스로 보고한 건강 상태가 객관적인 건강 지표보다 사망 여부와 사망 시점의 예측에 효과적이라는 사실도 드러났다.[8]

핀란드에서 2,800명 이상을 대상으로 한 한 연구는, 응답자 스스로가 보고한 건강 상태가 1년 내내 안정성을 보여 신뢰도가 높았다고 밝혔으며, 또한 이것을 이후 1년 동안의 병원 이용률, 스스로 보고한 신체 건강도, 그리고 10년 동안의 사망률을 예측하는 유효한 지표로 사용할 수 있다고 보았다.[9] 또 약 70만 명을 대상으로 한 한 연구는 자신의 건강 상태가 '보통' 혹은 '좋지 않다'고 보고한 사람들의 사망 위험이 2배 이상 높으며, 이렇게 스스로 보고한 건강 상태에서 비롯된 예측력은 성별이나 인종에 관계없이 유사하게 나타났다고 결론지었다.[10]

정신 건강과 안녕을 측정하는 것은 조금 더 복잡하지만 그래도 얼마든지 가능하다. 직원들의 정신 건강과 안녕을 측정하려면 신체 건강을 측정할 때보다 더욱 많은 설문 문항이 필요하다. 그럼에도 불구하고 이를 평가하는 데에 필요한 연구 자료는 충분히 마련되어 있으며, 이를 바탕으로 이직률 같은 중요한 직무 결과를 예측할 수 있는 신뢰할 만한 측정 도구도 마련할 수 있다.

건강에 영향을 미치는 직장 환경의 여러 측면 또한 손쉽게 평가할 수 있다. 노동 시간의 경우, 직원들이 일주일에 몇 시간을 일하는지, 그리고 시간 외 근무—야간·주말·교대 근무 등—가 얼마나 자주 있는지 물어보기만 해도 된다. 의료 서비스 접근성은 비용 문제로 인해 의사 진료, 권장된 의료 절차, 혹은 처방 약 구입을 미룬 적이 있는지를 묻는 질문으로 파악할 수 있다. 직장 스트레스, 직장-가정 갈등, 업무 통제력 등의 문제를 알아볼 수 있는 측정 도구도 잘 개발되어 있다. 경제적 불안정성은 실직, 동료의 실직 등의 개인적 지표뿐만 아니라 지역 내 실업률과 같은 지표를 통해서도 평가할 수 있다.

조직 심리학, 산업 심리학, 직업 심리학 등 여러 분야에서 개발된 훌륭한 직장 환경 측정 도구들이 많다. 기업들은 이러한 측정 도구를 사용하여 직장 건강성을 평가할 뿐만 아니라 직원들의 건강 및 안녕을 개선하기 위한 자신들의 노력이 긴 시간에 걸쳐 어떠한 변화를 가져오는지도 추적해야 한다.

최고와 최악의 기업을 가려내기

건강한 직장 환경과 그렇지 않은 직장 환경을 구별할 수 있는 지표가 마련되면, 그 데이터를 공개하는 것이 좋다. 환경 오염 문제를 다루는 과정에서 중요한 전제 중 하나는, 오염 주체를 공개하면 해당 조직이 긍정적인 브랜드 평판을 유지하기 위해 오염 행위를 줄이게 된다는 것이다. 반대로 어떤 기업이 가장 환경친화적인 '녹색' 기업인지 공개하면, 다른 기업들도 그를 본보기로 삼아 비슷한 인정을 받기 위해 노력하게 된다.

예를 들어, 캐나다 정부는 어떤 기업과 단체가 오염을 유발하는지 보여주는 데이터를 일반 국민이 열람할 수 있게 할 뿐만 아니라 온라인에서도 검색할 수 있도록 공개했다. 비슷하게 〈일하는 어머니Working Mother〉 같은 잡지나 바르셀로나 경영 대학원에서 운영하는 일과 가정 국제 센터International Cener for Work and Family 같은 기관들은 우수한 기업의 명단을 발표하고 상을 수여하기도 한다. 이는 모두 기업들이 직장 생활과 가정생활을 더욱 쉽게 병행할 수 있는 경영 방침을 채택하도록 장려하기 위해 고안되었다. 우수한 기업에게는 상을 주고, 못한 기업에게는 낮은 점수를 주어서 본래 경쟁적인 성향을 가진 조직과 그 지도자들이 더 나은 성과를 내고자 노력하도록 유도하는 것이다.

비슷한 방식으로 직장 환경에 관해서 접근할 수도 있을 것이다. 어떤 기업이 가장 건강하지 못한 기업 목록에 이름을 올리고 싶겠는가? 분명 대부분의 기업은 직원들의 복지에 긍정적인 영향을 미치는 조직으로 인정받기를 원할 것이다.

그러나 기업이 경영 관행을 개선하도록 이름을 공개하고 부끄럽게 만드는 방식을 적용하는 데에는 2가지 상호 관련된 문제가 존재한다. 첫째, 평가나 순위를 제공하는 대부분의 기관이 상업적 성격을 지니는데, 그들이 평가하는 대상이 그들의 고객인 경우가 많다는 점이다. 예를 들어 일하기 좋은 곳 연구소Great Place to Work Institute는 인터넷에 일하기 좋은 직장 순위를 발표하는 곳이면서 그 순위에 오르는 기업들에게 컨설팅 서비스를 판매하는 영리 기업이기도 하다. 이는 글래스도어도 마찬가지이다. 이곳은 기업 및 CEO들에 대한 직원들의 평가를 집계하는 곳이면서 동시에 구직 및 채용 사이트를 운영하는 곳이기도 하다. 게다가 글래스도어는 자사의 웹사이트에서 평가되는 기업들의 구인 광고를 받고 채용 서비스를 판매하기까지 한다.

둘째, 환경 오염의 경우에는 정부가 오염 물질 배출에 대해 객관적인 데이터를 수집할 수 있으며 에너지 이용과 재활용 또한 객관적 평가가 가능하다. 하지만 직원들의 건강과 안녕에 관한 정보를 '독립적'으로 수집하는 기관은 거의 없다. 직장 환경에 대한 측정은 대부분 자발적 제공에 의존하고 있으며, 따라서 기업들 스스로가 '최고의 직장' 경연 대회에 참여할지 말지 결정할 수 있다. 즉 측정치의 정밀도에 편향성이 나타날 수 있는 상황임으로 우려가 제기될 수밖에 없는 것이다.

하지만 이러한 어려움이 극복 불가능한 것은 아니다. 2011년에 설립된 지속 가능성 회계 기준 위원회SASB: Sustainable Accounting Standards Board는 기업들이 투자자들에게 환경, 사회, 지배구조ESG

관련 중요 영향에 대해 보고할 수 있도록 객관적이고 감사 가능한 기준을 개발하는 데 힘써왔다. 하지만 안타깝게도 SASB는 자연 환경 문제에만 초점을 맞추느라 인간적 지속 가능성의 문제는 소홀히 해왔다. 그래도 노동자들의 삶에 직장 환경이 미치는 영향에 충분한 관심이 있는 기업이라면, 직장 환경 평가와 보고를 위해 SASB에서 내놓은 모델을 표본으로 삼을 수 있다. 또한 워킹맘에 우호적인 직장에 관해서는 여러 리뷰와 순위 목록이 있으니, 비록 완벽하지는 않더라도 이를 참고하면 직장 환경을 조명하고 최고의 기업과 최악의 기업을 가려내는 데에 도움을 받을 수 있을 것이다.

외부화된 비용을 포착하기

기업들이 외부로 떠넘기는 비용들을 포착할 정책이 필요하다. 그래야만 정부와 기업들이 더 나은 결정을 내릴 수 있다. 예를 들어 쓰레기를 이웃집 마당에 함부로 내버리는 짓은 도덕적으로 잘못된 일일 뿐만 아니라 경제적으로도 비효율적인 일이다. 버리는 사람 입장에서 보면 골칫거리인 쓰레기를 치워버린 데다가 그 처리에 드는 비용도 지불하지 않았으니 경제적으로 이득을 얻은 것처럼 보일 수 있다. 그러나 다른 주체에게 비용 일부를 떠넘겨서, 즉 외부화하여 자신의 비용을 줄일 수 있으면 그 사람은 생산하는 쓰레기의 양을 줄이거나 더 효율적인 처리 방법을 찾지 않게 된다. 그 사람이 치러야 할 쓰레기의 가격은 사실상 0이기 때문에 그는 쓰레기를 과도하게 생산할 뿐만 아니라 쓰레기 관리에는 거의 무관심하게 되는 것이다.

경제학자들이 말하듯, 시장과 시장 가격은 자원의 효율적인 배분과 활용을 보장하는 놀라운 메커니즘이다. 그러나 시장 가격이 제대로 작동하려면 가격에 가능한 한 완전한 정보와 실제 비용이 반영되어야 한다. 왜곡된 가격은 왜곡된 인센티브를 만들고, 이는 왜곡되고 비효율적인 의사 결정으로 이어진다.

의료 비용의 경우, 개별 기업에서 치러야 할 비용이 공공으로 외부화되는 문제는 대단히 심각한 것이다. 예를 들어 기업이 직원들에게 건강 보험을 제공하지 않으면 직원들은 (주로 저임금 노동자들) 대부분 무보험 상태로 스스로 의료 문제를 알아서 해결해야 하는 처지가 된다. 보험이 없는 사람들은 병에 걸리면 치료를 받기 위해 병원 응급실을 찾는데, 응급실은 1차 진료를 제공하기에 비용 효율성이 극히 낮은 곳이다. 또한 사람들이 응급실에 찾아올 때쯤이면 이미 건강이 크게 악화되어 조기에 진단과 치료가 이루어졌을 경우에 비해 치료에 필요한 비용이 훨씬 커지는 경우가 많다. 한편, 환자가 보험이 없어서 치료비를 미납하게 되면 그 부담은 의료 서비스 제공자에게 떨어진다.

그러면 이들은 이러한 비용을 회수하기 위해 건강 보험 시스템에 속한 고용주 및 직원들에게 부과되는 진료비를 크게 올리거나 혹은 공적 자금의 지원을 받으려 하게 된다. 어느 쪽이건 결국 비용은 직원에 대한 의무를 회피한 고용주가 아닌 다른 이들이 부담하게 되는 것이다. 패밀리즈 유에스에이Families USA 에서 내놓은 2005년 연구 결과에 따르면, 무상 치료비로 인해 증가한 연평균 보험료는 개인 보험의 경우 341달러, 가족 보험의 경우 922달러에 달한다고 한다.[11]

마찬가지로 해고를 당한 사람들의 의료비는 곧 고용주의 책임이 아닌 일반 대중의 책임이 된다. 해고 후 무직 상태인 사람들 혹은 저임금 노동자가 된 사람들은 대체로 치료비를 공공 지원에 의존하기 때문이다. 이렇게 되면 고용주들은 비용을 줄여 이득을 보지만 공공의 입장에서는 이들을 지원하기 위해 더 많은 비용을 지출해야 한다. 의료 서비스 비용을 비롯한 여러 고용 비용을 기업들이 공공에 전가하는 바람에 생겨나는 문제가 얼마나 심각한지, 그 비용이 얼마나 큰지 정확히 추산하기는 어렵지만 여러 연구가 시사하는 바에 따르면 그 규모는 상당할 것으로 추정된다. 캘리포니아에서 이루어진 한 연구[12]에 따르면, 2022년에는 200만 노동 가구(즉, 구성원 중 1명 이상이 노동 시장에 참여하고 있는 가족)가 다양한 형태의 공적 지원을 받았으며 이 때문에 주 정부가 지출한 비용은 약 100억 달러로 추산된다고 한다. 게다가 캘리포니아주의 메디케이드 프로그램인 메디-칼Medi-Cal의 의료 서비스를 받은 가족들 중 거의 46퍼센트가 노동 가구였다고 한다. 그 결과 캘리포니아 주 정부와 연방 정부는 57억 달러 이상의 비용을 지불해야 했다. 게다가 이렇게 연방 정부와 주 정부의 자원으로 의료 서비스를 받는 사람들 중에 소기업(건강 비용 부담을 감당할 능력이 안 된다고 여겨지는 사업체)에 고용된 이들만 있는 것은 아니었다. 메디-칼에 등록된 이들 중 약 70만 명이 1,000명 이상 고용 기업의 노동자이거나 그 부양 가족이었고, 100명에서 1,000명 사이의 직원을 고용한 기업에서 일하는 노동자도 44만 명이나 되었다.

미국 최대의 민간 고용주인 월마트는 다른 대형 소매업체와 비교해 더 낮은 임금을 지급할 뿐만 아니라 더 적은 비율의 직원에게 건강 보험 혜택을 제공한다는 점에서 연구자들의 관심을 받았다. 여러 소송 등을 통해 월마트에 관해 많은 정보가 공개되었는데, 이를 정리한 자료[13]에 따르면 월마트 노동자의 1인당 의료비 지출은 다른 도매/소매업체들에 비해서 38퍼센트가 낮으며, 건강 보험을 제공받는 노동자들의 비율은 캘리포니아의 다른 대형 소매업체들보다 낮은 48~61퍼센트에 불과한 것으로 밝혀졌다. 월마트의 자체 데이터를 보아도 전체 직원의 24퍼센트, 그 부양 아동의 46퍼센트는 무보험 상태이거나 공공 건강 보험 프로그램에 가입되어 있는 것을 알 수 있는데, 이는 다른 대형 소매업체보다 훨씬 높은 수치이다. 참고로, 소매업 종사자의 임금은 민간 부문 평균보다 낮고, 시간제 근무 비율도 높아 다른 업종의 일반 직원에 비해 상대적으로 불리한 위치에 있다. 따라서 월마트가 다른 대형 소매업체와 비교해서도 이런 숫자를 보인다는 것은 더욱 의미심장한 일이라고 할 수 있다.

여러 사례로 보았듯, 월마트를 비롯한 여러 민간 고용주들이 공공에 전가하는 비용 문제—건강 관리 비용뿐 아니라 저임금으로 인한 공공 보조금 의존 등의 문제—가 상당하다.

한편 기업이 인력 관련 비용을 완전히 외부화하지 못하도록 막는 정책을 도입한 다른 사회 보장 제도들도 있다. 이러한 제도는 기업들이 보다 책임감 있는 고용주로 행동하도록 유도하는데, 2가지 대표적인 예시가 실업 보험 제도와 산재 보험 제도이다. 두 경우 모두, 고용주가 주 정부나 민간 보험사에 직원 1인당 납부하는 보험료율이 고용주의 실적(고용 유지나 사고 발생률 등)에 따라 조정된다.

자동차 보험 등 다른 보험 제도와 마찬가지로, 산재 보험료역시 업무상 부상 보상 기록에 따라 경험 조정 방식으로 산정된다. 즉, 부상당한 노동자가 많고 그로 인한 보험 청구액이 높을수록 산재 보험 요율도 더 높게 책정되는 것이다. 이러한 경험 기반의 산재 보험 비용은 고용주로 하여금 더욱 안전한 작업 환경을 조성하고 이를 통해 보험료를 절감하도록 하는 경제적 유

  월급 받으려다 죽다

인을 제공한다. 실업 보험 요율 역시 일반적으로 고용주의 해고 경험을 반영해 산정된다. 즉, 실직 후 실업 급여를 수급하는 전 직원이 많은 기업일수록, 정부에 납부해야 하는 보험료가 더 높게 책정되는 것이다. 이는 부정 고용을 막고 정부의 재정 부담을 덜기 위한 조치다.

비용 떠넘기기를 줄일 방법

미국의 다른 도시들처럼 샌프란시스코에도 직장을 다니지만 건강 보험이 없는 이들이 살고 있다. 샌프란시스코는 여러 개의 보건 클리닉을 운영할 뿐만 아니라 무보험자들이 치료를 받을 수 있는 샌프란시스코 종합 병원도 운영했는데 그 치료비는 세금으로 충당되었다. 2007년 당시 시장이었던 개빈 뉴섬Gavin Newsom 과 의료 감독 위원회는 헬시 샌프란시스코Healthy San Francisco 라는 제도를 통과시켰다. 이 제도는 고용주가 직원 1명에게 근무 시간당 건강 관련 비용을 1달러 37센트 이상 지출하도록 요구하는 것이었다. 기업들은 3가지 방식 중 하나를 선택할 수 있었다. 따라서 고용주들은 직원들에게 건강 보험을 제공하거나, 헬시 샌프란시스코 프로그램에 기부금을 납부하거나, 샌프란시스코 바깥에 거주하거나 프로그램 자격 요건이 되지 않는 직원들의 의료비 상환 계좌에 기여금을 납부해야 했다. 건강 보험 조례에 따르면 직원이 20명 이상인 기업과 50명 이상인 비영리 단체는 정규직 직원 1인당 연간 최소 2,849달러를 건강 관리 비용으로 지출해야 한다. 고용 규모가 더 큰 경우 최소 비용은 4,285달러로 높아진다.

헬시 샌프란시스코 제도가 처음 시행될 때, 거센 반발이 일어났다. 골든 게이트 레스토랑 협회Golden Gate Restaurant Association를 비롯하여 수많은 고용주 단체들은 이 때문에 임금 비용이 상승하여 기업체들이 샌프란시스코를 떠날 것이며 결국 이 제도는 실패로 끝날 것이라고 주장했다. 하지만 그런 비관적 예측은 현실이 되지 않았다. 샌프란시스코의 요식업은 계속 번창했고 도시 전체의 고용률도 증가했다. 오히려 무보험자의 비율이 도시 인구의 3퍼센트로 줄어들었으며 이 제도 덕분에 사람들이 일상적 진료를 위해 시립 병원 응급실을 사용하는 일이 크게 줄어들어 공공 의료 비용을 절약할 수 있었다. 일부 식당들은 직원 건강 비용 분담금을 계산서에 별도 항목으로 표시했고, 그냥 가격에 해당 비용을 포함시키는 경우도 있었다. 우려와 달리 대부분의 하이테크 기업들은 샌프란시스코를 떠나지 않았으며 경제 분위기도 여전히 활발하다. 무엇보다 중요한 것은 이제 고용주들이 의료 비용을 공공으로 떠넘길 수 없게 되었다는 점이다.

안타까운 사실은, 비용 전가가 본질적으로 불공평할 뿐 아니라 전체 시스템의 비용을 증가시킨다는 점이다. 환자가 보험이 없거나 병원에 갈 수 없어 치료를 미루다가 결국 뒤늦게 병원에 가는 경우, 대부분은 질병이 훨씬 악화된 상태에 놓인다. 질병을 예방하거나 진행을 늦출 기회를 잃고 더 큰 비용을 지출하게 되는 것이다.

샌프란시스코 종합 병원 가족 건강 센터의 의료 책임자 할리 해머 박사에 따르면 샌프란시스코에는 평생을 살면서도 병원에 한 번도 가보지 못한 사람들이 있다. 사람들은 그렇게 병원에 가보지도 못한 채 당뇨병, 고혈압, 심지어 전이성 암을 앓다가 뒤늦게 병원에 찾아간다.

기업이 노동자의 건강에 조기 개입하는 것, 즉 더 건강한 근무 환경을 조성하고, 사람들이 더 일찍 치료를 받도록 하는 데 중점을 두는 것은 비용 절감으로 이어진다. 이는 입원 횟수를 줄이고, 환자가 고비용 치료 환경에서 머무는 시간을 단축시키기 때문이다. 또한 기업들의 비용 떠넘기기를 줄이거나 없애는 일은 기업이 직장 내 결정의 결과에 대해 더 큰 책임을 지도록 만든다는 점에서 공정할 뿐 아니라, 총비용을 감소시키는 효과도 있다는 점에서 긍정적이다.

건강 보험 문제에 해당되는 것들은 해로운 직장 환경 문제에 관해서도 마찬가지로 적용된다. 기업이 일단 직원을 해고하고 나면 그들의 의료 비용에 대한 책임도 함께 사라지므로 기업은 더 많은 사람을 해고하게 된다. 따라서 만약 기업들이 정리 해고로 인한 노동자의 건강 악화 비용을 치르게 만든다면 해고자의 숫자도 훨씬 줄어들 것이다. 직원들을 혹사시키는 문제도 마찬가지이다. 과중한 업무 부담으로 탈진해버린 직원들이 회사를 그만두거나 아예 경제 활동을 그만둔다고 해도 회사는 그에 따른 어떤 비용도 지출할 필요가 없으며 모든 것은 오롯이 사회의 책임이 되어버린다. 따라서 기업은 직장 환경을 더욱 효과적으로 관리할 필요성을 인지하지 못하게 된다. 이렇게 건강치 못한 직장 환경으로 인해 발생하는 비용을 사회에 떠넘기는 것은 심각한 문제이지만, 해결할 방법이 없는 것이 아니다. 만약 이렇게 발생하는 비용을 기업 스스로 책임지게 만든다면, 기업들은 보다 더 나은 결정을 내리게 될 것이다.

건강과 이윤 사이에 상충 관계란 없다

이 책 전반에 걸쳐 살펴보았듯, 기업이 직원 건강에 신경을 쓴다고 해서 생산성, 제품 품질, 수익성이 희생되는 것은 아니다. 오히려 직장 환경이 건강하다면 수익성, 생산성은 보통 더 높아진다.

수많은 예 가운데 하나만 들어보자. 앞에서 언급했듯이 월

월급 받으려다 죽다

마트는 예전부터 항상 직원들에게 의료 혜택을 주는 데에 인색하게 굴었을 뿐만 아니라 해고를 남발하여 직원들의 경제적 불안을 가중시켰으며 다른 소매업체들에 비해 훨씬 낮은 임금을 지급해왔다. 〈블룸버그 비즈니스위크〉의 보도[14]에 따르면 2008~2013년에 미국 내의 월마트 지점은 13퍼센트 늘어 455개가 되었지만, 직원 수는 오히려 1.4퍼센트 감축되어 약 2만 명밖에 되지 않았다고 한다. 그 결과 월마트는 미국 고객 만족도 지수의 할인점 및 백화점 부문에서 6년 연속 공동 혹은 단독으로 최하위를 차지하는 대기록을 달성했다. 매장당 직원 수는 2008년 평균 343명에서 2013년 평균 301명으로 줄었는데, 이 바람에 인력이 부족하여 계산대의 줄이 한없이 길어졌고 진열대는 듬성듬성 비어버렸다. 그 결과 매출 또한 정체되고 말았다.

MIT의 경영학 교수 제이넵 톤Zeynep Ton 이 주장한 바에 따르면, 소매업체들이 임금을 인상하여 직원들의 경제적 안정성이 높아지면 더 나은 인력을 유치할 수 있고 이직으로 인해 발생하는 비용도 낮출 수 있기 때문에 오히려 기업의 이익에 도움이 된다고 한다.[15] 실제로 월마트의 경쟁업체인 트레이더 조나 코스트코 같은 기업들은 월마트보다 직원들에게 더 많은 급여를 지급하고 건강 보험뿐만 아니라 다른 여러 복리 후생을 제공하는데, 그 결과 직원 1인당 판매액이 월마트의 거의 2배에 달한다. 직원들에게 더 나은 직장 환경을 제공하는 데 들어가는 추가 비용을 고려한다고 해도 이 업체의 직원들이 벌어들이는 1인당 수익은 월마트보다 훨씬 높다.

건강한 직장 환경을 만드는 것이 직원과 고용주 모두에게 이득이 된다면, 왜 더 많은 기업들이 그렇게 하지 않는 것일까? 첫째, 기업들은 자신들이 아는 것을 항상 실행에 옮기지는 않는다. 나와 내 동료 밥 서튼Bob Sutton은 이를 '지식-실행 격차knowing-doing gap'라고 부른다. 둘째, 대부분의 기업은 남과 다르게 행동하는 위험을 피하려고 한다. 셋째, 시간 불연속성time discontinuity의 문제가 있다. 투자 수익을 얻으려면 당연하게도 먼저 투자를 해야 한다. 먼저 뭔가를 하지 않고도 수익을 얻을 방법은 없다. 직원들의 건강과 안녕을 증진하는 쪽으로 경영 방식을 바꾸면 얼마 지나지 않아 그에 따른 이익을 얻게 될 것이다. 하지만 오늘날, 특히 상장 기업의 경우 잠재적인 이익을 위해 1~2분기 이상을 기다린다는 것은 용납되지 않는 일이며, 수익 회수의 불확실성 문제도 있기 때문에 많은 리더들은 기업 인수나 혹독한 비용 절감과 같은 덜 위험하고 확실해 보이는 전략을 따르게 된다.

그럼에도 불구하고 고용주들이 직원 건강을 증진하는 경영 방식을 도입하도록 유도하는 것은 고용주들의 해로운 결정으로 발생할 수 있는 수천억 달러의 손실을 막고 수많은 생명을 구할 수 있는 가장 효율적인 방법임이 분명하다. 고용주는 정부에 비

월급 받으려다 죽다

해 훨씬 더 효율적인 방법으로 직원 건강 문제를 해결할 수 있는 위치에 있다. 직원들의 정보를 가지고 있을 뿐만 아니라 그러한 결정을 내릴 마땅한 이유가 있기 때문이다.

사람의 건강을 최우선으로 삼자

스콧 애덤스의 만화 '딜버트' 중 내가 좋아하는 것이 하나 있다. 만화 첫 번째 칸에서 직장 상사는 의례적인 이야기를 한다. "저는 오래전부터 항상 '우리 회사의 가장 소중한 자산은 직원들'이라고 생각해왔습니다." 두 번째 칸에서 상사는 자신이 틀렸다고 인정하며 이렇게 말한다. "사실 가장 소중한 자산은 돈입니다. 직원은 아홉 번째죠." 마지막 칸에서 누군가가 묻는다. "그럼 여덟 번째는 뭔가요?" 상사는 답한다. "복사 용지죠."

슬프게도 이는 사실이다. 조직이 의사 결정을 할 때 직원의 건강은 중요하다고 말로만 이야기되면서 실제로는 우선 순위에서 밀려난다. 심지어 직원 건강을 중시한다고 알려진 기업조차 건강한 직장을 만드는 데에 부합하는 정책을 한결같이 시행하지는 않는다. 애트나의 경우를 보자. 애트나의 CEO는 건강에 큰 관심을 가지고, 사내에 명상 프로그램과 건강 증진 정책을 도입했다. 동시에 애트나는 사실상 매해 정리 해고와 같은 구조 조정을 단행했다. 잘 알려졌듯, 해고는 노동자의 건강에 심각한 악영향을 준다. 수차례의 칼바람이 지나간 후 CEO는 이렇게 인정했다. "우리 기업의 직원 수는 5만 명입니다만 그중 20년 이상 장기 근속한 직원은 1,600명도 안 될 겁니다."

기업들은 항상 이윤을 내고 주가를 끌어올려야 한다는 압박을 받고 있으며, 이러한 목표에 위배된다고 여겨지는 직원 중심 경영 방침은 종종 외면당한다. 홀 푸드 마켓이 CEO 존 매키John Mackey의 리더십 아래에 내걸었던 가치들 중 하나는 직원들을 돌보는 것이었다. 한 관계자에 따르면 2008년 경제 위기 당시에도 홀 푸드 마켓이 해고한 인원은 회사 전체를 통틀어 100명도 되지 않았다고 한다. 이 회사는 직원들이 자율적인 의사 결정권을 가지도록 장려하여 직원들로 하여금 업무 통제력을 가질 수 있게 했으며, 내부 승진 정책 덕분에 대학 학위가 없는 직원도 관리직으로 성장할 수 있었다. 또한 복리 후생도 상당히 후했는데, 매장 제품 20퍼센트 이상 할인, 저렴한 건강 보험, 주요 복지 혜택 결정에 대한 직원 투표권 등의 혜택이 있었다. 그러나 주가가 정체되자, 홀 푸드 마켓은 투자자들의 압박을 받았고 결국 아마존에 매각되었다. 매키는 매각 발표 후 직원들과의 미팅에서 홀 푸드 마켓의 "직원 중심적인 면이 약간 지나쳤다."고 말하며 3억 달러 규모의 비용 구조 조정에 관해 논의했다.

1인당 GDP 같은 국가 단위의 지표, 그리고 기업 수준에서의 이익이나 주가 같은 성과 지표가 지나치게 협소하다는 인식이 확산되면서, 사회 시스템의 성과를 평가하기 위한 다양한 새로운 지표들이 등장했다. 2012년부터 UN의 강력한 촉구에 의해 세계 행복 보고서World Happiness Report가 발표되고 있으며, 세계 경제 포럼은 포용적 발전 지수Inclusive Development Index를 발표하여 보고서를 통해 경제 성장이 얼마나 많은 사람들에게 혜택을 주고 있는지 즉 번영이 얼마나 고르게 공유되고 있는지를 측정할 필요가 있음을 강조한다. 또한 OECD는 2011년부터 더 나은 삶 지수Better Life Index를 도입하여 인간의 안녕을 좀 더 폭넓은 관점에서 측정하고 국제적으로 인정받는 여러 지표들을 통합하려 시도하고 있다. 여기에는 주거, 소득, 일자리, 공동체(사회적 지원망의 질), 교육, 환경, 거버넌스, 건강, 삶의 만족도, 안전, 일과 삶의 균형 등 여러 가지가 포함되어 있다. 기업 차원에서는 트리플 바텀 라인triple bottom line이라는 개념이 논의되고 있다. 이는 단순한 경제적 성과(이익, 투자 수익률 등)를 넘어서 환경적·사회적 차원에서의 기업 성과까지 함께 고려하는 것을 추구하는 회계의 틀이다. 이처럼 국가와 기업의 성과를 측정하는 기준과 범위를 좋은 의도로 확장하려는 노력이 있음에도 불구하고, 실제로는 좁은 경제 지표 중심의 평가가 여전히 중심을 차지하고 있다. 다양한 지표가 존재하더라도 실제로는 이익과 현금 흐름 같은 회계 지표가 대부분 의사 결정을 지배한다는 점에서 균형이 과연 존재하는지 의문이다.

우리는 이러한 상황을 바꾸어야만 한다. 인간적이고 문명화된 사회라면 최소한의 도덕적 한계를 정해야 한다. 이를테면 고용주가 노동자에게 할 수 있는 행동을 제한하는 것도 거기에 들어간다. 예를 들어 UN 헌장은 노예제를 불법화한다. 노예제가 노동 비용을 크게 낮추어 이윤을 늘릴 수 있다는 것은 고려 사항에 들어가지 않는다. 또한 UN 지침은 아동 착취도 금지하는데, 대부분의 OECD 국가에는 아동 노동을 금지하는 법률이 존재한다. 이러한 법의 바탕에는 아동에 대한 투자가 사회 전체에 이롭고, 아이들이 하루 종일 일만 하기보다 교육을 받는 것이 국가의 인적 자본을 키우는 데에 도움이 된다는 생각이 있다. 아동 본인이나 고용주가 아동 노동을 원하더라도, 이런 행동을 방지하는 것이 국가의 집단적 이익에 부합한다고 생각하는 것이다.

직장 안전의 문제도 마찬가지이다. 비록 직업에 따라 위험의 수준은 다르지만(예를 들어 광부는 대학교수보다 훨씬 더 위험한 일을 한다), 문명화된 나라라면 노동자들이 열심히 일하다가 얻게 되는 피해와 손상을 최소화하고자 하는 규제 조치들을 강제하고 있다. 우리는 인간의 생명을 소중히 여기며 그것을 보호해야 한다. 이것이 최소한의 이성적인 생각이다.

몇몇 사회 심리학 연구는 대부분의 사람들이 시장 가격과 시

   월급 받으려다 죽다

장 거래가 통제할 수 있는 결정에 한계를 둔다고 말한다. 펜실베이니아 대학교의 사회 심리학자 필립 테틀록Philip Tetlock은 이를 이렇게 요약한다.

> 경제학자들이 항상 상기시키듯, 우리는 자원이 희소한 세상에 살고 있으며 따라서 좋든 싫든 만물에는 가격이 붙을 수밖에 없다. 그러나 다른 한편으로 보면, 사회학자들이 지적한 바와 같이, 사람들은 특정한 종류의 책임과 관계는 신성한 것으로 여기며 이를 돈이나 편리함 같은 세속적 가치들과 맞바꾸려 하는 것을 극도로 혐오한다.[16]

물론 신성하기 때문에 협상의 대상이 될 수 없는 게 무엇인지는 역사나 문화적 맥락에 따라 다르다. 하지만 일반적으로 우리는 사람의 생명 그리고 그와 연관되는 사람의 안녕을 시장에서 교환할 수 없는 것으로 여긴다. 인간 신체의 부분을 떼어내어 현금을 받고 판다는 것은 그 생각만으로도 대부분의 사람들에게 혐오감을 일으킨다. 인간 존엄을 훼손하는 환경 또한 마찬가지이다.

이런 맥락에서, 대부분의 직장 환경이 열악하다는 사실이 이미 잘 알려져 있고 이 문제를 어느 정도는 개선할 수 있음에도 불구하고, 이 문제로 매년 12만 명이 목숨을 잃어간다는 사실은 근본적인 도덕적 원칙과 가치에 어긋나는 일처럼 보인다. 잘못된 경영 관행으로 발생하는 의료 비용은 차치하더라도, 사람들의 생명을 비용과 효율성 같은 조직의 이익에 맞바꾸는 것은 절대 용납할 수 없는 일이다.

소중한 것은 무엇인가

이 책 전반에 제시된 여러 사례를 통해, 우리는 기업들에게 선택의 여지가 있다는 사실을 분명히 알 수 있었다. 기업은 직원들의 신체적·정신적 건강을 해치고 때로는 말 그대로 죽음으로 몰아가면서 동시에 의료 비용까지 증가시키는 직장 환경을 만들어낼 수 있지만 다르게 선택하여 그 정반대의 결과를 가져올 수도 있다. 한 사회가 정말로 인간의 생명을 중요한 것으로, 더 나아가 신성한 것으로 여긴다면 지금처럼 불필요한 죽음이 계속되도록 방관해서는 안 된다. 우리는 멸종 위기 생물이나 대기 및 수질 오염에 관해 걱정하는 것만큼 인간의 건강 문제에도 관심을 가져야 한다.

또한 노동자들 역시 선택을 내려야만 한다. 사람들은 자기가 일할 곳을 스스로 선택한다. 그러한 선택을 내릴 때 그곳이 자신의 신체적·정신적 건강, 나아가 기대 수명에까지 어떤 영향을 미칠 것인지 진지하게 고려해야 한다. 장시간 노동, 직무 통제력 부재, 직장-가정 갈등, 사회적 지지의 부재, 불안정성, 건강 보험의 부재 등의 사항들은 단지 불편하거나 성가신 문제가 아니다. 광범위한 연구가 증명하는 것처럼, 이런 조건들은 그야말로 사람의 생명을 직접적으로 위협하는 것들이다. 따라서 직장을 결정할 때는 연봉이나 일의 흥미뿐만 아니라 자신이 맞닥뜨리게 될 환경 또한 고려해야 한다. 돈으로는 건강을 되찾을 수 없으며, 직장 환경 때문에 목숨을 잃은 사람을 다시 살려낼 수도 없다.

이 책이 사람들의 건강을 증진하고 의료 비용을 줄이려는 실질적인 노력을 촉진할 수 있다면 나는 정말 기쁠 것이다. 고용주들이 직장 내 환경을 바꾸어 건강에 해를 끼치는 요인을 줄일 방법에 대해 더 깊이 논의하도록 유도할 수 있다면 내가 이 연구를 하며 흘린 땀도 넘치는 보상을 얻게 될 것이다. 그리고 만약 이 책이 실제로 공공 정책을 둘러싼 논쟁의 방향을 바꾸는 데 일조하여, 지금껏 간과되어왔지만 결정적으로 중요한 문제인 인간의 건강과 안녕에 초점을 맞추게 된다면, 이 책도 나도 정말 큰일을 이룬 셈이 될 것이다.

하지만 나는 현실적인 장애물이 있다는 사실을 알고 있다. 사람들의 건강 증진을 위해 각종 활동에 헌신했던 한 종교 지도자와 나누었던 어떤 대화가 지금도 생생히 떠오른다.

1999년 7월, 나는 플로리다주 포트로더데일에 있는 성십자 병원 이사회의 워크숍을 이끌었다. 나는 당시 병원 CEO였던 존 존슨John Johnson의 뜻에 따라 직원을 존중하는 직장 관행을 도입하도록 이사회를 설득하려 했다. 만찬 자리에서 나는 자비의 수녀회Sisters of Mercy의 의료 사업을 총괄했으며, 병원 이사회의 일원이기도 한 수녀님을 만났다. 나는 그녀에게 물었다. 정책 결정 현장에서 엄청난 정치 자금을 뿌려대며 로비를 하는 보험 회사, 제약 회사들과 어떻게 맞서 싸울 수 있느냐고. 그녀는 결코 잊을 수 없는 답변을 남겼다.

"저는 의원들에게 말해요. 사람이 죽은 후에 어떻게 될지 누가 아느냐고. 저승에 가서 하나님을 만나 심판을 받게 될 수도 있으니, 당신들이 내리는 결정이 사람들의 삶에 어떤 영향을 미칠지 꼭 한번 생각해 보라고요."
나는 물었다. "그게 효과가 있나요?"
그녀는 대답했다. "의원들이 정치 자금과 자신의 영혼 중에서 선택해야 하는 순간이 오면, 안타깝지만 대부분 돈이 이기더라고요."

기업의 리더들도 비슷한 종류의 선택의 순간을 맞는다. 즉, 직장 내 관행과 근무 환경을 결정하면서 사람들의 건강, 생명,

복지에 우선순위를 둘 것인지, 아니면 '현금'에 우선순위를 둘 것인지 선택하게 되는 것이다. 나는 이런 순간에 인권의 신성성이 최종 승자가 될 것이라고 믿고 싶다. 그러나 뉴스를 보면 3G 캐피탈 같은 명성 있는 투자 회사가 크래프트를 인수한 후 크래프트와 하인즈 전체 직원의 5분의 1, 즉 1만 명을 해고했고, 이에 관해 비난은커녕 투자자들로부터 찬사를 받았다는 소식이 들린다.

오래전 플로리다에서 수녀님과 나누었던 대화를 떠올릴 때마다 나는 궁금해진다. 직원들의 안녕과 심지어 생명까지 우습게 여기면서 기업을 경영하는 이들의 영혼은 과연 어떻게 될까? 수녀님은 답을 전혀 궁금해하지 않았다. 답은 이미 알고 있으니까.

주

1장 월급 받으려다 죽다

1 Erika Fry and Nicolas Rapp, "Sharing Economy: This Is the Average Pay at Lyft, Uber, Airbnb and More," *Fortune*, June 27, 2017, http://fortune.com/2017/06/27/average-pay-lyft-uber-airbnb/.

2 Michael Marmot, *The Status Syndrome: How Social Standing Affects Our Health and Longevity* (London, UK: Bloomsbury Publishing, 2004), p. 247.

3 Amartya Sen, *Development as Freedom* (New York: Knopf, 1999).

4 Eilene Zimmerman, "The Lawyer, the Addict," *New York Times*, July 15, 2017, www.nytimes.com/2017/07/15/business/lawyers-addiction-mental-health.html.

5 Richard A. Friedman, "What Cookies and Meth Have in Common," *New York Times*, June 30, 2017, https://nyti.ms/2usEBTH.

6 Watson Wyatt Worldwide, "Building an Effective Health and Productivity Framework: 2007/2008," *Staying@Work Report*.

7 J. Paul Leigh and Juan Du, "Are Low Wages Risk Factors for Hypertension?" *European Journal of Public Health, 22* (2012): 854–59.

2장 스트레스, 보이지 않는 비용

1 J. Paul Leigh, "Economic Burdens of Occupational Injury and Illness in the United States," *Millbank Quarterly, 89* (2011): 728–72. Quote is from p. 729.

2 Kyle Steenland, Carol Burnett, Nina Lalich, Elizabeth Ward, and Joseph Hurrell, "Dying for Work: The Magnitude of US Mortality from Selected Causes of Death Associated with Occupation," *American Journal of Industrial Medicine, 43* (2009): 461–82.

3 "Psychological Wellbeing Boosts Productivity," *Occupational Health News* (Thomson Reuters), Issue 1088, November 12, 2014.

4 "Death from Overwork in China," *China Labour Bulletin*, August 11, 2006.

5 Deborah Imel Nelson, Marisol Concha-Barrientos, Timothy Driscoll, Kyle Steenland, Marilyn Fingerhut, Laura Punnett, Annette Pruss-Ustun, James Leigh, and Carlos Corvalan, "The Global Burden of Selected Occupational Diseases and Injury Risks: Methodology and Summary," *American Journal of Industrial Medicine,*

48 (2005): 400–418.

6 Nicholas A. Christakis and James H. Fowler, "The Spread of Obesity in a Large Social Network Over 12 Years," *New England Journal of Medicine, 357* (2007): 370–79.

7 Brian Borsari and Kate B. Carey, "Peer Influences on College Drinking: A Review of the Research," *Journal of Substance Abuse, 13* (2001): 391–424.

8 Ralph L. Keeney, "Personal Decisions Are the Leading Cause of Death," *Operations Research, 56* (2008): 1335–47.

9 Jeffrey Pfeffer and Dana Carney, "The Economic Evaluation of Time May Cause Stress," *Academy of Management Discoveries* (in press).

10 S. Jay Olshansky, Toni Antonucci, Lisa Berkman, Robert H. Binstock, Axel Boersch-Supan, John T. Cacioppo, Bruce A. Carnes, Laura L. Carstensen, Linda P. Fried, Dana P. Goldman, James Jackson, Martin Kohli, John Rother, Yuhui Zheng, and John Rowe, "Differences in Life Expectancy Due to Race and Educational Differences are Widening, and Many May Not Catch Up," *Health Affairs, 8* (2012): 1803–13.

11 Michael Marmot, "Social Determinants of Health Inequalities," *Lancet, 365* (2005): 1099–104.

12 Michael Marmot, *The Status Syndrome: How Social Standing Affects Our Health and Longevity* (London, UK: Bloomsbury Publishing, 2004).

13 S. Anand, "The Concern for Equity in Health," *Journal of Epidemiological and Community Health, 56* (2002): 485–87.

14 E. E. Gakidou, C. J. L. Murray, and J. Frenk, "Defining and Measuring Health Inequality: An Approach Based on the Distribution of Health Expectancy," *Bulletin of the World Health Organization, 78* (2000): 42–54. Quote is from p. 42.

15 Jane C. Clougherty, Kerry Souza, and Mark R. Cullen, "Work and Its Role in Shaping the Social Gradient in Health," *Annals of the New York Academy of Sciences, 1186* (2010): 102–24. Quote is from p. 102.

16 L. T. Yen, D. W. Edington, and P. Witting, "Associations Between Health Risk Appraisal Scores and Employee Medical Claims Costs in a Manufacturing Company," American *Journal of Health Promotion, 6* (1991): 46–54.

17 Antonio Chirumbolo and Johnny Hellgren, "Individual and Organizational Consequences of Job Insecurity: A European Study," *Economic and Industrial Democracy, 24* (2003): 217–40.

18 Shirley Musich, Deborah Napier, and D. W. Edington, "The Association of Health Risks with Workers' Compensation Costs," *Journal of Occupational and Environmental Medicine, 43* (2001): 534–41.

3장 해고의 두 얼굴

1 James A. Evans, Gideon Kunda, and Stephen R. Barley, "Beach Time, Bridge Time, and Billable Hours: The Temporal Structure of Technical Contracting," *Administrative Science Quarterly, 49* (2004): 1–38.

2 Lawrence F. Katz and Alan B. Krueger, "The Rise and Nature of Alternative Work Arrangements in the United States, 1995–2015," Working Paper #603 (Princeton University, Industrial Relations Section), September 2016. Quote is from p. 7.

3 Bryce Covert, "How Unpredictable Hours Are Screwing Up People's Lives," *ThinkProgress*, September 11, 2014.

4 Christopher Nohe, Alexandra Michel, and Karlheinz Sonntag, "Family-Work Conflict and Job Performance: A Diary Study of Boundary Conditions and Mechanisms," *Journal of Organizational Behavior, 35* (2014): 339–57.

5 Arne L. Kalleberg, *Good Jobs, Bad Jobs* (New York: Russell Sage Foundation, 2011).

6 Deepak K. Datta, James P. Guthrie, Dynah Basuil, and Alankrita Pandey, "Causes and Effects of Employee Downsizing: A Review and Synthesis," *Journal of Management, 36* (2010): 281–348.

7 Peter Cappelli, *The New Deal at Work: Managing the Market-Driven Workforce* (Boston: Harvard Business School Press, 1999).

8 World Employment Confederation, *The Future of Work: White Paper from the Employment Industry* (Brussels, Belgium: September 2016).

9 P. Virtanen, U. Janiert, and A. Hammarstrom, "Exposure to Temporary Employment and Job Insecurity: A Longitudinal Study of Health Effects," *Occupational and Environmental Medicine, 68* (2011): 570–74. Quote is from p. 570.

10 Anna-Karin Waenerlund, Pekke Virtanen, and Anne Hammarstrom, "Is Temporary Employment Related to Health Status? Analysis of the Northern Swedish Cohort," *Scandinavian Journal of Public Health, 39* (2011): 533–39.

11 Minsoo Jung, "Health Disparities Among Wage Workers Driven by Employment Instability in the Republic of Korea," *International Journal of Health Services, 43* (2013): 483–98.

12 Magnus Sverke, Johnny Hellgren, and Katharina Naswall, "No Security: A Meta-Analysis and Review of Job Insecurity and Its Consequences," *Journal of Occupational Health Psychology, 7* (2002): 242–64.

13 Mel Bartley, "Job Insecurity and Its Effect on Health," *Journal of Epidemiology and Community Health, 59* (2005): 718–19. Quote is from p. 719.

14 Eileen Y. Chou, Bidhan L. Parmar, and Adam D. Galinsky, "Economic Insecurity Increases Physical Pain," *Psychological Science, 27* (2016): 443–54.

15 Ralph Catalano, Sidra Goldman-Mellor, Katherine Saxton, Claire Margerison-Zildo, Meenakshi Subbaraman, Kaja LeWinn, and Elizabeth Anderson, "The Health Effects of Economic Decline," *Annual Review of Public Health, 32* (2011):

　　　　　　　　　　　　　　　월급 받으려다 죽다

431–50.

16 Vera Keefe, Papaarangi Reid, Clint Ormsby, Bridget Robson, Gordon Purdie, Joanne Baxter, and Ngati Kahungunu Iwi Incorporated, "Serious Health Events Following Involuntary Job Loss in New Zealand Meat Processing Workers," *International Journal of Epidemiology, 31* (2002): 1155–61.

17 Marcus Eliason and Donald Storrie, "Does Job Loss Shorten Life?" *Journal of Human Resources, 44* (2009): 277–301.

18 Margit Kriegbaum, Ulla Christensen, Rikke Lund, and Merete Osler, "Job Losses and Accumulated Number of Broken Partnerships Increase Risk of Premature Mortality in Danish Men Born in 1953," *Journal of Occupational and Environmental Medicine, 51* (2009): 708–13.

19 Daniel Sullivan and Till von Wachter, "Mortality, Mass-Layoffs, and Career Outcomes: An Analysis Using Administrative Data," Cambridge, MA: National Bureau of Economic Research, Working Paper 13626, November 2007.

20 Kate W. Strully, "Job Loss and Health in the U.S. Labor Market," *Demography, 46* (2009): 221–46.

21 Matthew E. Dupre, Linda K. George, Guangya Liu, and Eric D. Peterson, "The Cumulative Effect of Unemployment on Risks for Acute Myocardial Infarction," *Archives of Internal Medicine, 172* (2012): 1731–37.

22 Mika Kivimaki, Jussi Vahtera, Jaana Pentti, and Jane E. Ferrie, "Factors Underlying the Effect of Organisational Downsizing on Health of Employees: Longitudinal Cohort Study," *British Medical Journal, 320* (2000): 971–75.

23 Leon Grunberg, Sarah Moore, and Edward S. Greenberg, "Managers' Reactions to Implementing Layoffs: Relationship to Health Problems and Withdrawal Behaviors," *Human Resource Management, 45* (2006): 159–78.

24 Ralph Catalano, Raymond W. Novaco, and William McConnell, "Layoffs and Violence Revisited," *Aggressive Behavior, 28* (2002).

25 A. C. Merline, P. M. O'Malley, J. E. Schulenberg, J. G. Bachman, and L. D. Johnston, "Substance Use Among Adults 35 Years of Age: Prevalence, Adulthood Predictors, and Impact of Adolescent Substance Abuse," *American Journal of Public Health, 94* (2004): 96–102.

26 D. Dooley and J. Prause, "Underemployment and Alcohol Misuse in the National Longitudinal Survey of Youth," *Journal of Studies of Alcohol, 59* (1998): 669–80.

27 Wayne F. Cascio, *Responsible Restructuring* (San Francisco, CA: Berrett-Koehler, 2002).

28 Art Budros, "The New Capitalism and Organizational Rationality: The Adoption of Downsizing Programs, 1979–1994," *Social Forces, 76* (1997): 229–50.

29 Dan L. Worrell, Wallace N. Davidson III, and Varinder M. Sharma, "Layoff Announcements and Stockholder Wealth," *Academy of Management Journal, 34* (1991): 662–78.

30 Robert D. Nixon, Michaell A. Hitt, Ho-uk Lee, and Eui Jeong, "Market Reactions to Announcements of Corporate Downsizing Actions and Implementation Strategies," *Strategic Management Journal, 25* (2004): 1121–29.

31 Peggy M. Lee, "A Comparative Analysis of Layoff Announcements and Stock Price Reactions in the United States and Japan," *Strategic Management Journal, 18* (1997): 879–94.

32 Morley Gunderson, Anil Verma, and Savita Verma, "Impact of Layoff Announcements on the Market Value of the Firm," *Relations Industrielles/Industrial Relations, 52* (1997): 364–81.

33 Deepak K. Datta, James P. Guthrie, Dynah Basuil, and Alankrita Pandey, "Causes and Effects of Employee Downsizing: A Review and Synthesis," *Journal of Management, 36* (2010): 335.

34 Oded Palmon, Huey-Lian Sun, and Alex P. Tang, "Layoff Announcements: Stock Market Impact and Financial Performance," *Financial Management, 26* (1997): 54–68.

35 James P. Guthrie and Deepak K. Datta, "Dumb and Dumber: The Impact of Downsizing on Firm Performance as Moderated by Industry Conditions," *Organization Science, 19* (2008): 108–23.

36 "1994 AMA Survey on Downsizing: Summary of Key Findings" (New York: American Management Association).

37 Martin Neil Baily, Eric J. Bartelsman, and John Haltiwanger, "Downsizing and Productivity Growth: Myth and Reality," Working Paper No. 4741 (Cambridge, MA: National Bureau of Economic Research), May 1994.

38 Cited in Louis Uchitelle, "More Downsized Workers are Returning as Rentals," *New York Times*, December 8, 1996, 22.

39 Teresa M. Amabile and Regina Conti, "Changes in the Work Environment for Creativity During Downsizing," *Academy of Management Journal, 42* (1999): 630–40.

40 Datta, et al., "Causes and Effects of Employee Downsizing," 309, 321.

41 David Cote, "Honeywell's CEO on How He Avoided Layoffs," *Harvard Business Review*, June 2013, 45.

42 Kevin F. Hallock, "Layoffs, Top Executive Pay, and Firm Performance," *American Economic Review, 88* (1998): 711–23.

43 Frank Koller, *Spark: How Old-Fashioned Values Drive a Twenty-First-Century Corporation* (New York: Public Affairs Books, 2010).

4장 목숨을 걸어야 하는 구조

1 Eduardo Porter, "When Cutting Access to Health Care, There's a Price to Pay," *New York Times*, June 27, 2017, https://nyti.ms/2tfOWoM.

2 Andrew Dugan, "Cost Still Delays Healthcare for About One in Three in U.S.,"

Gallup, November 30, 2015, www.gallup.com/poll/187190/cost-delays-healthcare-one-three.aspx.

3   John Holahan and Vicki Chen, "Changes in Health Insurance Coverage in the Great Recession, 2007–2009," Kaiser Commission on Medicaid and the Uninsured, December 2011; available at www.kff.org.

4   "The Uninsured: A Primer: Key Facts About Americans Without Health Insurance," Kaiser Commission on Medicaid and the Uninsured, October 2011; available at www.kff.org.

5   "Key Facts about the Uninsured Population," KFF.org, September 29, 2016; available at www.kff.org.

6   "2015 Employer Health Benefits Survey," KFF.org, September 22, 2015; available at www.kff.org.

7   "Health, United States, 2015," U.S. Department of Health and Human Services, Centers for Disease Control and Prevention; available at www.cdc.gov.

8   Robert Kuttner, "The American Health Care System: Health Insurance Coverage," *New England Journal of Medicine, 340* (1999): 163–68.

9   Marsha Lillie-Blanton and Catherine Hoffman, "The Role of Health Insurance Coverage in Reducing Racial/Ethnic Disparities in Health Care," *Health Affairs, 24* (2005): 398–408.

10 Institute of Medicine, *Care Without Coverage: Too Little, Too Late* (Washington, DC: National Academy Press, 2002).

11 Stan Dorn, *Uninsured and Dying Because of It: Updating the Institute of Medicine Analysis on the Impact of Uninsurance on Mortality* (Washington, DC: The Urban Institute, January 2008).

12 J. Hadley and T. Waidmann, "Health Insurance and Health at Age 65: Implications for Medical Care Spending on New Medicare Beneficiaries," *Health Services Research, 41* (2006): 429–51.

13 Steffie Woolhandler and David U. Himmelstein, "The Relationship of Health Insurance and Mortality: Is Lack of Insurance Deadly?" Annals of Internal Medicine, https://pubmed.ncbi.nlm.nih.gov/28655034/.

14 Andrew P. Wilper, Steffie Woolhandler, Karen E. Lasser, Danny McCormick, David H. Bor, and David U. Himmelstein, "Health Insurance and Mortality in US Adults," *American Journal of Public Health, 99* (2009).

15 J. R. Curtis, W. Burke, A. W. Kassner, and M. L. Aitken, "Absence of Health Insurance Is Associated with Decreased Life Expectancy in Patients with Cystic Fibrosis," *American Journal of Respiratory and Critical Care Medicine, 155* (1997): 1921–24.

16 Joseph J. Sudano Jr. and David W. Baker, "Intermittent Lack of Health Insurance Coverage and Use of Preventive Services," *American Journal of Public Health, 93* (2000): 130–37. Quote is from p. 130.

17 Jack Hadley, "Insurance Coverage, Medical Care Use, and Short-Term Health

Changes Following an Unintentional Injury or the Onset of a Chronic Condition," *Journal of the American Medical Association, 297* (2007): 1073–84.

18 David Card, Carlos Dobkin, and Nicole Maestas, "Does Medicare Save Lives?" *Quarterly Journal of Economics* (2009): 124597–636.

19 Bejamin D. Sommers, Katherine Baicker, and Arnold M. Epstein, "Mortality and Access to Care Among Adults after State Medicaid Expansions," *New England Journal of Medicine, 367* (2012): 1025–34.

20 The Henry J. Kaiser Family Foundation, "Key Facts About the Uninsured Population," available at www.kff.org.

21 David U. Himmelstein, Elizabeth Warren, Deborah Thorne, and Steffie Woolhandler, "Illness and Injury as Contributors to Bankruptcy," *Health Affairs, 24*: W5-63–W5-73.

22 K. Cook, D. Dranove, and A. Sfekas, "Does Major Illness Cause Financial Catastrophe?" *Health Services Research, 45* (2010): 418–36.

23 Thomas C. Buchmueller and Robert G. Valletta, "The Effects of Employer-Provided Health Insurance on Worker Mobility," *Industrial and Labor Relations Review, 49* (1996).

24 Brigitte C. Madrian, "Employment-Based Health Insurance and Job Mobility: Is There Evidence of Job-Lock?" *Quarterly Journal of Economics, 109* (1994): 27–54.

25 Kevin T. Stroupe, Eleanor D. Kinney, and Thomas J. J. Kneisner, "Chronic Illness and Health-Insurance-Related Job Lock," *Journal of Policy Analysis and Management, 20* (2001): 525–44.

26 Jonathan Gruber and Brigitte C. Madrian, "Health Insurance and Job Mobility: The Effects of Public Policy on Job-Lock," *Industrial and Labor Relations Review, 48* (1994): 86–102.

27 Steffie Woolhandler and David U. Himmelstein, "The Deteriorating Administrative Efficiency of the US Health Care System," *New England Journal of Medicine, 324* (1991): 1253–58.

28 On-Site Health Centers: Policies to Preserve and Promote an Effective Employer solution. (Washington, DC: National Business Group on Health), September 2011, 15.

29 Christopher Sears, "Is There a Doctor in the House?" December 31, 2008, www.lorman.com/resources/is-there-a-doctor-in-the-house-15257.

5장 효율은 어디에서 오는가

1 "In China, Office Work Can Be Deadly," *Bloomberg Businessweek*, July 7–13, 2014.

2 Zaria Gorvett, "Can You Work Yourself to Death?" BBC online, September 13, 2016, https://www.bbc.com/worklife/article/20160912-is-there-such-thing-as-death-from-overwork.

3   Jonathan Soble, "Chief of Dentsu, Japanese Ad Agency, to Resign Over Employee's Suicide," New York Times, December 28, 2016, http://nyti.ms/2iEMLCA.

4   "In China, Office Work Can Be Deadly."

5   Paul Gallagher, "Slavery in the City: Death of a 21-year-old Intern Moritz Erhardt at Merrill Lynch Sparks Furor over Long Hours and Macho Culture at Banks," *Independent*, August 20, 2013, www.independent.co.uk/news/uk/home-news/slavery-in-the-city-death-of-21-year-old-intern-moritz-erhardt-at-merrill-lynch-sparks-furor-over-8775917.html.

6   Eilene Zimmerman, "The Lawyer, the Addict," *New York Times*, July 15, 2017, https://nyti.ms/2voimyC.

7   Jeffrey M. O'Brien, "Is Silicon Valley Bad for Your Health?" *Fortune*, November 1, 2015, 156.

8   Daniel S. Hamermesh and Elena Stancanelli, "Long Workweeks and Strange Hours," National Bureau of Economic Research, Working Paper No. 20449, September 2014, www.nber.org/papers/w20449.

9   Zimmerman, "The Lawyer, the Addict."

10   Caroline O'Donovan and Priya Anand, "How Uber's Hard-Charging Corporate Culture Left Employees Drained," July 17, 2017, *BuzzFeed*, www.buzzfeed.com/carolineodonovan/how-ubers-hard-charging-corporate-culture-left-employees.

11   "After-Hours Email Expectations Negatively Impact Employee Well-Being," *ScienceDaily*, July 27, 2016, www.sciencedaily.com/releases/2016/07/160727110906.htm.

12   Justin McCarthy and Alyssa Brown, "Getting More Sleep Linked to Higher Well-Being," *Gallup*, March 2, 2105, www.gallup.com/poll/181583/getting-sleep-liniked-higher.aspx.

13   Kathryn Vasel, "Half of American Workers Aren't Using All Their Vacation Days," *CBS News*, December 19, 2016, https://www.cbsnews.com/philadelphia/news/half-of-american-workers-arent-using-all-their-vacation-days/.

14   Brian Wheeler, "Why Americans Don't Take Sick Days," *BBC News*, September 14, 2016, www.bbc.com/news/world-us-canada-37353742.

15   Anders Knutsson, Bjorn G. Jonsson, Torbjom Akerstedt, and Kristina Orth-Gomer, "Increased Risk of Ischaemic Heart Disease in Shift Workers," *Lancet, 338* (1986): 89–92.

16   Brigid Schulte, "Beyond Inbox Zero: The Science of Work-Life Balance," *New American Weekly*, Edition 144, December 1, 2016, www.newamerica.org/weekly/edition-144/beyond-inbox-zero/.

17   Sylvia Ann Hewlett and Carolyn Buck Luce, "Extreme Jobs: The Dangerous Allure of the 70-Hour Workweek," *Harvard Business Review, 84* (2006, Issue 12): 49–59.

18   Drake Baer, "When Did Busy Become Cool?" *Medium*, May 23, 2017, https://medium.com/thrive-global/when-did-busy-become-cool-8ca13f5f54f9.

19   Olivia A. O'Neill and Charles A. O'Reilly, "Careers as Tournaments: The Impact

of Sex and Gendered Organizational Culture Preferences on MBA's Income Attainment," *Journal of Organizational Behavior, 31* (2010): 856–76.

20 J-P. Chaput, A. M. Sjodin, A. Astrup, J-P. Despres, C. Bouchard, and A. Tremblay, "Risk Factors for Adult Overweight and Obesity: The Importance of Looking Beyond the 'Big Two'," *Obesity Facts, 3* (2010): 320–27.

21 G. Copinschi, "Metabolic and Endocrine Effects of Sleep Deprivation," *Essential Pharmacology, 6* (2005): 341–47.

22 Alan Schwarz, "Workers Seeking Productivity in a Pill are Abusing A.D.H.D. Drugs," *New York Times*, April 18, 2015, https://nytimes.com/2015/04/19/us/workers-seeking-productivity-in-a-pill-are-abusing-adhd-drugs.html.

23 P. Buell and L. Breslow, "Mortality from Coronary Heart Disease in California Men Who Work Long Hours," *Journal of Chronic Diseases, 11* (1960): 615–26.

24 Haiou Yang, Peter L. Schnall, Maritza Jauregui, Tai-Chen Su, and Dean Baker, "Work Hours and Self-Reported Hypertension among Working People in California," *Hypertension, 48* (2006): 744–50.

25 A. Shimazu and B. Schaufeli, "Is Workaholism Good or Bad for Employee Well-Being? The Disincentiveness of Workaholism and Work Engagement Among Japanese Employees," *Industrial Health, 47* (2009): 495–502.

26 Claire C. Caruso, Edward M. Hitchcock, Robert B. Dick, John M. Russo, and Jennifer M. Schmit, National Institute for Occupational Safety and Health, *Overtime and Extended Work Shifts: Recent Findings on Illnesses, Injuries, and Health Behaviors*, Washington, DC: National Institute for Occupational Safety and Health, April 2004.

27 Jeanne Geiger-Brown, Carles Muntaner, Jane Lipscomb, and Alison Trinkoff, "Demanding Work Schedules and Mental Health in Nursing Assistants Working in Nursing Homes," *Work and Stress, 18* (2004): 292–304.

28 O'Donovan and Anand, "Uber's Hard-Charging Corporate Culture."

29 Emma Luxton, "Does Working Fewer Hours Make You More Productive?" *World Economic Forum*, March 4, 2016, www.weforum.org/agenda/2016/03/does-working-fewer-hours-make-you-more-productive.

30 E. Shepard and T. Clifton, "Are Longer Hours Reducing Productivity in Manufacturing?" *International Journal of Manpower, 21* (2000): 540–53.

31 G. Cette, S. Change, and M. Konte, "The Decreasing Returns on Working Time: An Empirical Analysis on Panel Country Data," *Applied Economics Letters, 18* (2011): 1677–82.

32 M. White, *Working Hours: Assessing the Potential for Reduction* (Geneva, Switzerland: International Labour Organization, 1987).

33 E. E. Kossek and M. D. Lee, "Implementing a Reduced-Workload Arrangement to Retain High Talent: A Case Study," *Psychologist-Manager Journal, 43* (2008): 49–64.

34 Ulrica von Thiele Schwarz and Henna Hasson, "Employee Self-Rated Productivity and Objective Organizational Production Levels: Effects of Worksite Health

Interventions Involving Reduced Work Hours and Physical Exercise," *Journal of Occupational and Environmental Medicine, 53* (2011): 838–44.

35 Michael H. Frone, Marcia Russell, and Grace M. Barnes, "Work-Family Conflict, Gender, and Health-Related Outcomes: A Study of Employed Parents in Two Community Samples," *Journal of Occupational Health Psychology, 1* (1996): 57–69.

36 Steven L. Grover and Chun Hui, "The Influence of Role Conflict and Self-Interest on Lying in Organizations, *Journal of Business Ethics, 13* (1994): 295–303.

37 Ariane Hegewisch and Janet C. Gornick, "Statutory Routes to Workplace Flexibility in Cross-National Perspective," Washington, DC: Institute for Women's Policy Research, 2008, vii.

6장 자율성과 심리적 안전감

1 M. G. Marmot, G. Rose, M. Shipley, and P. J. S. Hamilton, "Employment Grade and Coronary Heart Disease in British Civil Servants," *Journal of Epidemiology and Community Health, 32* (1978): 244–49.

2 M. G. Marmot, H. Bosma, H. Hemingway, E. Brunner, and S. Stansfeld, "Contribution of Job Control and Other Risk Factors to Social Variations in Coronary Heart Disease Incidence," *Lancet, 350* (1997): 235–39.

3 Michael Marmot, Amanda Feeney, Martin Shipley, Fiona North, and S. I. Syme, "Sickness Absence as a Measure of Health Status and Functioning from the UK Whitehall II Study," *Journal of Epidemiology and Community Health, 49* (1995): 124–30.

4 Tarani Chandola, Eric Brunner, and Michael Marmot, "Chronic Stress at Work and the Metabolic Syndrome: Prospective Study," *British Medical Journal, 332* (2005): 521–25.

5 John Robert Warren, Pascale Carayon, and Peter Hoonakker, "Changes in Health Between Ages 54 and 65: The Role of Job Characteristics and Socioeconomic Status," *Research on Aging, 30* (2008): 672–700.

6 Tjasa Pisijar, Tanja van der Lippe, and Laura den Dulk, "Health Among Hospi-tal Employees in Europe: A Cross-National Study of the Impact of Work Stress and Work Control," *Social Science and Medicine, 72* (2011): 899–906.

7 Robert Karasek, "Lower Health Risk with Increased Job Control among White Collar Workers," *Journal of Organizational Behaviour, 11* (1990): 171–85.

8 Chester S. Spell and Todd Arnold, "An Appraisal of Justice, Structure, and Job Control as Antecedents of Psychological Distress," *Journal of Organizational Behavior, 28* (2007): 729–51.

9 Martin E. P. Seligman, "Learned Helplessness," *Annual Review of Medicine, 23* (1972): 407.

10 Steven F. Maier and Martin E. P. Seligman, "Learned Helplessness: Theory and

Evidence," *Journal of Experimental Psychology: General, 105* (1976): 3–46.

11 Markham Heid, "You Asked: How Many Friends Do I Need?" *Time Health*, March 18, 2015, http://time.com/3748090/friends-social-health/.

12 Bert N. Uchino, "Social Support and Health: A Review of Physiological Processes Potentially Underlying Links to Disease Outcomes," *Journal of Behavioral Medicine, 29* (2006): 377–87.

13 Steve Crabtree, "Social Support Linked to Health Satisfaction Worldwide," *Gallup*, February 17, 2012, www.gallup.com/poll/152738/social-support-linked-health-satisfaction-worldwide.aspx.

14 Uchino, "Social Support and Health," 377.

15 Alison Griswold, "Uber Is Designed So That for One Employee to Get Ahead, Another Must Fail," *Quartz*, February 27, 2017, https://qz.com/918582/uber-is-designed-so-that-for-one-employee-to-succeed-another-must-fail.

16 Laszlo Bock, *Work Rules!* (New York: Hachette Group, 2015), 278.

17 Ibid.

18 Ibid.

19 UnitedHealth Group, "Doing Good Is Good for You: 2013 Health and Volunteering Study," Minnetonka, MN: UnitedHealth Group, 2013.

7장 인재 이탈의 역설

1 Mike Pare, "Inside the Deal that Lured Amazon to Chattanooga," Chattanooga Times Free Press, December 26, 2010, www.timesfreepress.com/news/news/story/2010/dec/26/inside-the-deal-that-lured-amazon/37827/.

2 David Krackhardt and Lyman W. Porter, "The Snowball Effect: Turnover Embedded in Communications Networks," *Journal of Applied Psychology, 71* (1986): 50–55.

3 Harriet Taylor, "Travis Kalanick Will Be 'Legendary' Like Bill Gates, Says Uber Investor," CNBC, March 1, 2017, www.cnbc.com/2017/03/01/uber-ceo-travis-kalanick-needs-to-stop-self-inflicted-wounds-jason-calacanis.html.

8장 번아웃 없는 조직의 비밀

1 Lyn Quine, "Workplace Bullying in Nurses," *Journal of Health Psychology, 6* (2001): 73–84.

2 M. Kivimaki, M. Virtanen, M. Vartia, M. Elovainio, J. Vahtera, and L. Keltikangas-Jarvinen, "Workplace Bullying and the Risk of Cardiovascular Disease and Depression," *Occupational and Environmental Medicine, 60* (2003): 779–83.

3 Elena Flores, Jeanne M. Tschann, Juanita M. Dimas, Elizabeth A. Bachen, Lauri A. Pasch, and Cynthia L. de Groat, "Perceived Discrimination, Perceived Stress, and

Mental and Physical Health Among Mexican-Origin Adults," *Hispanic Journal of Behavioral Sciences, 30* (2008): 401–24.

4 Rebecca Din-Dzietham, Wendy N. Nembhard, Rakale Collins, and Sharon K. Davis, "Perceived Stress Following Race-Based Discrimination at Work Is Associated with Hypertension in African-Americans: The Metro Atlanta Heart Disease Study, 1999–2001," *Social Science and Medicine, 58* (2004): 449–61.

5 Elizabeth A. Pascoe and Laura Smart Richman, "Perceived Discrimination and Health: A Meta-Analytic Review, P*sychological Bulletin, 135* (2009): 531–554.

6 Sally L. Lusk, Bonnie M. Hagerty, Brenda Gillespie, and Claire C. Caruso, "Chronic Effects of Workplace Noise on Blood Pressure and Heart Rate," *Archives of Environmental Health: An International Journal, 57* (2002): 273–81.

7 Douglas LaBier, Another Survey Shows the Continuing Toll of Workplace Stress, *Psychology Today*, April 23, 2014.

8 J. M. Mossey and E. Shapiro, "Self-Rated Health: A Predictor of Mortality Among the Elderly," *American Journal of Public Health, 72* (1982): 800–808.

9 Seppo Miilunpalo, Ilkka Vuori, Pekka Oja, Matti Pasanen, and Helka Urponen, "Self-Rated Health Status as a Health Measure: The Predictive Value of Self-Reported Health Status on the Use of Physician Services and on Mortality in the Working-Age Population," *Journal of Clinical Epidemiology, 50* (1997): 517–28.

10 Daniel L. McGee, Youlian Liao, Guichan Cao, and Richard S. Cooper, "Self-Reported Health Status and Mortality in a Multiethnic US Cohort," *American Journal of Epidemiology, 149* (1999): 41–46.

11 Ken Jacobs, "The Hidden Cost of Jobs Without Health Care Benefits," *Perspectives on Work, 11* (Winter 2007): 14.

12 Carol Zabin, Arindrajit Dube, and Ken Jacobs, "The Hidden Public Costs of Low-Wage Jobs in California," Berkeley, CA: University of California Institute for Labor and Employment, 2004, http://escholarship.org/uc/item/9hb1k75c.

13 Arindrajit Dube and Steve Wertheim, "Wal-Mart and Job Quality—What Do We Know, and Should We Care," Paper prepared for Presentation at the Center for American Progress, October 16, 2005. Berkeley, CA: Institute of Industrial Relations, University of California.

14 Renee Dudley, "Walmart Faces the Cost of Cost-Cutting: Empty Shelves," *BusinessWeek*, March 28, 2013, https://www.bloomberg.com/news/articles/2013-03-28/walmart-faces-the-cost-of-cost-cutting-empty-shelves.

15 Zeynep Ton, "Why 'Good Jobs' are Good for Retailers," *Harvard Business Review*, January–February 2012, https://hbr.org/2012/01/why-good-jobs-are-good-for-retailers.

16 Philip E. Tetlock, "Thinking the Unthinkable: Sacred Values and Taboo Cognitions," *Trends in Cognitive Sciences, 7* (2003): 320–24.

KI신서 16097

월급 받으려다 죽다

번아웃 없는 조직은 어떻게 가능한가

1판 1쇄 인쇄 2026년 2월 2일
1판 1쇄 발행 2026년 3월 4일

지은이 제프리 페퍼
옮긴이 홍기빈
펴낸이 김영곤
펴낸곳 (주)북이십일 21세기북스

출판1본부 본부장 장미희
서가명강팀장 양으녕
책임편집 이정미
마케팅 김주현
디자인 studio forb
마케팅영업부문 정지은 한충희 장철용 강경남 황성진 김도연
제작팀 이영민 권경민

출판등록 2000년 5월 6일 제406-2003-061호
주소 (10881) 경기도 파주시 회동길 201(문발동)
대표전화 031-955-2100 **팩스** 031-955-2151 **이메일** book21@book21.co.kr

(주)북이십일 경계를 허무는 콘텐츠 리더

21세기북스 채널에서 도서 정보와 다양한 영상자료, 이벤트를 만나세요!
페이스북 facebook.com/jiinpill21 **포스트** post.naver.com/21c_editors
유튜브 youtube.com/book21pub **인스타그램** instagram.com/jiinpill21
홈페이지 www.book21.com

ⓒ 제프리 페퍼, 2026
ISBN 979-11-7357-797-0(03320)